本书得到教育部人文社会科学研究青年项目"基于授权模式的国有博物馆文化创意产品开发机制研究"（项目编号：19YJC760111）的资助。

文化授权
——博物馆文化创意产品开发的理论与实践

Cultural Licensing
— Theory and Practice of Cultural Creative
Products Development in Museum

王秀伟／著

图书在版编目（CIP）数据

文化授权：博物馆文化创意产品开发的理论与实践/王秀伟著. —北京：经济管理出版社，2021.3
ISBN 978-7-5096-7878-7

Ⅰ.①文… Ⅱ.①王… Ⅲ.①博物馆—文化产品—产品开发—研究—中国 Ⅳ.①G269.23

中国版本图书馆 CIP 数据核字（2021）第 055553 号

组稿编辑：王　洋
责任编辑：王　洋
责任印制：黄章平
责任校对：董杉珊

出版发行：经济管理出版社
　　　　　（北京市海淀区北蜂窝 8 号中雅大厦 A 座 11 层　100038）
网　　址：www.E-mp.com.cn
电　　话：（010）51915602
印　　刷：唐山玺诚印务有限公司
经　　销：新华书店
开　　本：720mm×1000mm/16
印　　张：13.25
字　　数：223 千字
版　　次：2021 年 6 月第 1 版　2021 年 6 月第 1 次印刷
书　　号：ISBN 978-7-5096-7878-7
定　　价：88.00 元

·版权所有　翻印必究·
凡购本社图书，如有印装错误，由本社读者服务部负责调换。
联系地址：北京阜外月坛北小街 2 号
电　话：（010）68022974　邮编：100836

前　言

文化创意产业将文化和创意作为产业内涵的核心要素，突出以创意和文化等无形资源的投入，实现创造性智力成果的生产。文化创意产业的发展更加注重知识产权的开发和运用，通过知识产权的转移与利用实现产业辐射力和渗透性的提升，能够增强文化、创意的流动性以及与其他产业要素的重新组合能力，在提升产业自身附加价值的同时，推动传统产业的升级和整体产业结构的优化。因此，文化创意产业具有明显的包容性、创新性以及强大的渗透性和高附加值特征。在新博物馆学理念的影响下，博物馆的功能和职能已经大大超越了传统的范畴，变得更加社会化和多样性，博物馆的价值主张开始定位于为社会和社会发展服务，价值理念逐渐凸显对社会发展的包容、参与和融入。因此，随着文化创意产业对文化内容的深层次需求和产业形态的渗透式拓展，博物馆不可避免地被纳入文化创意产业发展中，成为文化创意产业的一部分。博物馆应主动适应文化创意产业的发展规律和产业特点，转变自身定位，进而在核心价值的导向下更好地发挥好各项功能，实现总体价值的提升。这就需要博物馆转变文化创意产业的发展模式，由以博物馆"自我中心意识"主导下的非市场化结构模式转变为以"公众为中心"的文化授权模式。基于此，本书围绕文化授权，从以下五个方面对博物馆文化创意产品开发的理论与实践进行了探讨性分析，形成了基本的研究框架和研究结论。

第一，对文化授权内涵、本质和特点进行了分析，在此基础上阐述了博物馆文化授权的范畴、构成要素和主要类型，并论述了博物馆文化授权的意义。文化授权是授权者将所拥有或代理的文化创作或生产的产品以及与产品相关的标的物的权利，以合同的形式授权给被授权者使用，被授权者根据合同规定将授权物在特定地理区域和时间范围内应用于其他产品的生产、销售和非营利性活动中，并按约定向授权者支付权利金或其他报酬的活动。文化授权内在地表现为一种文化的生产与再生产行为，文化生产的本质又是关于价值的生产。因此，文化授权在本质上表现为一个价值生产与再生产的系统。文化授权具有价值路径多元化、产品形态特殊性和知识产权依赖性特征。博物馆文化授权是立足博物馆原位文化、对代表博物馆文化的标的物进行的授权。博物馆文化授权在运行中呈现出一种由授权主体、对象、客体和介质等不同要素织就的生产关系网络。博物馆文化授权通常包括博物馆艺术授权、图像授权、品牌授权、专利授权和传统技艺授权、出版授权、影音授权等类型。博物馆文化授权的意义体现在：通过文化授权，可以从根本上实现博物馆文化资源的创造性转化和文化创意产品的创造性开发，进而有助于提高博物馆的文化供给能力以及对市场的供给弹性。

第二，在对文化授权的理论进行分析的基础上，构筑了博物馆文化授权的理论框架，并从博物馆文化授权的法理依据方面揭示了博物馆文化授权的合理性与可行性。产业融合理论、效用理论、价值链理论、交易成本理论、符号产品理论和微笑曲线理论共同构成了文化授权的理论基础。以此为支撑，文化授权才具有了理论层面的意义。博物馆文化授权的理论框架直接源于文化产业的生产复制理论、文化经济的"网络定律"和文化嵌入理论。博物馆文化授权机制满足了以有限生产要素的投入来实现博物馆多元产出函数最大化的诉求，使之在生产要素投入和综合效益产出方面具有一定的合理性。博物馆文化授权符合当前的政策导向，具有一定的法规依据，这就使其具有了合法性。根据公共产品理论和优效品理论，博物馆文化授权产品具有公共产品、私人产品的混合性质以及作为优效产品的优效性，从而增强了博物馆文化授权的可行性。从知识产权保护与利用的角度分析，博物馆文化授权正是知识产权有效保护与充分利用的需要。

第三，完整阐述了博物馆文化授权的流程，并提出了保障博物馆文化授权顺利进行的各项机制。本书认为，博物馆文化授权是一个系统的过程体系，需要博物馆各部门的有机配合以及各环节的有效衔接。博物馆文化授权的流程包括：文化授权理念和意识的培养，博物馆文化资源的整合、评估与数字化，文化授权窗口的组建与规划的制订，文化授权内容的知识产权管理，授权标的物的宣传和营销，授权环节的协商、谈判与合同的签订，授权标的物的产品转化与生产流通，授权后的监督管理与权利金的反馈。授权内容的知识产权管理机制、明确的资金来源与收益回馈机制、授权过程中的协同联动机制、文化授权信息的公开化机制共同构成了博物馆文化授权的保障机制。博物馆文化授权过程中不仅需要注重流程性操作，同时也需要激活各项机制，充分发挥各项机制在博物馆文化授权中的作用。

第四，在对博物馆核心竞争力分析的基础上，本书提出了博物馆文化授权的三种结构模式，即直接授权模式、委托授权模式和综合授权模式，并揭示了不同结构模式下的价值链形态。继而结合大英博物馆、法国卢浮宫博物馆、美国大都会艺术博物馆的文化授权模式，对上述三种文化授权模式进行了深入剖析，并对不同授权模式下的价值链构成进行了探讨。

第五，本书对影响博物馆文化授权的内外因素进行了深入分析。当前文化消费的发展态势与特点、公众文化消费的心理与偏好、公众对博物馆文化资源的认同程度、博物馆的知名度与影响力、博物馆展览的品牌与影响、授权标的物的知名度与美誉度、博物馆文化授权产品的内涵与价值、博物馆文化授权的营销效果等是影响博物馆文化授权的主要因素。博物馆文化授权的顺利进行需要做到：适应文化消费环境的变化和公众的文化消费心理与偏好，充分发挥主观能动性，克服自身因素带来的不利影响，积累正向动能，进而推动博物馆文化授权的持续发展。

目 录

第一章 绪论 …………………………………………………………………… 1

  第一节 研究背景与意义 …………………………………………………… 1
    一、研究背景 ……………………………………………………………… 1
    二、研究目的 ……………………………………………………………… 13
    三、研究意义 ……………………………………………………………… 14

  第二节 国内外研究现状 …………………………………………………… 17
    一、授权产业相关研究 …………………………………………………… 17
    二、博物馆经营与授权的研究 …………………………………………… 24

  第三节 研究对象与内容 …………………………………………………… 27
    一、研究对象的界定 ……………………………………………………… 27
    二、研究内容框架 ………………………………………………………… 29

  第四节 研究思路与方法 …………………………………………………… 31
    一、研究思路 ……………………………………………………………… 31
    二、研究方法 ……………………………………………………………… 32

  第五节 主要创新之处 ……………………………………………………… 34

第二章 博物馆功能的演进与价值的转换 ……………………………………… 36

  第一节 博物馆社会功能的演进 …………………………………………… 36
    一、博物馆角色的变迁 …………………………………………………… 36
    二、博物馆功能的演进趋势 ……………………………………………… 39

第二节 博物馆核心价值的转换 43
一、新博物馆学思潮下的博物馆理念与价值 43
二、博物馆核心价值的形成与阐述 44
三、博物馆内外价值的交互转换 47

第三节 从文化产业到文化创意产业的嬗变 48
一、产业内涵的深化与外延的拓展 49
二、产业理念的创新与价值的提升 50

第四节 文化创意产业背景下博物馆定位的转变 51
一、身份转变：从"神庙"到"论坛" 52
二、场域转变：从文化资源到文化资本 53
三、范式转变：从封闭自守到开放包容 55

第三章 博物馆文化授权的内涵与意义 57

第一节 文化授权概述 57
一、授权的含义 57
二、文化授权的内涵 58
三、文化授权的本质 60
四、文化授权的特点 63

第二节 博物馆文化授权的内容 64
一、博物馆文化授权的构成要素 64
二、博物馆文化授权的范畴 68
三、博物馆文化授权的类型 70

第三节 博物馆文化授权的意义 72
一、文化资源的利用和文化价值的输出 72
二、发展模式的创新和市场空间的拓展 75
三、提高文化供给能力和市场供给弹性 76

第四章 博物馆文化授权的理论架构与法理依据 78

第一节 文化授权的理论基础 78
一、产业融合理论 78

二、效用理论 …………………………………………… 81
　　三、价值链理论 ………………………………………… 83
　　四、交易成本理论 ……………………………………… 86
　　五、符号产品理论 ……………………………………… 87
　　六、微笑曲线理论 ……………………………………… 88
第二节　博物馆文化授权的理论框架 ……………………… 89
　　一、文化产业的生产复制理论 ………………………… 89
　　二、文化经济的"网络定律" ………………………… 90
　　三、文化嵌入理论 ……………………………………… 92
第三节　博物馆文化授权的法理依据 ……………………… 93
　　一、非营利组织目标函数的最大化 …………………… 93
　　二、政策导向与法规依据 ……………………………… 95
　　三、博物馆文创产品的混合性和优效性 ……………… 97
　　四、知识产权保护与利用的需要 ……………………… 99

第五章　博物馆文化授权的流程与机制设计 …………… 102

第一节　博物馆文化授权的流程 …………………………… 102
　　一、文化授权理念与意识的培养 ……………………… 102
　　二、博物馆文化资源的整合、评估与数字化 ………… 104
　　三、文化授权窗口的组建与规划的制订 ……………… 107
　　四、授权内容的知识产权管理 ………………………… 109
　　五、授权标的物的宣传和营销 ………………………… 110
　　六、文化授权的授权环节 ……………………………… 112
　　七、授权标的物的产品转化与生产流通 ……………… 114
　　八、授权后的监督管理与权利金的反馈 ……………… 117
第二节　博物馆文化授权的保障机制 ……………………… 119
　　一、授权内容的知识产权管理机制 …………………… 119
　　二、明确的资金来源与收益回馈机制 ………………… 120
　　三、授权过程中的协同联动机制 ……………………… 121
　　四、文化授权信息的公开化机制 ……………………… 123

第三节　案例分析：中国台湾地区博物馆文化授权流程与机制 ………… 123
　　　　一、中国台湾地区博物馆文化授权流程 ………………………………… 123
　　　　二、中国台湾地区博物馆文化授权机制 ………………………………… 125

第六章　博物馆文化授权的发展模式与价值链 …………………………… 128

　　第一节　博物馆文化授权模式与价值链形态概述 ……………………… 128
　　　　一、博物馆核心竞争力分析 ……………………………………………… 128
　　　　二、博物馆文化授权的结构模式 ………………………………………… 130
　　　　三、博物馆文化授权的价值链形态 ……………………………………… 133
　　第二节　博物馆直接授权的模式及价值链分析 ………………………… 136
　　　　一、博物馆直接授权的模式 ……………………………………………… 136
　　　　二、直接授权模式下的价值链 …………………………………………… 138
　　　　三、大英博物馆直接授权模式分析 ……………………………………… 138
　　第三节　博物馆文化授权的委托授权模式及其价值链 ………………… 140
　　　　一、博物馆文化授权的委托授权模式 …………………………………… 140
　　　　二、委托授权模式的价值链分析 ………………………………………… 145
　　　　三、法国卢浮宫博物馆的授权经纪模式分析 …………………………… 146
　　第四节　博物馆文化授权的综合授权模式及价值链形态 ……………… 147
　　　　一、综合授权模式及其复合型价值形态 ………………………………… 147
　　　　二、美国大都会艺术博物馆的综合授权模式分析 ……………………… 149

第七章　博物馆文化授权的影响因素分析 ………………………………… 151

　　第一节　文化消费的增长与公众的文化消费偏好 ……………………… 152
　　　　一、文化消费的发展态势和特点 ………………………………………… 152
　　　　二、公众文化消费的心理与偏好 ………………………………………… 154
　　第二节　公众对博物馆文化资源的认同 ………………………………… 156
　　　　一、博物馆文化资源认同 ………………………………………………… 156
　　　　二、文化资源认同对博物馆文化授权的影响 …………………………… 158
　　第三节　授权主体及对象的知名度与影响力 …………………………… 159
　　　　一、博物馆的知名度与影响力 …………………………………………… 159

二、博物馆展览的品牌与影响 ····································· 160
三、授权标的物的知名度与美誉度 ····························· 163
第四节 文化授权产品的内涵与价值 ······························· 164
第五节 博物馆文化授权营销的影响 ······························· 165

第八章 研究结论与未来展望 ·· 169
第一节 主要研究结论 ··· 169
第二节 研究展望 ··· 174

结 语 ··· 177

参考文献 ··· 179

附 录 ··· 194

第一章 绪论

第一节 研究背景与意义

一、研究背景

随着现代化的宽领域发展和现代产业结构与形态的深刻演变，20世纪80年代出现的文化与经济相互交融、相互渗透的趋势日益明显。文化和经济的演进呈现出同步性和交互性的特点，具体表现为文化发展和经济发展的互动越来越频繁、交集越来越广阔，文化结构与经济结构在质的规定性上呈现出一种力的同构关系[①]。文化经济的发展模式成为世界经济结构由刚性向柔性转变的主要选择。文化经济模式下，文化的经济化与经济的文化化逐渐成为一种常态。尤其是随着文化因素对经济活动的渗透和影响，经济活动已然获得了一种新的动能和形态。文化经济的兴起使文化日益成为一种推动社会发展的生产力，参与到社会生产活动中去。产业发展的文化因素和文化逻辑因而越来越凸显出来。随着文化经济的兴起，作为文化与经济相融合而出现的产业形态，文化产业越发显示出强大的生命力和影响力。20世纪80年代以来，随着西方国家文化政策和文化规制的转变，文化产业逐渐受到不同国家和地区的政策制定者的青睐，文化产品的生产开始加

---

① 胡惠林. 文化经济学（第2版）[M]. 北京：清华大学出版社，2014：22.

速，文化消费渐趋活跃，文化产业成为新的经济增长点。英国学者斯科特·拉什和约翰·厄里（Scott Lash & John Urry）甚至声称文化产业正成为全球商业的"新核心"①。

随着文化创意因素逐渐渗透到经济社会发展的各个层面，成为连接文化产业与其他产业的纽带，文化创意在文化产业发展中的作用不断凸显。文化产业向其他产业的渗透、与其他产业的融合已成为产业发展的重要趋势。文化产业的发展开始由宏观转向中观，由横向拓展转向纵向深耕，由形态单一转向跨界融合。在此背景下，文化创意产业作为文化产业与创意产业相交叉的产业形态应运而生。2001年，我国台湾地区率先使用"文化创意产业"的概念，香港随后采用"文化及创意产业"的提法，北京、杭州等城市也陆续出台关于文化创意产业发展的政策文件。文化创意产业是在文化产业发展的基础上出现的，是文化产业发展到一定阶段的必然结果。文化创意产业将文化和创意作为产业内涵的核心要素，突出以创意和文化等无形资源的投入，以实现创造性智力成果的生产，是一种内生性的经济增长模式。文化创意产业的发展更加注重知识产权的开发和运用，通过知识产权的转移与利用实现产业辐射力和渗透性的提升，能够增强文化、创意的流动性以及与其他产业要素的重新组合能力，在提升产业自身附加价值的同时，推动传统产业的升级和整体产业结构的优化。

文化创意产业所体现出的包容性、创新性以及强大的渗透性和高附加值特征，使其很快成为新经济的活动范式和生活方式。作为一种新兴产业，文化创意产业在世界范围内迅速发展，有力地推动了区域经济的增长。据2006年世界知识产权组织（WIPO）披露，文化创意产业占欧美发达经济体GDP的比重平均超过了5%，其中对美国GDP的贡献率甚至超过了10%。② 又如，2015年，杭州市文化创意产业实现增加值2232.14亿元，同比增长20.4%，高于同期GDP增速10.2个百分点，占GDP的比重高达22.2%。作为一种新的生活理念，文化创意产业的发展适应了当前人们生活方式的转变。丰富的文化创意产品在很大程度上满足了人们不断增长的精神文化需求，并不断培养着人们超越性的文化需求。

---

① Lash, Scott and John Urry: Economies of Signs and Space [M]. London: Sage. 1994: 143.
② WIPO. National Studies on Assessing the Economic Contribution of Copyright – Based Industries [R], 2006.

随着社会生产力的发展和经济产出的持续增长,人们生活水平整体不断提高,可支配收入和闲暇时间增加,进而导致需求结构和消费结构的调整。生产力的进步一方面带来物质产出的极大丰富,人们的物质生活不断得到改善,支出权力大大增长;另一方面劳动生产率随着生产力的进步逐渐提高,使人们闲暇时间普遍增加,个体时间分配结构的调整导致总体需求结构的改变。马克思在《剩余价值论》中指出:"可自由支配的时间,就是真正的财富,这种时间不是被直接生产劳动所吸引,而是用于娱乐和休息,从而为自有活动和发展开辟了广阔的天地。"①

美国心理学家亚伯拉罕·马斯洛(Abraham Malsow)在其需求层次理论中认为,人的需求是一个从最基本的生存需求逐次上升到自我实现的精神需求的逻辑结构。该结构包括由生存的需要、安全的需要、社交的需要、尊重的需要组成的"缺失性需要"和自我实现的需要这一"超越性需要"两个层次。②当前,随着物质生活的丰富,人们的需求结构发生了深刻的变化。"缺失性需要"在人们的需求结构中逐渐退居次要地位,"超越性需要"开始上升为人们需求的主要方面,具体表现为以文化需求为代表的精神性消费需求的大量释放以及生活方式的审美化、休闲化倾向。文化需求是一种享受型和发展型需求,它是人们物质需求得到满足之后形成和发展起来的需求类型,是生存满足后物质富余成果的另一种投向。③

需求结构的调整在现实生活中最直接的体现就是人们消费结构的改变。物质生产的充裕和人们需求结构的改变加速了消费型社会的到来。④在消费型社会里,公众的消费观念正在从物质消费的享受转向精神消费的满足。消费结构呈现出深层次的变革:从物质生活消费逐渐转向精神文化的消费,从对单纯的物的消费逐渐转向对意义、品质和情感的消费,从相对单一、低层次更多地转向多元化、高层次的消费结构。在消费结构的变革中,文化消费的地位逐渐凸显,成为

---

① 马克思,恩格斯. 马克思恩格斯全集(第26卷)[M]. 北京:人民出版社,1974:280-282.
② 亚伯拉罕·马斯洛. 人的潜能和价值[M]. 林方,译. 北京:华夏出版社,1987:162.
③ 胡惠林. 文化经济学(第2版)[M]. 北京:清华大学出版社,2014:97.
④ 法国社会学家让·鲍德里亚(Jean Baudrillard)在其著作《消费社会》中断言消费型社会正逐渐取代生产型社会,"生产的主人公到处让位于消费的主人公"。(让·鲍德里亚. 消费社会[M]. 刘成富,译. 南京:南京大学出版社,2008:69.)

消费结构转型升级的主要方向。以我国为例，我国近年来的文化消费持续增长，2011～2014 年我国城乡居民人均文化娱乐消费支出平均增长 12% 以上。2015 年全国居民文化教育娱乐人均消费 1723 元，占全年人均消费总支出的 11%。① 文化消费支出的增加，使人们对各类文化产品的消费迅速扩大，部分文化创意产品的消费甚至出现"井喷式"的增长。例如，在电影产品的消费方面，2015 年全国电影总票房实现 440.69 亿元，同比增长 48.7%，全国城市院线观影人次达到 12.6 亿，同比增长 51.8%。② 随着人们可支配收入和休闲时间的增加，超越性需求不断被发掘，精神文化消费的潜力不断被释放，文化消费将继续保持高速增长的势头。文化创意产品有效供给与文化消费需求之间的比例将越来越大，文化创意产品消费的缺口也将扩大。据《中国文化消费指数（2013）》显示，2013 年底，我国文化消费潜在规模为 4.7 万亿元，而实际消费仅为 1 万亿元左右，缺口近 3.7 万亿元。③ 可以预见，文化创意产品消费的结构性缺口将随着人们文化消费潜力的释放和消费能力的增长而进一步增大。此外，精神文化的消费呈现出个性化、审美化的趋势，人们消费过程的重心正在从产品的功能和特色转移到意义的彰显和情感的满足方面。

文化与经济交互融合趋势下文化经济的兴起，其所带动的文化创意产业的快速发展，以及公众需求结构和消费结构的深刻变化引发的文化消费的迅速增长和人们生活方式的转变，共同构成了本书的宏观研究背景。博物馆文化创意产业的发展正是在这一宏观背景下进行的，受到宏观的社会经济尤其是文化创意产业整体发展状况的影响，同时也与当前人们的精神文化需求的增长和对文化消费的追求密不可分。公众不断扩大的文化需求势必要求作为文化机构的博物馆提供更加丰富和优质的文化产品与服务。与宏观的社会经济背景相比，当前博物馆文化创意产业发展的现况则是本书研究的微观背景。

20 世纪 70 年代，新博物馆学思潮在西方兴起后逐渐在世界范围内传播，并得到越来越多的认可和接受。新博物馆学强调以管理策略带动博物馆与观众的互

---

① 国家统计局. 2015 年国民经济和社会发展统计公报 [EB/OL]. http：//www.stats.gov.cn/tjsj/zxfb/201602/t20160229_ 1323991.html.

② 新华网. 2015 年中国电影总票房跃升至 440.69 亿元 [EB/OL]. http：//news.xinhuanet.com/newmedia/2015－12/31/c_ 1117643351.htm.

③ 郑海鸥. 2014 年我国人均文化消费增 16.4% [N]. 人民日报，2015－12－10（12）.

动为发展核心，其核心理念是实现由物到人的转变，突出人的主体地位，并且更多地关注博物馆与社会的关系。在此理念下，现代博物馆摒弃过去传统博物馆静态的文化朝拜式的经营方式，转而强调以亲近生活的、亲身体验的互动，为观众提供文化参观的机会。新博物馆学理念在世界范围内的传播，直接推动了博物馆进入以参加体验为核心的发展阶段。博物馆的价值追求和工作重心正经历着由"物"到"人"的转变。随着新博物馆学观念逐步深入实践，博物馆的核心价值和功能定位也悄然发生着转变：博物馆的核心价值正在从保护文物藏品到保护文化遗产，再到服务社会发展，进而到参与推动社会变革的神圣职责；博物馆的功能定位正在由传统的收藏、研究、教育向综合性、多元化方向拓展。博物馆发展文化创意产业正是从人的需求及社会经济脉动着眼，提供观众服务与体验的行为。

当前，人类社会正处于一个快速变革的时代，作为公共文化机构的博物馆正努力适应并积极参与社会的变革。具体表现在博物馆从自身变革开始，不断调整运营理念、重塑思维范式、转换行为模式。1974年，国际博物馆协会对博物馆的定义进行了重大调整，"为社会和社会发展服务"被写入修改后的博物馆章程中，成为博物馆建立和存在的宗旨并延续至今。在"为社会和社会发展服务"的要求下，博物馆社会化进程明显加快，运营理念发生显著变化，现代意义上的博物馆已超越了单纯的非营利性机构的概念，其功能正向着更广阔的空间扩展。2011年，在博物馆逐步向社会免费开放的基础上，国家文物局提出了博物馆的办馆新理念，要求博物馆"从馆舍天地"走向"大千世界"，更多地服务社会与公众。博物馆的触角开始深入社会生活的各个领域，博物馆的内涵不断充实、外延不断扩大，博物馆的核心理念和价值观念不断酝酿和形成，博物馆的专业功能和社会职能不断完善和提升。社会变革背景下博物馆的转变，一方面凸显了博物馆自身存在的价值和意义，另一方面使社会公众对博物馆的要求和期望也相应地提高。在为社会与社会发展服务的过程中，博物馆面临着如何阐述自身价值、重新进行功能定位的任务。作为文化资源的主要聚集地①和存储者，充分发挥文化

---

① 财政部文资办高书生先生认为，我国文化资源主要聚集在以博物馆、美术馆、纪念馆、图书馆等为代表的公共文化机构和以广播电视台、电影制片厂、书报刊出版社等为代表的文化生产部门。[高书生.让文化资源"活起来"[N]．光明日报，2014-05-29（14）．]

资源优势发展文化创意产业,从而满足公众日益增长的精神文化需求,成为当前博物馆阐述自身价值、提供优质服务和获得公众认可的重要途径。作为博物馆新的事业增长点,文化创意产业的发展已成为当代博物馆最前沿、最时尚的议题。文化创意产业发展背景下的博物馆不再仅仅是具有收藏、研究、展示、教育等功能的公共文化机构,同时也成为满足社会大众精神文化产品和文化消费需求的生产者。

事实上,博物馆发展文化创意产业并非近年来出现的现象,而是源于20世纪70年代西方国家经济衰退下的被迫市场化经营和现代文化产业兴起后的驱动。20世纪70年代末,欧美各国为抵御经济危机、挽救经济颓势,实施了一系列被称为新自由主义经济的反通货膨胀政策。其中一项重要的内容就是缩减公共财政对博物馆等机构的经费支出。结果直接导致博物馆运营经费的大幅减少,进而使博物馆被迫开展经营管理,从经营活动中获取支持运营发展的资金。1978年,耶鲁大学美术馆馆长亚兰·沙塔(Syrians Sata)在博物馆界率先提出市场化经营的理念,成为博物馆以市场化方式开展经营管理的先声。在20世纪80年代,适逢现代文化产业在西方国家兴起,博物馆市场经营意识得到强化,博物馆经济功能出现,开始更多地关涉产业和市场问题。可以说,现代博物馆以市场为导向的经营管理的出现和发展历程与文化产业的兴起和发展几乎是同步的。当前博物馆发展文化创意产业很大程度上是对此前这种同步性和互动性的延续。

我国在1987年颁布的《文化事业单位开展有偿服务和经营活动的暂行办法》中首次提出文化事业单位可以根据自身业务特点和社会需要,开展各项有偿服务活动。这为博物馆开展经营活动提供了政策依据,启发了国内博物馆的经营意识和市场意识,为博物馆在社会更广阔的空间里寻找经费来源创造了条件①。进入21世纪,文化产业的发展逐渐上升为一项国家战略,并日益受到重视。在此背景下,2005年12月,原文化部发布《博物馆管理办法》,规定国家鼓励博物馆发展文化产业,多渠道筹措资金,促进自身发展。这成为我国博物馆主动接纳并逐渐重视文化创意产业发展的开端。2006年,国家文物局召开第一次博物馆文化产品开发座谈会,针对博物馆文化产品的特点,提出"把博物馆带回家"的理念,受到了国内博物馆的普遍认同。此后,博物馆文化创意产业的发展被提上

---

① 吕建昌. 博物馆与当代社会若干问题的研究[M]. 上海:上海辞书出版社,2005:34.

日程。2015年3月，国务院颁布《博物馆条例》，博物馆文化创意产业的发展随之迎来新的高潮。《博物馆条例》第三十四条明确指出："国家鼓励博物馆挖掘藏品内涵，与文化创意、旅游等产业相结合，开发衍生产品，增强博物馆发展能力。"① 作为我国博物馆行业第一个全国性法规，《博物馆条例》的实施为正在探索文化创意产业发展的国内博物馆提供了政策导向、法规依据和制度保障，将博物馆文化创意产业的发展引入了"快车道"。2016年3月8日，国务院印发了《关于进一步加强文物工作的指导意见》，着重强调了"大力发展文博创意产业，扩大引导文化消费，培育新型文化业态，以适应当前形势和经济社会发展的需要"②，为博物馆文化创意产业的发展提供了更为宽阔的政策空间。

与博物馆文创相关的法规和政策成为博物馆发展文化创意产业的坚强后盾与风向标，为博物馆文化创意产业的发展注入了活力，推动了博物馆文化创意产业发展的热情，引起了博物馆界的广泛重视。中国博物馆协会和各地文化遗产主管部门多次举办与博物馆藏品开发和利用相关的培训和研讨，部分博物馆相继举办或参与以文化创意产业为主题的文博交流会或专业授权展会，以实际行动探索博物馆文化创意产业的发展。例如，2015年1月，原文化部带领故宫博物院、浙江省博物馆等40多家国内文博单位，首次以"中国内地馆"的形式参加第十三届香港国际授权展；自2015年以来，广州连续举办三届以文物博物馆版权交易为主题的国际文物博物馆版权交易博览会在，吸引了包括大英博物馆、英国国家美术馆、故宫博物院等国内外300余家博物馆参展，多家博物馆馆长更是亲临现场洽谈版权授权合作。

在国内博物馆对文化创意产业的发展逐渐重视、发展热情日益高涨的同时，文化创意产业发展中存在的问题逐渐凸显，且越发地困扰着博物馆从业者，阻碍了博物馆文化创意产业的深入发展。解决影响博物馆文化创意产业发展的问题，更好地推动博物馆文化创意产业的发展成为本书研究的直接动力和主要目的。按照从微观到宏观、从表象到深层的逻辑，我们对博物馆发展文化创意产业过程中存在的问题进行了剖析。

---

① 博物馆条例（国务院令第659号）[EB/OL].中国政府网.http：//www.gov.cn/zhengce/2015 - 03/02/content_ 2823823.htm.
② 国家文物局局长刘玉珠：让文物资源活起来[EB/OL].人民政协网.http：//www.rmzxb.com.cn/c/2016 - 03 - 23/744432.shtml.

第一,当前国内博物馆在文化创意产品开发上的理念和思维比较僵化与刻板,行为和思路相对保守与狭隘。

发展文化创意产业时,罗列本馆所拥有的文物资源的丰富程度和藏品的珍贵程度,并将其作为发展文化创意产业的潜在优势和重要指标,成为国内博物馆的普遍现象。如中部某省级博物馆突出强调其馆藏文物26万余件,一级文物近千件。然而,藏品数量的多少充其量只能代表博物馆所拥有的文化资源的丰腴程度,与博物馆文化创意产业的发展现状和未来发展潜能并无必然的联系。以藏品级别所指代的珍贵程度以及藏品本身的历史、科学、艺术价值所指示的遗产价值表示博物馆藏品的文创开发价值是不科学的。因为这种评价更多的是从基于文化遗产管理者的角度作出的,并相对侧重于其研究价值和遗产价值,而忽略了从社会公众视角对藏品的认知程度和藏品本身的社会影响力因素进行考量。这明显体现出一种文化守成和资源固守的观念。在这种思想观念下,很多博物馆沿袭着根据本馆的珍贵文物或者镇馆之宝来开发文化创意产品的传统思路和做法。这种以藏品遗产价值的高低作为筛选条件的观念束缚了博物馆文化创意产品开发的思路,"镇馆之宝—文化创意商品—象征意义"这一僵化的思维模式和狭隘的开发路径无形中将博物馆文化创意的来源和文化创意产业的范围缩小了,难以成体系地表示出博物馆藏品所代表的文化体系和文化特征。另外,多数博物馆的文化创意产品停留在产品本身的属性上,而不能成为博物馆的象征性文化产品。造成这种现象的原因是国内很多博物馆发展文化创意产业时脱离了原生的文化环境,将文化创意产品的开发等同于对某些单件或者几件零散的藏品进行的开发。离开了支撑其原生的文化环境,所开发的博物馆文创产品的文化意义将大打折扣,所传递的信息将非常支离破碎,为社会公众所接受的程度将大大降低,其影响力也终究有限,文化创意产业的发展也终将难有较大的发展空间。

第二,博物馆文化创意产品类型与结构方面存在的产品同质化、结构类型单一、创意水平低下等共性问题,降低了产品的竞争力,不利于博物馆文化创意产业的持续健康发展。

当前,文化创意产品的同质化程度高、产品结构和类型单一、文化内涵和创意缺乏成为博物馆文化创意产品的共性问题。在文化创意产品的开发过程中,大多数博物馆缺少系统性的开发理念和对馆藏文化资源特色的深入思考,不能有效地利用本馆文化元素形成产品开发时的创意。而更多的是参考、借鉴国内外博物馆相对成熟的文创产品体系和类型，甚至低水平模仿、复制市场上比较受欢迎的文化产品，在此基础上多以贴牌的形式增添本馆标识和元素，形成自己的产品。这不可避免地导致博物馆文化创意产品在形式、功能上的同质化。例如，北京尚潮创意纪念品公司在为故宫博物院成功开发了Q版娃娃并获得良好效益后，几年时间内，众多博物馆不顾馆情和市场需求而争相开发类似Q版娃娃的产品。台北故宫博物院2013年推出一款名为"朕知道了"的胶带，在媒体的反复报道下成为畅销产品后，短短一年内，大陆许多博物馆竞相模仿开发胶带类产品。① 在同类博物馆之间，产品的同质化现象尤为明显，以致除标识外，人们难以作出区分。同质化和低水平开发的现象使博物馆文化创意产品更多地流于表象和形式，缺乏文化内涵与物理功能的深层次融合，难以形成差异化的竞争优势，从而缺乏足够的市场吸引力和竞争力。此外，众多博物馆将文化创意产品定位于便携式的旅游纪念品和工艺品，产品类型集中于书签、文具、购物袋、冰箱贴、钥匙扣、杯垫、U盘、丝巾、挂饰和部分复仿制品摆件等少数几种产品上。文创产品的生产过程存在文化元素生搬硬套的植入现象。这导致文创产品结构和类型的单一、雷同。博物馆文化创意产品正在结构、类型方面存在的问题，应归咎于产品开发者创意思维的缺乏和对博物馆文化资源内涵与特性的理解、阐释不足，以及不能实现创意思维与文化内涵的有效结合，以致突破不了已有的创意思路，难以集合并发挥资源优势和馆藏特色。

第三，以纪念品的开发销售为主的文化制造业的结构形态，使博物馆文化创意产业的结构明显失衡，产业链缺失，难以形成集约化生产和规模化发展。

当前，我国博物馆文化创意产业以文化纪念品的创意开发与销售为主要形态，缺乏其他多元化、多样性的产业形态。文化创意产业的结构失衡，呈现出平面化、线性化的特点，相对单一的结构形态和缺乏关联效应的产业门类使博物馆文化创意产业的生态整体较为脆弱，难以形成规模效应且产业链条不能有效延伸。文化纪念品的开发、销售形态属于典型的文化制造业的范畴，对博物馆文化资源的利用更多地停留在简单的复制和加工层面，甚至表现为传统制造业的翻版

---

① 吴信华. 博物馆文创要注意的陷阱［A］//中国博物馆协会文创产品专业委员会. 2015中国博物馆文化产业研究［M］. 武汉：湖北人民出版社，2015：364.

与延伸,为资源类、传统型、物质性的非智力经济,① 具有明显的资源消耗大、附加价值低的特点。产业结构形态单一、产业关联性弱必然导致难以形成健全的产业链和具有增值性的价值链,使博物馆文化资源不能得到有效合理的开发,文化资源的价值溢出效应不明显,文化创意产业的界面难以扩大、产业空间难以拓展。因此,博物馆面临调整、改善文化创意产业的结构的任务。在国家对文化产业结构优化调整的背景下,博物馆需要改变以文化纪念品的开发、制造为主的单一的产业形态,升级产业发展思路,充实产业内涵、扩展产业外延,利用文化创意产业的渗透性和关联性强的特点,实现产业链向纵深化、立体化方向延伸。

第四,相对保守落后的文化创意产业发展模式制约了国内博物馆文化创意产业的持续长效发展。

目前,以文化创意产品的种类、销售额等单一指标来衡量博物馆文化创意产业的发展业绩,成为国内各博物馆的主要做法。因此,在文化创意产业发展中,国内博物馆更多的是采取相对保守、低廉的套路拓展其产品的种类。笔者在调研中了解到,国内一些博物馆采取直接从其他旅游景区或文创企业拿来部分旅游纪念品作为博物馆文创产品,放在博物馆商店中销售,甚至连博物馆标识都不会添加。片面追求文创产品种类和数量的多少的思路很大程度上导致博物馆忽视了文化创意产业发展模式的开拓和创新。当前,在文化创意产业的发展模式上,虽然有部分博物馆尝试采取与社会企业合作的路径发展文化创意产业,但更多的博物馆仍处于闭门造车的状态;当前已有的合作也多属于松散型的合作模式。国内博物馆常见的文化创意产业发展模式主要有三种。第一种是博物馆自主设计开发,完成设计样稿后,交由有生产能力的制造类企业根据博物馆的要求生产,如故宫博物院、河北博物院等主要采取这种模式。这种模式要求博物馆拥有设计团队,负责本馆产品的创意设计。第二种是设计、生产全部委托馆外企业完成,由由后者负责文创产品的研发、生产全过程,产品最后交由博物馆销售,产品销售收入按约定比例分成。国内博物馆在与企业合作时大部分采取这种模式,如苏州博物馆自 2012 年开始举办明四家系列展,60%~70% 以上的文化创意产品采取委外研发、设计和制作。第三种是博物馆将产品的创意设计、生产制作和产品销售通过招标或邀约的形式全部委托企业进行,除产品销售须通过博物馆的渠道外,其

---

① 皇甫晓涛. 版权经济论 [M]. 北京:科学出版社,2011:9,115.

他方面由合作企业独立完成，采取这种模式的国内博物馆如山西博物院。无论哪种发展模式，文创产品的销售主要集中在馆内，只有个别博物馆设有馆外销售窗口。固定的销售空间和开放时间很大程度上限制了文创产品的销售。产品有限的销量加上委托生产或设计制作的模式决定了难以进行大规模生产，导致产品的生产成本较高。文创产品较高的边际生产成本一方面造成产品在市场上流通时价格普遍偏高，容易在产品价格上失去竞争力；另一方面很难建立良性循环的商品库存周期，一旦销路不畅，很容易造成产品积压。因此，仍然是一种松散型的合作模式。

在与社会力量合作发展文化创意产业的模式中，博物馆往往居于主导地位，合作企业常处于配合性的附属地位，发展模式以博物馆为中心进行运营。根据国家文物局统计，国内42%的博物馆采取的是内部运营管理的模式，即一般由博物馆设立一个内部机构专门负责本馆文化创意产业的发展。这个内部机构也是博物馆与社会力量进行合作的窗口。例如，湖南省博设立的文化产业中心、上海博物馆的艺术品公司、故宫博物院的故宫文化服务中心、浙江省博物馆成立的浙博文博经营公司等。据笔者对我国三级以上（包括三级）博物馆的调查统计，博物馆内设机构的管理人员93.4%由其他部门转岗或其他单位转任，这部分管理人员普遍缺乏产业经营管理方面的知识储备和市场经验。另外，上述博物馆中有本馆设计人员的，创意设计人员大多是设计类专业毕业后直接从事相关工作，对博物馆文化、文物藏品的内涵欠缺理解或创意发散能力不足。在模式运行中，由于博物馆与社会企业地位的不对等，导致合作对接往往不畅，从而容易出现诸如博物馆对藏品的研究成果不能为企业所吸收，企业开发设计中缺少一定的文化激发以及对藏品内涵和博物馆文化领悟不到位，博物馆对合作企业的干预过深等问题。

第五，行政主导下的博物馆文化创意产业普遍缺少市场意识和公众意识，产业发展的盲目性、随机性使产品供给与市场需求之间的矛盾难以缓解，整体效益较为低下。

与国外博物馆相比，我国博物馆发展文化创意产业的动力更多地来自政策的推动和行政的考核，并且政策和指令基本上为单向式的推动，市场和公众的需求一般难以进入管理者或决策者的认知体系中。长期以来，囿于体制的限制，国有博物馆各项工作按照行政管理的方式由政府统包统管，博物馆与社会大众接触面狭窄，与大众背后的消费型文化接触不多，导致市场敏锐性差。这在很大程度上阻断了博物馆与文化创意市场的联系。博物馆文化创意产业的发展难以真正反映市场的需要和消费者的文化需求，最终造成作为文化创意产品生产者的博物馆与文化创意产品消费者之间的分隔，以致文化创意产品的供给与市场需求出现失衡。确切地说，这种失衡是一种结构性的矛盾。因为，一方面由于博物馆文创产品的高度同质化和博物馆对文创产品的种类与数量的过度追求，导致表面上产品的供给过剩。另一方面，博物馆文创产品类型的单一以及不少产品难以体现博物馆的文化内涵与特色，以致难以满足消费者的需要，从而导致产品的有效供给不足。表面供给过剩与实际有效供给不足的矛盾长期存在，造成了博物馆文化创意产品供给与市场需求的不均衡现象，反映了博物馆在以生产为中心的导向下市场意识的淡薄和对消费者需求的忽视。文化创意产业的产品生产是以大众消费者为服务对象的生产行为，能否占有一定的市场分量、赢得一定数量的消费群体是文化创意产业成功与否的关键。当今，文化的权力和文化产品的质量的检验标准发生了根本的转移，大众成为举足轻重的力量，文化精英的趣味不再成为唯一的标准，而大众的喜爱才是最为重要的。① 目前，国内博物馆普遍缺乏以市场需求为导向的整体性、宏观性的文化创意产业思维和视野，以致博物馆文化创意产业在总量、结构、布局和效益上出现失衡。博物馆文化创意产业的发展，最终要面向市场，反映消费者的文化需求，走集约化生产和市场化经营之路。如果忽视了消费者的需求，将很难开拓产业市场，博物馆的文化创意产业也将很难发展起来，更遑论其社会效益和经济效益的提升。

第六，作为公益性机构的博物馆缺少发展文化创意产业的资金，"收支两条线"体制下的文化创意产业发展受到束缚，并且面临财政紧缩带来的预期风险。

根据我国事业单位分类改革的指导意见，国有博物馆多半属于公益性一类机构。公益一类机构为政府财政全额拨款的事业单位，明确不允许通过市场进行资源配置。因此，财政拨款成了国内大多数博物馆主要的经费来源。但财政拨款主要用于维持博物馆日常运行和文物保护的基本开支，并没有用于支持博物馆文化创意产业发展的支出项目。因此，博物馆往往无力承担文化创意产业发展的前期资金，部分博物馆从运行经费中拿出部分资金用于文创产品的开发，也常常是捉

---

① 李思屈. 文化产业概论（第二版）[M]. 杭州：浙江大学出版社，2010：278.

襟见肘、难见成效。缺少政策的专项扶持，社会资金注入也存在较大的压力和风险。以武汉市级博物馆为例，在缺少政府和社会专项资金扶持的情况下，各馆只能从有限的运行经费中挤出部分经费用于文化创意产业的发展。武汉博物馆、武汉革命博物馆、武汉市中山舰博物馆、辛亥革命博物馆4家博物馆在文化创意产业上的开发经费在2万元至8万元不等①，可见各博物馆在文化创意产业发展经费方面的困难。根据当前的体制规制，作为公益性事业单位的博物馆如果参与经营活动，经营收入要全部上缴，然后以财政拨款的形式根据其运营实际提供资金拨款并纳入财政核算，被称为"收支两条线"。在这一规制下，博物馆的运营更加依赖政府的财政拨款，对市场供给更加难以形成敏感性。文化创意产业发展的前期投入在得不到经费支持的情况下，发展文化创意产业反而可能会导致当年财政拨款的减少，这就更加抑制了博物馆的积极性，从而严重束缚了文化创意产业的发展。当前，一方面国家出台鼓励博物馆发展文化创意产业的政策，另一方面博物馆文化创意产业的发展又受到体制机制的约束和羁绊。这种矛盾的现状充分体现了我国文化产业领域所形成的一种市场竞争机制与非市场化政策的糅合②。

当前，我国经济下行压力持续增大，经济增长和财政收入增速明显放缓，因此，国家财政向公益性事业单位拨款的支出面临压缩的可能。财政支持的减弱对长期依赖财政拨款作为经费来源的国有博物馆来说将会带来一定的压力。例如，欧美发达经济体的博物馆在20世纪70年代面临政府拨款大幅削减，博物馆不得不倾注很大精力于文化创意产业的发展上。面对国内经济持续下行可能带来的财政紧缩的预期风险，国内博物馆应有所警醒，采取更加灵活的方式多渠道筹措资金，发展文化创意产业应成为博物馆的主动选择和自觉行为。

二、研究目的

博物馆拥有丰富的文化资源禀赋和多元的文化内容涵养。在文化创意产业发展的背景下，推动博物馆文化资源的合理开发和有效利用，使博物馆文化资源优势转化为促进文化创意产业发展的产业优势，从而实现博物馆自身价值阐释与提

---

① 肖惠平.武汉市级博物馆文化创意产品开发的思考［A］//中国博物馆协会文创产品专业委员会.2015中国博物馆文化产业研究［M］.武汉：湖北人民出版社，2015：130.
② 陈少峰.文化产业商业模式［M］.北京：北京大学出版社，2011：6.

升、增强博物馆公共服务文化的机能,同时又能满足了人们日益增长的文化消费需求,成为博物馆发展文化创意产业的宗旨和目的。然而,在当前体制机制下,博物馆作为公益性事业单位,虽拥有得天独厚的资源,却产生不敢用、不会用、怕出错的思想,文化创意产业发展的理念和思路出现偏差,文化创意产业发展中存在的诸多现实问题长期得不到有效解决,在文化创意产品开发中往往处于"戴着镣铐跳舞"的状态,以致影响了博物馆文化创意产业的持续健康发展。探寻上述问题的破解之策,探索博物馆文化创意产业发展的合理路径,优化博物馆文化创意产业发展的模式成为当前从理论层面推动博物馆文化创意产业发展的主要任务。本书的研究目的正是立足博物馆文化创意产业的实际,希望通过构建文化授权的模式,有效化解博物馆文化创意产业发展中存在的困惑。通过合理的运行机制最大限度地实现博物馆文化资源向文化资本的转化,将博物馆文创置于文化创意产业大的产业体系和市场环境中,进而推动博物馆文化创意产业的良性发展。在提高博物馆社会公共文化服务水平、增加博物馆文化创意产品的有效社会供给中实现博物馆整体价值的提升和公众文化需求的满足。

三、研究意义

对文化创意产业视域下博物馆文化授权的研究具有一定的现实意义和理论意义。研究的现实意义主要体现为以下两点:

其一,本书寄希望于通过文化授权,有效协调博物馆非营利性的公益属性与社会公众对博物馆文化产品日益多元化的文化需求之间的矛盾,实现保持博物馆公益属性与发展博物馆文化创意产业、满足公众文化消费需求的平衡与双赢。

根据国际博物馆协会对博物馆组织性质的界定和行为准则的约束,非营利性作为博物馆建立和存在的重要原则被凸显出来。虽然不同国家对博物馆的定义和管理不尽一致,但大多突出了博物馆的非营利属性,如美国博物馆协会将博物馆界定为"非营利的永久性机构"。虽然经过多次的定义修订,我国始终将博物馆视为非营利性的社会公益组织。从表面看,博物馆非营利性的特点与市场经济条件下文化创意产业发展注重经济效益的特点似乎构成一种难以调和的对立性矛盾。但事实上这是一种理解上的偏差。荷兰博物馆学家、国际博物馆协会前主席彼得·冯·门施(Peter von Mensch)认为,"非营利性质"应当理解为"不以营利为目的",并不等于不能营利,即博物馆要区别于完全以追求营利为目的的企业，但并不反对在"为社会和社会发展服务"的宗旨下，按照营利事业的理念和方法创造可能的收入。在实际操作中，博物馆往往难以准确把握非营利性的内涵和边界，思想观念常被其禁锢，行为方式常受到束缚。博物馆发展文化创意产业的举动也时常受到公众对博物馆"去公益性"的担忧和疑虑。在文化创意产业发展的背景下，博物馆如何处理好文化创意产业发展与保持公益属性和公共性质之间的关系，在看似矛盾的两者之间寻找一个平衡点，走出一条符合博物馆特点的文化创意产业发展之路，从而推动博物馆事业的进步成为博物馆面临的现实问题。本书研究的现实意义在于探寻并建立一种适合博物馆文化创意产业发展的模式，即博物馆的文化授权模式，使博物馆文化创意产业的发展在看似相悖的原则下走出逡巡不前的发展困境。

文化授权模式体现了文化创意产业发展中知识产权的转移、利用与创造关系。该模式不同于博物馆直接利用本馆文化资源发展文化创意产业的模式，而是产业融合背景下整合博物馆内外资源，间接发展文化创意产业的模式。文化授权模式不仅适应了博物馆作为文化创意产业的源发性部门，间接与市场接轨的需要，而且其内涵与特质决定了它在改善博物馆的供给机制和氛围、文化产品的内容生产和渠道开拓方面具有显著的优势。市场是文化创意产业价值实现的根本要素，借助文化授权模式，通过博物馆知识产权的保护、开发、授权和利用，以博物馆丰富的文化资源与市场环境下的社会生产和服务充分结合，充分利用并发挥市场在资源配置中的导向功能，有效整合各方面的有利因素，激发博物馆的产业化发展活力，使博物馆文化创意产业的发展从小众市场走向大众市场。一方面保证了博物馆文化创意产业发展的市场导向，在克服当前文化产业发展中出现的经费短缺、创意不足、产业结构不合理等问题的同时，间接获得了丰厚的经济回报；另一方面兼顾了博物馆的组织性质和价值使命，避免了博物馆直接参与市场经营活动的弊端，并通过文化授权有助于博物馆创造出更大的社会价值空间，在传播文化和价值的同时提高了博物馆的社会影响力，反馈的权利金增强了博物馆的"造血"功能，从而支持了博物馆事业的发展。

其二，借助文化授权，博物馆可实现文化资源最大限度地发掘、转化与利用，在揭示文化资源的深层文化内涵并将其文化价值转化为博物馆的文化效用和文化创意优势的同时，实现博物馆文化理念的传播和社会影响力的输出。

博物馆拥有丰富的文化资源类型和多维的文化资源禀赋。但一直以来，博物馆的文化资源更多地停留在静态储藏的状态，对其研究更多的是局限于文本层面的研究，而缺乏通过民族学、人类学方法的系统发掘与整理，从而难以上升为智识层面的版权与知识资源，也就不足以成为文化创意产业发展的文化源泉和文化滋养。也就是说，当下博物馆所面临的，一方面是文化资源的丰腴，另一方面是文化创意产业发展的滞后，两者共同存在于博物馆系统中，体现出典型的"资源诅咒"现象——文化资源的丰富程度与文化创意产业的发展水平并没有得到正相关关系的验证。文化资源丰腴的优势只是潜在的优势，这种潜在的优势并不会天然地转变为产业优势，只有通过深入挖掘、系统整合，使之成为具体的文化内容，即文化要从宏观和中观的文化背景转换成约束个体的、主观的、内在的、微观的文化行动①，才能转化为市场认可的文化资本，进而实现文化创意产业的发展。博物馆文化授权是通过知识产权授权机制实现博物馆文化资源转化和利用的模式。在文化授权的过程中，博物馆致力于梳理、揭示文物藏品和博物馆文化的深层内涵，激活文化资源的潜能，从而实现博物馆文化资源的深度挖掘和产业转化，最终获得博物馆整体价值的诠释和提升，尤其是文化价值的持续溢出和传播。

研究的理论意义体现为，在对相关理论的耙梳与整合的基础上，通过建构博物馆文化授权的理论，为博物馆发展文化创意产业提供了理论支撑，并希望借此为文化创意产业发展背景下博物馆与文化创意产业的其他产业形态乃至宏观的产业经济体系的多向度融合提供了新的理论视角。

目前，国内博物馆文化创意产业的发展整体处于探索阶段。博物馆文化创意产业发展水平仍然不高，产业发展的层次较为低端、结构相对单一，发展思路尚不清晰。这种状况的出现与博物馆文化创意产业的发展缺少理论基础作为支撑有很大的关系。缺乏一定的理论基础，使博物馆文化创意产业的发展难以形成有效的发展模式，文化创意产业的发展在博物馆工作体系中一直处于相对边缘化、附属性和非系统化的状态。当前的发展模式和状态更多地表现出行政力量主导下的松散型、随机性和无序化特点。

本书结合产业经济学、管理学、符号学、营销学、心理学等学科理论，建构了博物馆文化创意产业发展的文化授权理论。文化授权理论借鉴并吸收了新经济理论中的知识溢出理论，经济学中的价值链理论、交易成本理论、共生理论、微

---

① 昝胜锋，郭春森. 创意产业：文化、技术和商业模式［M］. 福州：福建人民出版社，2013：30.

笑曲线理论、文化效用理论、资源配置理论、授权经营理论和公共产品与优效产品理论，社会学中的"网络定律"，新经济社会学中的文化嵌入理论，营销学中的关系营销理论等不同领域和学科的理论。在已有理论的基础上，从博物馆文化创意产业发展的角度，对博物馆文化授权理论作了探索性和创新性的建构。在知识产权保护机制下，文化授权理论围绕文化创意和产权交易，实现了文化的生产与再生产，符合博物馆作为文化资源拥有者和文化创意产业源发性机构发展文化创意产业的客观规律和本质要求。因此，对博物馆文化授权的研究能够为博物馆发展文化创意产业提供一种具有产业发展维度的理论支撑，同时也可为博物馆外向型的拓展和整体价值的阐释提供多学科的理论视野。

第二节　国内外研究现状

一、授权产业相关研究

目前，对授权产业相关的研究呈现出两条路径。一是伴随授权产业的兴起和发展，根据授权产业发展的实践而进行的相关研究。授权产业肇始于20世纪初期。进入20世纪30年代后，随着迪士尼卡通授权事业的逐步升温和以电视机为代表的家庭娱乐设备的普及得以正式起飞。在第三次产业革命的推动下，信息技术的发明和应用带动了互联网产业的迅猛发展，为信息化时代的授权产业创造了条件。在此背景下，全球授权产业自20世纪80年代逐渐进入高速发展期。1980年开始举办的纽约国际授权展成为世界范围内授权产业的重要盛事。此后，国际性的授权博览会又陆续落地伦敦、法兰克福等城市，为授权产业的持续发展提供了媒合与交易的平台。进入21世纪，授权产业克服了"9·11"等事件带来的不利影响，虽然增长势头有所放缓，但总体仍保持向上的态势。国际授权业协会（Licensing International）2004年的报告显示，2003年全球授权产业零售额总计1727亿美元[①]，21世纪初的四年内平均每年增长71.25亿美元，平均增长率为

---

① International Licensing Industry Merchandisers Association Licensing Industry Survey [R]. 2004.

1.3%。2004~2007年,全球授权产业继续保持稳定增长,产业增加值和增长率明显高于前一阶段。根据2008年全球授权产业报告,2007年全球授权商品零售额达1917亿美元①,发展势头强劲(见图1-1)。

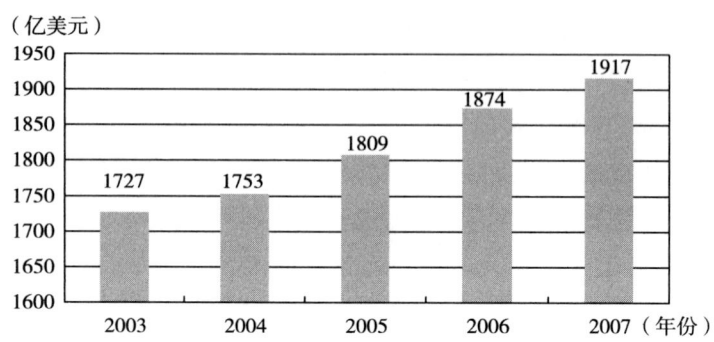

图1-1 2003~2007年全球授权产业零售额统计

2008年的金融危机终结了国际授权产业连续五年的增长,产业整体出现倒退,2009年全球授权产业市场规模缩水到187.5亿美元,同期相比减少2.2%。然而中国内地市场却呈现出逆势上涨的势头,市场规模扩大了50%左右。② 随着经济不景气的触底反弹,2010年后授权产业逐渐复苏。国际授权业协会前主席查尔斯·瑞奥托(Charlse Riotoo)表示:2014年全球授权产品零售额已达2000亿美元;中国是授权业增长速度最快的地区,2008~2013年,总增幅达90%,蕴藏巨大商机。③ 根据国际授权协会业发布的《2019年全球授权业市场调查报告》,2018年全球授权商品零售额增长至2803亿美元,同比增长3.2%。其中,作为新兴授权业市场的中国产业规模逐年提升,销售额达到95亿美元,涨幅高达6.7%。④

---

① Lima. Global Licensing 2008 Annual Report [EB/OL]. http://www.licensemag.com/licensemag/Article Standard/Article/Detail/558852.
② 林日葵. 艺术经济学史讲演录 [M]. 北京:中国商业出版社,2011:217.
③ 我国授权产品零售额5年增长90% [EB/OL]. 中国经济网. http://www.ce.cn/culture/gd/201501/15/t20150115_4343263.shtml.
④ 国际授权业协会. 2019年全球授权业市场调查报告 [EB/OL]. https://licensinginternational.org.cn.

第一章 绪论

在授权产业迅速发展的背景下,从产业层面对授权相关的研究逐渐增多。其中,美国学者 Edwards White P. 对授权如何作为一项营利性战略及其意义进行了详细分析。① Jack Revoyr 在其著作中对授权产业早期的发展情况进行了回顾。② Battersby 等结合授权产业的实际给出了授权的桌面指南。③ Sandra Mottner 和 James P. Johnson 从授权产业对于处于变迁中的新兴经济体的影响的角度阐述了国际性授权的动机和风险。④ Karen Raugust 以商业授权手册的形式对商业性的授权进行了全方位的概述,尤其对授权的操作层面着墨较多。⑤ Elisa Webb Hill 对授权对于市场拓展的意义进行了讨论。⑥ 相较于国外相对成熟的研究,国内对授权产业的研究仍然比较薄弱,系统的研究著述仍凤毛麟角。已有研究也多是立足地方产业经济发展的角度所作的探讨性分析,如程伟从狭义授权的角度对授权产业的特征、产业链、授权产业发展的国内外比较、上海授权产业面临的机遇、挑战及对策进行的探讨。⑦

另一条路径是文化产业在世界范围内兴起并日益受到重视的背景下,作为与文化产业息息相关的知识产权的保护与利用得到前所未有的关注。在知识产权保护机制下,其利用的主要方向是知识产权开发、转让与许可。而知识产权的许可使用或授予执行即通常意义上的授权。文化产业迅速发展的背景下,所授权利主要集中于与文化内容相关的知识产权。因此,对知识产权与文化产业的关系研究,特别是在数字时代,文化艺术的生产与知识产权的保护和利用受到极大的关注。例如,Ruth Towse 等对版权与文化产业的关系进行了探讨,强调了版权在文化产业发展中的重要性,并对文化产业发展如何有效地保护和利用版权进行了阐

---

① Edwards White P. Licensing, a Strategy for Profits [M]. Chapel Hill, N. C. : KEW Licensing Press, 1990.
② Jack Revoyr, A Primer on Licensing [M]. Stamford: Kent Press, 1995.
③ Battersby, Gregory J. and Grimes, Charles W. Licensing Desk Book [M]. New York: Aspen Law & Business, 1999.
④ Sandra Mottner, James P. Johnson. Motivations and Risks in International Licensing: A Review and Implication for Licensing to Transitional and Emerging Economies [J]. Journal of World Business, 2000: 35 (2).
⑤ Karen Raugust, The Licensing Business Handbook (5th edition) [M]. New York: EPM Communications, Inc. , 2004.
⑥ Elisa Webb Hill. Differentiation in the Marketplace through Licensing [M]. The Marketing Forum. 2004.
⑦ 程伟. 授权产业: 上海文化产业发展的新契机 [D]. 上海交通大学硕士学位论文, 2006.

述。① 阿诺德·P.卢特斯科对创意产业中的知识产权尤其是数字时代的著作权和商标进行了研究,对著作权和商标权利用中的授权是如何推动创意产业的发展进行了翔实的分析。② 詹姆斯·海尔布伦和查尔斯·M.格雷阐述了知识产权的保护和授权机制对文化艺术生产的重要意义。③ 国内学者邓达认为知识产权是创意产业的核心价值,对创意产业的价值与知识产权的关系进行了论述。④ 皇甫晓涛在对版权经济进行系统论述的基础上对文化创意与内容生产和版权经济的关系进行了研究。⑤ 董雪梅对文化产业所涉及的知识产权进行了系统的梳理。⑥ 从已有研究可以看出,目前从文化产业、创意产业研究的角度对知识产权的授权、利用多有关涉。研究内容更多的是围绕知识产权保护与文化产业或创意产业发展之间的关系或者更侧重于产业发展过程中的知识产权保护。对文化产业发展中的知识产权授权这一细分领域的独立研究相对较少。

在国际授权产业中,艺术授权和品牌商标授权是授权产业的两个分支领域,在国际授权产业中占据了较大的比例,同时也是文化授权的重要组成部分。国际授权业协会(Intenational Licensing Industry Merchandisers' Association)每年发布年度授权报告,对上一年度的授权产业发展状况进行分析。年度授权业报告包含了对艺术授权、品牌授权等专项授权产业状况的分析与评论。随着两类授权产业的发展,国内外相关的研究不断呈现。早期对艺术授权的研究以国外文献为主,研究内容更多的是基于艺术授权产业的发展状况,如结合国际授权业报告中关于艺术授权的统计分析所进行的质化研究。美国学者理查德·E.凯夫斯(Richard E. Caves.)认为,文化成为产业的重要标志是产业链的形成和中介环节的急剧扩张,创意产业将出现在大量的艺术中介机构、文化传播、经纪人和制作人等中

---

① Ruth Towse. Copyright in the Cultural Industries [M]. Edward Elgar Publishing, Inc., Northampton, 2002.
② 阿诺德·P.卢特斯科.创意产业中的知识产权——数字时代的著作权和商标[M].王娟,译.北京:人民邮电出版社,2009.
③ 詹姆斯·海尔布伦,查尔斯·M.格雷.艺术文化经济学(第2版)[M].詹正茂,译.北京:中国人民大学出版社,2007.
④ 邓达.创意产业的核心价值与知识产权[J].管理世界,2006(8).
⑤ 皇甫晓涛.版权经济论[M].北京:科学出版社,2011.
⑥ 董雪梅.文化产业知识产权[M].福州:福建人民出版社,2012.

间环节,并指出对艺术授权是艺术通过商业的重要路径。① Lisa Fondo 关注到世纪之初艺术授权的持续稳定增长,并将艺术授权界定为"被授权者与授权者双方签订合同,将艺术作品的著作权等无形资产,在特定地理区域与时间内,应用于某特定商品上的过程,然后授权者从每单位授权商品的销售所得中抽取权利金"②。Greg Hoffmann 对艺术授权交易的原则进行了论述,突出了艺术授权的艺术性。③ 2000 年以后,随着产业层面上的艺术授权在中国的逐渐兴起,国内相关的论述也随即出现并逐渐增多。沈山于 2004 年发文论述了文化创意与艺术授权经营的关系。郭弈承先后在 2004 年、2007 年、2009 年的《中国文化产业发展报告》中探讨了国际艺术授权的现状及未来发展趋势、艺术授权的商业模式和发展前景,艺术授权如何成为金融危机背景下的产业转机。④ 潘瑾和刘婧阳从对授权产业价值链的角度对艺术画作的授权产业链进行了分析和刻画。⑤ 继而刘婧阳结合艺术授权实践和产业链的相关理论对艺术授权的产业链进行了整体性构建。⑥ 秦洁结合艺术授权的发展分析了重庆"艺术授权"经营如何起步的问题。⑦ 林华对艺术授权在中国的发展进行了概率性的阐述。⑧ 苏雪燕等对艺术授权如何助推文创产业跨界发展作了探讨。⑨ 赵书波从艺术作品著作权管理的角度论述了艺术授权在中国的困境并提出了合理建议。⑩ 林日葵将艺术授权置于艺术经济学体系

---

① 理查德·E. 凯夫斯. 创意产业经济学:艺术的商业之道 [M]. 孙绯等译. 北京:新华出版社,2004.
② Lisa Fondo. Art Licensing Show Steady Growth:Licensors Continue to Focus on Art for it Longevity in the Marketplace and Its Growth Popularity – Special Report? [N]. Art Business News,2003 – 06 – 25.
③ Greg Hoffmann. The Art of Art Licensing Deals [J]. Bottom Line,2003.
④ 郭弈承. 国际艺术授权及其发展趋势 [A] //张晓明,胡惠林,章建刚. 2004 年:中国文化产业发展报告 [M]. 北京:社会科学文献出版社,2004;郭弈承. 艺术授权的商业模式和发展前景 [A] //张晓明,胡惠林,章建刚主编. 2007 年:中国文化产业发展报告 [M]. 北京:社会科学文献出版社,2007;郭弈承. 金融危机下的产业转机 [A] //张晓明,胡惠林,章建刚. 2009 年中国文化产业报告 [M]. 北京:社会科学文献出版社,2009.
⑤ 潘瑾,刘婧阳. 艺术画作授权产业价值链分析 [J]. 北京社会科学,2007 (4).
⑥ 刘婧阳. 艺术授权产业链构建研究 [D]. 东华大学硕士学位论文,2007.
⑦ 秦洁. 重庆"艺术授权"经营如何起步? [A] //刘庆渝. 2008 年:重庆文化产业发展报告 [M]. 重庆:重庆出版社,2008.
⑧ 林华. 艺术授权的中国意象 [J]. 中外文化交流,2009 (7).
⑨ 苏雪燕,李江涛,李慧颖. 艺术授权助推文创产业跨界发展 [J]. 商海气象,2013 (2).
⑩ 赵书波. 艺术授权在中国的困境及出路 [A] //范周. 文化、技术、市场:国家竞争与城市发展 [M]. 北京:中国传媒大学出版社,2011;赵书波. 艺术授权在中国 [A] //胡惠林. 中国文化产业评论(第 15 卷)[M]. 上海:上海人民出版社,2012.

中，从艺术授权的内涵与外延、艺术授权的产生与发展、艺术授权的发展模式和艺术授权的发展趋势四个方面对艺术授权作了深入的剖析。① 李志慧以 Artkey 艺奇文创集团为例对艺术授权的实际运营、核心竞争力与产业链、艺术授权的意义等进行了理论联系实际的论述。② 王一萍从艺术授权著作权保护的角度分析了文化创意产业中艺术授权的著作权保护问题。③ 尹立娜从宏观上对我国艺术授权产业的提升策略作了探讨。④

我国台湾地区对艺术授权的研究视野较为开阔，研究纵深更为凸显。相关研究，如卢恩慈从营销的角度对艺术授权产业的营销策略作了深入的研究。⑤ 郭镇武和徐孝德对知识经济时代的艺术授权进行了论述。⑥ 刘江彬对艺术授权作为文化创意产业商品化的模式进行了详细探究。⑦ 潘柏廷对艺术授权产业的跨领域合作与商品复制策略进行了深入研究。⑧ 萧涵匀从著作权法的角度对艺术授权机制与数位影像在著作权法上的地位进行了研究。⑨ 罗诗颖从授权经纪的视角深入讨论了三种图文的艺术授权经纪模式。⑩ 苏怡和立足企业营销的角度，对两岸艺术授权产业企业营销传播的应用进行了研究。⑪

已有研究表明，一方面，目前对艺术授权的研究已经有所积累，并逐渐形成多维的研究视角和完善的研究结构。另一方面，也存在研究深度不足的问题。大部分研究仍然停留在对艺术授权的现象、概念、结构、产业发展和运营模式等相关层面，理论和制度层面的探索比较缺乏。例如，立足经济学、社会学、知识产权学科的理论，对艺术授权理论方面的研究明显不足。结果也常常使人们对艺术

---

① 林日葵. 艺术经济学史讲演录［M］. 北京：中国商业出版社，2011.
② 李志慧. 艺术授权：点石成金——以 Artkey 艺奇文创集团为例［A］//张晓明，王家新，章建刚. 中国文化产业发展报告（2012—2013）［M］. 北京：社会科学文献出版社，2013.
③ 王一萍. 文化创意产业中艺术授权的著作权保护研究［D］. 中央民族大学硕士学位论文，2013.
④ 尹立娜. 我国艺术授权产业提升策略［D］. 山东大学硕士学位论文，2004.
⑤ 卢恩慈. 艺术授权产业之营销策略研究［D］. 政治大学硕士学位论文，2005.
⑥ 郭镇武，徐孝德. 阁楼上的林布兰——漫谈知识经济时代之艺术授权［J］. 故宫文物月刊，2007 (289).
⑦ 刘江彬. 文化创意产业商品化模式之探讨——以艺术授权为例［R］. 政治大学 2007 研究报告（未出版）.
⑧ 潘柏廷. 艺术授权产业的跨领域合作与商品复制策略［D］. 台湾科技大学硕士学位论文，2011.
⑨ 萧涵匀. 艺术授权机制与数位影像在著作权法上的地位之研究［D］. 台湾大学硕士学位论文，2009.
⑩ 罗诗颖. 三种图文艺术授权经纪模式之研究［J］. 文化事业与管理研究，2010 (5).
⑪ 苏怡和. 两岸艺术授权产业企业营销传播应用研究［J］. 广告大观（理论版），2012 (8).

授权的认知更多地浮于表面,理解难以深入。另外,对艺术授权细分领域的研究虽然逐渐增多,但研究内容仍有待深入和细化。此外,研究中学科嫁接的痕迹比较明显,如何突破学科壁垒、融汇贯通,内化不同学科的理论知识,从而提升研究高度、创新研究界面是研究中亟须解决的问题。

品牌授权被较早地应用于商业经营实践中,成为较为成熟的授权产业类型。国内外关于品牌授权的相关研究比较多,研究更多地集中于对一般企业或特定产业所进行的品牌授权问题的分析或者针对品牌授权经营的收益、风险、意义、影响因素等所做的较为宽泛的分析和探讨。例如,薛敏芝从品牌授权的营销传播意义的角度认为,企业运营品牌授权不仅仅是增加品牌知名度,还意味着对特定消费者需求的全方位关注以及商品和服务的整合性提供。① 王文卿将品牌授权模式作为动漫产业的核心模式,分析认为应充分利用动漫产业品牌形象的多领域覆盖性、多渠道影响性,能将多个文化平台进行产业链接,从而最大限度地实现动漫产业的广泛连续盈利。② 袁文华和孙曰瑶从授权方的角度出发分析了品牌授权的作用机制,对品牌授权如何获得成功进行了深入分析。③ 近年来,随着企业对品牌及品牌所带来的附加价值的重视,相关研究逐渐升温,在品牌授权经营方面的研究数量不断增多,研究视角呈现出多元化的趋势。

相对于近年来关注较多的艺术授权和品牌授权,文化授权是一个相对较新的概念。中国台湾学者郑自隆、洪雅慧、许安琪2005年在其合著的《文化行销》一书中最早提及"文化授权",但并未对文化授权做过多的描述,而是以音乐作品版权的授权为例,从艺术授权和经纪制度的角度对文化行销的趋势进行阐述。④ 2014年11月,国家对外文化贸易基地在上海自贸区举办了首届文化授权交易会,将艺术品、动漫卡通、影视娱乐、网络游戏、原创非遗艺术和文化演出经营等列入文化授权的产业类型。目前,对文化授权的认知更多地见于媒体的报道中,有针对性的研究较为稀少。通过文献检索能查询到的仅有笔者关于文化授

---

① 薛敏芝. 品牌授权及其营销传播意义阐释 [J]. 中国广告, 2010 (11).
② 王文卿. 我国动漫产业品牌运营模式分析及其发展策略 [J]. 决策探索, 2011 (6).
③ 袁文华, 孙曰瑶. 品牌授权机制分析——基于授权方的品牌信用度研究 [J]. 经济经纬, 2013 (3).
④ 郑自隆, 洪雅慧, 许安琪. 文化行销 [M]. 新北:台湾空中大学出版社, 2005.

权作为地方特色文化产业发展模式的的一篇研究著述①。因此，对文化授权的研究仍有待进一步深入。

二、博物馆经营与授权的研究

受市场环境的影响，经营博物馆的理念自 20 世纪 80 年代起在欧美博物馆逐渐得到传播，并在博物馆管理的实践中得以体现。在经营博物馆的理念支配下，博物馆的价值观念、目标使命、功能定位以及博物馆与市场和参观者的关系都在发生着变化。与此相关的研究亦逐渐增多。Harrison J. D. 对 20 世纪 90 年代博物馆的理念以及一些新变化进行了分析和讨论。② Hooper Greenhill E. 对市场经济影响下的博物馆与参观者的关系定位进行了深入的讨论。③ McLean F. 一再论述了新时期博物馆营销的革命以及在充满竞争的市场环境中如何营销博物馆，为此后博物馆营销的研究奠定了基础。④ 此后，Kolter N. 和 Kolte P. 从非营利组织营销的角度对博物馆的使命、目标和营销角色进行了深入分析。⑤ Awoniyi Stephen 论述了在休闲产业兴起的背景下，当代博物馆应将文化的再生产作为博物馆的一项重要功能的观点。⑥ Margot A. Wallace 从保持博物馆的形象、名声以及社会支持的方面论述了博物馆品牌的重要性。⑦ 在国内，黄光男较早对市场经济环境下的博物馆营销作了探讨。⑧ 张誉腾分别对博物馆的市场功能和经营趋势进行了论述。⑨ 刘惠媛从美学经济的角度对博物馆如何经营好所蕴含的美学价值进行了探

---

① 王秀伟，汤书昆. 文化授权：地方特色文化产业发展的模式选择——以中国宣纸集团宣纸文化产业为例 [J]. 同济大学学报（哲学社会科学版），2016（1）.
② Harrison J. D. Ideas of museums in the 1990's [J]. Museum Management and Curatorship, 1993, 13 (2).
③ Hooper Greenhill E. Museums and Their Visitors [J]. London：Routledge, 1994.
④ McLean Fiona. A Marketing Revolution in Museums [J]. Journal of Marketing Management, 1995；McLean Fiona. Marketing the museum [M]. London& New York：Routledge, 1997.
⑤ Kolter N, Kolte P. Can Museum be All Things to All People?：Mission, Goals, and Maketing's Role [J]. Museum Management and Curatorship, 2000, 18 (3).
⑥ Awoniyi Stephen. The Contemporary Museum and Leisure：Recreation as a Museum Function [J]. Museum Management and Curatorship, 2001, 19 (3).
⑦ Margot A. Wallace. Museum Branding：How to Create and Maintain Image, Loyalty and Support [M]. Alta Mira Press, 2006.
⑧ 黄光男. 博物馆行销策略 [M]. 台北：艺术家出版社, 1997.
⑨ 张誉腾. 当代博物馆探索 [M]. 新加坡：南天书局有限公司, 2000.

讨。① 龙瑛以台北故宫博物院与意大利企业 Alessi 的异业结盟为例，对博物馆的创新经营进行了系统研究。② 黄光男以企业经营的理念对博物馆的经营进行了剖析和展望。③ 张子康等立足文化创意产业及城市发展对博物馆作为重要的文化场所，在当代的价值以及现代城市中的定位进行了深刻分析。④

博物馆授权相关研究的细分领域涉及博物馆的典藏授权、艺术授权、著作权授权等方面。不同方面的研究既有一定的独立性和所指性，又存在交叉重叠的空间。具体研究内容包括博物馆授权的产业链、授权产业的现状与未来发展趋势的分析、博物馆的授权机制和授权策略、博物馆授权中的法律关系等方面。例如，周欣娴以台北故宫博物院的藏品图像授权作为对台湾文化创意产业发展的知识产权保护的案例，同时对一般性的藏品影像档案的权利保护进行了详细论述。⑤ 由 Rina Elster Pantalony 执笔、世界知识产权组织发布的博物馆知识产权管理指南针对信息时代的特点，论述了博物馆如何通过对知识产权的利用与保护。⑥ Emily Hudson 和 Andrew T. Kenyon 深入讨论了著作权的授权利用对于澳大利亚的博物馆、美术馆、图书馆等机构发展的影响。⑦ 郭汝彦以台北故宫博物院为例对博物馆艺术授权及其产业价值链进行了探讨。⑧ 谢铭洋等从法律层面对博物馆的数字典藏的知识产权保护与授权价值的应用问题进行了专项探讨。⑨ 苏欣怡从公立博物馆的功能性质和馆藏管理出发，对公立博物馆授权的法规依据与实务运作进行了对比研究，同时对著作权授权管理与授权机制进行了详细分析。⑩ 黎致君对以

---

① 刘惠媛．博物馆的美学经济［M］．北京：生活·读书·新知三联书店，2008．
② 龙瑛．博物馆创新经营研究：以故宫与 Alessi 异业结盟为例［D］．台湾师范大学博士学位论文，2007．
③ 黄光男．博物馆企业［M］．北京：文化艺术出版社，2011．
④ 张子康，罗怡，李海若．文化造成——当代博物馆与文化创意产业及城市发展［M］．南宁：广西师范大学出版社，2011．
⑤ 周欣娴．台湾文化创意产业智慧财产之法律保护与艺术授权——以国立故宫博物院为例［D］．政治大学硕士学位论文，2006．
⑥ Rina Elster Pantalony. WIPO Guide on Managing Intellectual Property for Museum [R]. WIPO, 2007.
⑦ Emily Hudson & Andrew T. Kenyon. Digital Access：The Impact of Copyright on Digitisation Practices in Australian Museum，Galleries [J]. Libraries and Archives, UNSW Law Journal, 2007 (30) 1.
⑧ 郭汝彦．博物馆艺术授权及产业价值链——以国立故宫博物院为例［D］．世新大学硕士学位论文，2007．
⑨ 谢铭洋，赵义龙，陈晓慧．数位典藏之保护与授权价值应用相关法律问题探讨［J］．艺术教育研究，2008（16）．
⑩ 苏欣怡．公立博物馆数位典藏授权相关议题研究［D］．新竹清华大学硕士学位论文，2009．

博物馆为代表的典藏单位的授权加值产业的发展现状进行梳理的基础上，对未来的发展趋势进行了分析。① 周国敬以台湾"国史馆"为例对博物馆典藏授权的相关问题进行了分析并给出了授权的建议。② 廖凰玎以台北故宫博物院为例讨论了博物馆数字典藏在图像授权中所涉及的法律关系。③ 赵月以台北故宫博物院为例，从文化产业的角度对艺术授权在博物馆的应用作了概述。④ 马琳在博物馆艺术衍生品开发研究中对艺术授权作为一项重要开发策略进行了评述。⑤ 李乘以台北故宫博物院为例对博物馆艺术授权的策略进行了研究。⑥

综观上述，不难发现已有研究有以下特点：其一，研究中案例性探讨占了大部分，而且相对集中于对台北故宫博物院等少数博物馆或个别国家、地区的案例的分析解读。由于台北故宫博物院等少数知名博物馆在地位、馆藏资源、知名度等方面的特殊性，其他博物馆很难与之相提并论，因此其在授权方面的经验对其他博物馆的适用性仍值得商榷。其二，现有研究仍然是立足博物馆授权的现状进行的延伸性分析和基于实践经验的总结，更多的是对博物馆发展授权产业的现象层面的讨论。理论性的探索比较薄弱，研究内容的普适性价值不突出，研究过程中的深度剖析略显不足。其三，对博物馆授权的研究对象主要涉及博物馆的著作权和商标权，对博物馆的其他权利如专利权、设计权、传统工艺与技术保护权等涉及较少。此外，已有研究将授权标的物的范围局限于博物馆藏品或藏品的标识，忽视了其他可作为博物馆授权的标的物的文化事项。

可以看出，目前对博物馆经营和授权的研究虽然已经较为丰富，也从不同侧面为我们思考这一问题提供了很多裨益，但研究的深入性、广阔性和理论性仍然比较欠缺，因此尚有待于以整体性眼光对博物馆授权的内在逻辑机理和所体现的价值模式进行统筹研究和深入探讨。

---

① 黎致君. 数位典藏授权加值产业之发展现况与趋势分析 [D]. 台湾大学硕士学位论文，2008.
② 周国敬. 数位典藏授权的探讨——以国史馆为例 [J]. 国史馆馆讯，2010（4）.
③ 廖凰玎. 论博物馆数字典藏图像授权法律关系——以国立故宫博物院为例 [J]. 博物馆学季刊，2010（2）.
④ 赵月. 艺术授权在博物馆之应用——以台北故宫博物院为例 [D]. 中南大学硕士学位论文，2012.
⑤ 马琳. 博物馆艺术衍生品开发研究 [D]. 南京艺术学院硕士学位论文，2013.
⑥ 李乘. 博物馆艺术授权策略研究——以台北故宫博物院为例 [D]. 中央美术学院硕士学位论文，2014.

第一章　绪论

第三节　研究对象与内容

一、研究对象的界定

"科学研究的区分,是根据科学对象所具有的特殊的矛盾性。因此,对于某一现象的领域所特有的某一种矛盾的研究,就构成某一门科学的对象。"① 对客观事物深入研究的前提是需要廓清研究对象的外延与边界,将研究对象界定在一定的范围内,从而使研究体现出针对性和聚焦性。本书的研究对象主要涵括作为研究主体的"博物馆"及其行为所指的"文化授权"。因此,我们需要对两个研究对象的范畴作出界定,以便进一步揭示研究对象的特殊矛盾与规律特点。

现代博物馆作为连接人类过去、现在和未来的文化纽带,已经成为代表当今社会文明程度的重要的文化标志,博物馆事业的发展体现着一个国家和民族对文化传统的珍视。② 目前,国际上通行的且相对稳定的博物馆定义是2007年国际博物馆协会在维也纳会议上通过的《国际博物馆章程》中所修订的博物馆定义:"博物馆是一个为社会及社会发展服务的、向公众开放的非营利性常设机构,为教育、研究、欣赏的目的而征集、保护、研究、传播并展出人类及人类环境的物质及非物质遗产。"该定义仍然延续了此前较为开阔的博物馆外延和边界,如将具有博物馆性质的历史古迹、遗址和收藏动物、植物标本的动物园、植物园、水族馆以及科学中心、天文馆甚至图书馆、档案馆的常设保护与展示场所等纳入博物馆的范围。这种界定下的博物馆俨然成为一个门类众多、性质差别较大的繁杂群体,是一个典型的根据部分共同特征归类在一起的集合,并不适合作为具体研究内容的主体对象。立足研究的实际,作为本书主体对象的"博物馆"是指以教育、研究、服务公众为目的,以收藏、保护并向公众展示人类活动和自然环境

---

① 毛泽东. 毛泽东选集(合订一卷本)[M]. 北京:人民出版社,1964:284.
② 刘延东. 积极推动博物馆事业的繁荣发展[EB/OL]. http://www.sach.gov.cn/tabid/310/InfoID/27314/Default.aspx.

的见证物为主要任务,向社会开放的非营利性组织。其范围包括通常意义上的博物馆、纪念馆、科技馆、美术馆和陈列馆。本书所指称的"博物馆"是介于国际博协广义的博物馆外延与传统意义上狭义的博物馆定义之间的,以中观视角切入的博物馆范畴,其边界与外延相对稳定,适合文化创意产业背景下文化授权的研究。

"文化授权"是本书的主要研究对象,也是作为研究主体的"博物馆"所发生的主要行为过程。对"文化授权"的界定首先需要明确"授权"的内涵及其在本书的所指。通常,法律意义上的授权是授权者与被授权者双方在法律规制下通过履行法律规定和相关规则进行的双向互动过程。授权过程包括:授权者将权利委托或许可他人使用或执行,被授权者在行使所授权利的同时相应承担一定的义务和职责。授权问题的实质是权利作为一种资源在不同组织、群体、层级间的流动。本书从经济学的角度将授权视为权利资源的生产、流通、再生产与消费的过程。

文化授权是一类以文化创作和以文化标识产品的权利为主体的综合性授权形式。文化授权囊括了与文化有关的艺术、品牌、动漫、影视、游戏、形象、传统工艺等形态的授权,内容复杂多元、外延较为宽泛。文化授权过程可概括为授权方将融入了创意思想的文化创作成果和文化标识产品作为知识产权的载体,以权利授予和许可使用的方式参与市场经营活动或非营利性活动,并从中获取相应的回报。其实质是一种伴随着权利转移和知识流动所发生的文化、经济价值的再创造行为。文化授权在外延上涵盖了艺术授权、品牌授权、图像授权、影像授权、人物玩偶授权、动漫影视授权等授权类型。例如,原创系列小说《哈利·波特》在畅销后进行的电影制作、游戏设计和衍生品授权交易就涉及文化授权中的动漫影视授权、图像授权、品牌授权的范畴。

博物馆的文化授权是一类以博物馆文化为背景、以博物馆文化事项的权利集合为对象的授权行为。需要特别指出的是作为博物馆文化授权对象的载体,除了物质形态的文物藏品和非物质形态的传统技艺外,还包括与博物馆内有关的事物,如辅助性的展品、特色的博物馆建筑、装饰性的物件甚至博物馆内的动物、植物等,如观复博物馆的猫,其形象就成为文创产品开发的重要载体。此外,博物馆文化授权所涉及的授权类型与一般意义上文化授权的类型与内容基本一致。例如,近年来受到关注较多的台北故宫博物院的品牌授权、法国蓬皮杜国家艺术和文化中心的艺术授权、英国维多利亚与阿尔伯特博物馆的图像授权等都是具有代表性的博物馆文化授权的案例。

二、研究内容框架

按照从宏观到微观，从理论到实证的谋篇布局逻辑，本书分为八个章节。内容设置遵循以下思路：背景透视—内涵阐述—理论架构—法理依据—流程机制—发展模式—价值形态—影响因素。各部分环环相扣、依次递进，形成一个内容相对完整的闭合性研究。

第一章绪论部分为全书的基础，着重对博物馆文化授权的背景进行了透析。本章从文化经济兴起背景下文化创意产业的发展和人们需求结构与消费结构的变化入手，进而在对博物馆经营的轨迹尤其是发展文化创意产业的背景进行回顾的基础上重点分析了国内博物馆文化创意产业的现状，对当前发展中存在的问题进行了扫描和透视。认为在现行体制下解决发展中存在的问题，实现博物馆文化创意产业的良性发展，需要探寻合适的发展模式，为文化授权的提出奠定了基础。进而在研究意义部分为博物馆文化授权研究的现实和理论意义进行了深入分析，构成了后续研究的逻辑起点。

第二章承袭前一章的论述，从博物馆自身功能和价值转变的角度阐述了博物馆在当前发展文化创意产业符合博物馆为社会及其发展服务的使命，是一种必然的趋势。本章运用宏观的叙述手法，历史地考察了博物馆角色的变迁、功能的演进和价值的转换历程，对其中的规律进行了考察与探讨。结合文化创意产业发展的背景，对当前博物馆的功能和价值演变趋向作了深入分析，特别是从博物馆身份、场域和范式的转变上对博物馆功能定位与核心价值的转变进行深入的阐释，为文化创意产业视域下博物馆文化授权的可能性寻找历史与现实的依据。

第三章对博物馆文化授权的内涵与意义进行了概述性的分析。本章按照概念外延逐渐聚焦的逻辑，从授权的含义切入，再到对文化授权的内涵、本质和特点的阐述，进而集中于对博物馆文化授权的构成要素、范畴和类型的深度探讨。最后从文化资源利用、发展模式创新、文化市场供给的角度对博物馆文化授权的意义进行了系统论述。本章从宏观视角对博物馆文化授权地整体考察和认识为后文的研究内容奠定了基础，同时也构成了全书的逻辑起点。

第四章从理论层面探讨了博物馆文化授权的理论架构和法理依据。博物馆文化授权只有具备一定的理论品质,才能保证自身的稳定性和可靠性,应用于实践才具有合理性与持续性,如此才可能会被更多的博物馆认可和接受。因而,需要为博物馆文化授权建立一定的理论支撑,探寻博物馆文化授权合理性与可行性的法理依据。本章正是在这一目的的驱使下,通过对文化授权的理论基础进行梳理、分析,搭建了博物馆文化授权的理论框架,使博物馆文化授权具有了理论层面的意义。并从博物馆目标函数的最大化、当前政策的导向与法规依据、博物馆文创产品的混合型与优效性以及知识产权保护与利用的需要等方面揭示了博物馆文化授权的合理性与可行性。

第五章主要讨论了博物馆文化授权的流程与相应的机制。不同博物馆的规模大小、机构设置、人员配备和授权前的准备等实际情况不同,文化授权实践中所采取的具体模式和环节也会不尽一致。但基本的流程和机制却是可以通行的,对不同的博物馆仍然具有普遍性的参考意义和价值。因此,本章将培养和树立文化授权的理念和意识作为博物馆文化授权流程的逻辑起点,从博物馆文化资源的整合、评估和数字化等环节入手,对博物馆文化授权的完整流程作了全面分析。接着对保障博物馆文化授权流程能够顺利执行的各项机制逐一进行了论述。在此基础上,着重强调了博物馆的文化授权应是一个有机的多部门合作的体系。通过这一章的讨论,希望能够为一般意义上的博物馆文化授权流程与机制的建立和文化授权的开展提供具有参考意义的模板。

第六章侧重于对博物馆文化授权授权模式和价值链的探讨。博物馆文化授权的发展模式是博物馆在文化授权实践中根据自身内部优势和外部条件所采取的发展路径和结构方式。博物馆文化授权的发展模式决定了这种模式下的价值连接方式和增值方式,即文化授权的发展模式决定了其价值链的形成过程和最终形态。本章在对博物馆核心竞争力分析的基础上,提出了博物馆文化授权的三种结构模式:直接授权模式、委托授权模式和综合授权模式,并揭示了不同文化授权模式下的价值链形态。此外,分别结合大英博物馆、法国卢浮宫博物馆、美国大都会艺术博物馆的文化授权模式,对上述三种文化授权模式进行了深入剖析,并对不同模式下的价值链的构成进行了探讨。通过博物馆对文化授权过程中的价值生成机制和价值增值形态的深度刻画,指出博物馆文化授权的一项重要意义是为了实现文化价值的溢出和转化,进而实现整体价值的提升和输出。

第七章着重讨论了影响博物馆文化授权的内外因素。本章按照从宏观到微观、从社会环境到博物馆自身的逻辑顺序，对影响博物馆文化授权的内外因素：当前文化消费的发展态势与特点、公众文化消费的心理与偏好、公众对博物馆文化资源的认同程度、博物馆的知名度与影响力、博物馆展览的品牌与影响、授权标的物的知名度与美誉度、博物馆文化授权产品的内涵与价值、博物馆文化授权的营销效果等逐一进行了讨论。对于文化消费环境的变化和公众的文化消费心理与偏好，博物馆在开展文化授权时需要主动适应。对于公众对博物馆资源的认同程度以及与博物馆自身密切相关的影响因素，需要博物馆在文化授权中充分发挥主观能动性，克服上述因素带来的不利影响，积累正向动能推动博物馆文化授权的持续发展。

第八章为全书的研究结论与展望部分。在前七章对博物馆文化授权的相关问题进行深入探讨和分析的基础上，本章首先对全书的研究结论进行梳理和总结。其次，针对博物馆文化授权方面需要进一步讨论的问题进行启发性探讨，并对未来的研究进行展望。

以上八个章节构成了本书思考的框架。笔者期待通过这样的思考和阐述，能够起到抛砖引玉的作用，引起人们对博物馆文化授权这一新兴事物的关注和更加深入的思考。同时，希望对当前国内博物馆文化创意产业的发展具有一定的启示作用。

第四节　研究思路与方法

一、研究思路

本书设定了如下递进式的研究目标：对文化创意产业视域下的博物馆文化授权的内涵做出科学、理性的阐释；探讨博物馆文化授权的法理依据并搭建博物馆文化授权的理论框架；对博物馆文化授权的流程与机制进行研讨；对博物馆文化授权的发展模式及价值链形态做出分析；对影响博物馆文化授权的内外因素进行分析，并为文化授权的实践提出有效对策。根据既定目标，本书整合博物馆学、产业经济学、管理学、符号学、营销学、心理学、社会学等学科的理论资源和研究方法，希望将不同学科的视角叠加在一起，在异质思维的碰撞与融合中对博物馆的文化授权问题做出系统性的探讨和认知。具体研究思路如图1-2所示：

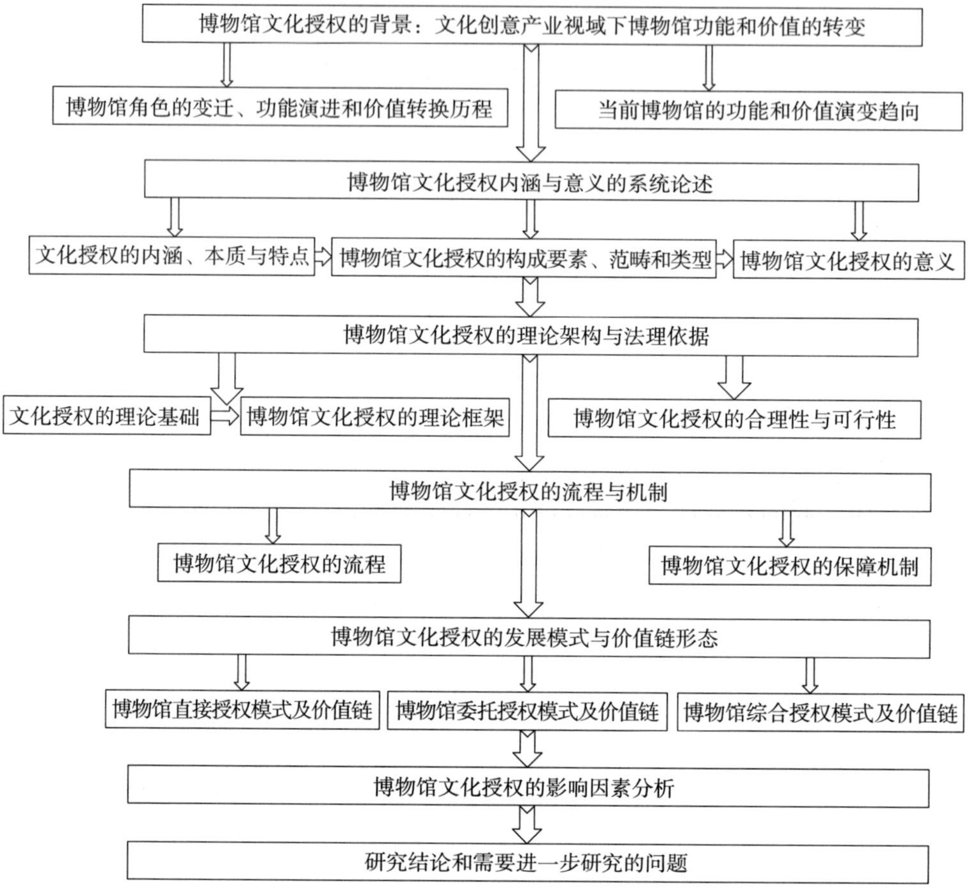

图1-2 研究思路

二、研究方法

作为一项与实践结合紧密、应用性比较强的研究，本书在研究中贯彻理论联系实际、整体分析与具体阐述相结合的原则，主要采用规范研究方法与实证分析方法相结合、映射法与深度描述法相结合的综合性研究方法。在具体论述中，还运用到比较研究、内容分析、案例研究等方法以及历史主义方法论。

规范研究要陈述和解决的是对象"应当怎样"的命题，通常是根据一定的价值标准，运用逻辑思维进行科学的推理论证，从而确立相应的原则。① 本书在对文化创意产业发展背景下博物馆文化授权的内涵做出分析的基础上，借鉴不同学科的理论建构起博物馆文化授权的理论构架。根据博物馆的实际，运用逻辑思维对博物馆文化授权的流程和机制进行了梳理；对博物馆文化授权的发展模式和价值链分别做了分析；对影响博物馆文化授权的内外因素分别做出论述，对博物馆文化授权的策略做了推理性分析。

本书力求将形而上的思考与实际考察、案例分析相结合。研究通过实证分析，结合大英博物馆、法国卢浮宫博物馆、美国大都会艺术博物馆、中国台北"故宫"博物院等博物馆文化授权的实际案例，对博物馆文化授权的流程、机制、模式和价值链等从实证的角度进行分析，为博物馆文化授权的研究提供了一定的支撑依据。

映射法是一种探索性的研究方法，它需要在其他学科的理论知识中寻找与研究对象产生关联的基本点，并通过建立一种映射关系，使之与研究对象形成对应关系。在此基础上，对这种关系进行简单的情景分析，最终确立一个系统性的框架。本书从产业经济、创意管理、符号消费、非营利组织营销学领域探寻与文化授权的关联，使之与文化授权建立某种内在的逻辑关系，借鉴、吸收相关理论充实到博物馆文化授权理论的构架中。

深度描述法是对文化事项、文化环境或文化过程等进行的一种解释性描述的方法。这种方法通过将原本难以解释的现象放在起作用的、相关的文化系统中，使这些现象得到合理解释，进而加深了我们对所观察行为背景与意义的理解。② 研究中，我们对博物馆文化授权背景的全方位透析，对博物馆文化授权内涵的多维视角的阐释，从公共产品理论、知识产权制度等多元的视角对博物馆文化授权的可行性进行的学理性分析都属于深度描述法在研究中的应用。

---

① 胡惠林. 文化经济学（第2版）[M]. 北京：清华大学出版社，2014：12.
② 戴维·思罗斯比. 经济学与文化[M]. 王志标，张峥嵘译. 北京：中国人民大学出版社，2011：32.

第五节 主要创新之处

本书的创新之处主要体现在选题视角、研究内容、理论建构三个方面。

（1）选题视角的创新。量子力学的创始人维尔纳·卡尔·海森堡（Werner Karl Heisenberg）指出：重大成果的发现常常发生在两条不同的思维路线的交叉点上，学科交叉点往往就是科学新的生长点、新的前沿，最有可能产生重大的突破。博物馆文化创意产业的系统研究涉及多学科的知识和理论，是一个以学科交叉为特点的复合性研究领域，体现出一定的创新性。与已有研究相比，本书在选题上立足文化创意产业发展的宏观视野，结合近年来国内外博物馆文化创意产业发展中授权意识的逐渐树立和授权实践的初步开展，从系统性的文化授权的角度对拥有丰富文化资源储量的博物馆通过文化授权发展文化创意产业进行深入研究。本书研究视角较为独特、新颖，具有鲜明的学科交叉特色和以实践为导向的前瞻性。

（2）研究内容的创新。针对博物馆文化创意产业发展中存在的问题，本书提出了博物馆文化授权模式。文化授权模式有助于解决当前文化创意产业发展模式不清晰、文化创意产业发展导向不明确、产业链条短、产业结构不合理、缺乏资金支持等当前影响博物馆文化创意产业发展的一些突出问题，同时有利于将博物馆文化创意产业的发展引向深入，融入文化创意产业发展的宏观市场体系中。此外，完整提出并系统论述了博物馆文化授权的流程和机制，阐述了博物馆文化授权的发展模式并根据不同模式下的价值增值形态对博物馆文化授权的价值链进行了深度剖析。

（3）理论建构的创新。本书借鉴并吸收产业经济、管理学、符号学、营销学、社会学等交叉学科的理论，建构了基于文化创意产业发展的博物馆文化授权理论，使之能够反映博物馆文化创意产业发展的特点和需要。文化授权理论吸收了新经济理论中的知识溢出理论，经济学中的价值链理论、交易成本理论、微笑曲线理论、符号产品理论、文化效用理论、授权经营理论和公共产品与优效产品理论。在已有理论的基础上，从文化创意产业发展的角度，进行了创新性的拓展。在知识产权保护机制下，文化授权理论围绕文化创意和产权交易，实现了文化的生产与再生产，符合博物馆作为文化资源拥有者和文化创意产业源发性机构发展文化创意产业的客观规律和本质要求。因此，希望通过文化授权理论，为博物馆文化创意产业的发展提供一种具有产业发展维度的理论支撑。

第二章 博物馆功能的演进与价值的转换

从公元前3世纪埃及亚历山大城的缪斯神庙到17世纪末现代意义上的博物馆的建立和逐渐开放，博物馆作为一种社会存在，一直处在不断地演进和变迁中。具体体现为博物馆价值理念、专业职能、社会功能等的演进和人们对博物馆认识的转变。反映了博物馆作为人类精神需求的物化载体，不断适应着社会的变革以及由此产生的人类物质和精神生活的变化。现代博物馆诞生以来的发展是一条逐渐外向化的轨迹，这种外向化表现为博物馆功能的社会化和多样性，价值理念逐渐凸显对社会发展的包容、参与和融入。20世纪中叶以后，随着新博物馆学思潮的兴起和传播，这种趋势变得更加明显。在实现由物到人的转变、突出人的主体地位的新博物馆学理念下，博物馆的功能和职能已经大大超越了传统的范畴，博物馆的价值主张开始定位于为社会和社会发展服务。运用历史主义方法论，对博物馆功能演进和价值转换的宏观叙述，有助于对当前博物馆功能和价值演变趋向的分析和把握。进而结合文化创意产业发展的背景，对博物馆功能定位的转变进行阐释。

第一节 博物馆社会功能的演进

一、博物馆角色的变迁

公元前290年，埃及托勒密王朝的建立者托勒密·索特尔（Ptolemy Sorer,

第二章 博物馆功能的演进与价值的转换

公元前367～前283）在亚历山大创办了当时最大的学术和艺术研究中心——亚历山大博学园，博学园中专门收藏文化艺术珍品的缪斯神庙被认为是西方最早的博物馆。缪斯神庙与图书馆、研究所、动植物园同处一园，相互间联系密切，并且博学园被定位为由国家资助的研究机构，吸引了大批知名学者前往研究、讲学。因此，缪斯神庙被后世学者认为是学者用于研究、著述和讲课的楼堂馆舍。① 此后，博物馆一直保留着追求治学和研究的"阁楼"的角色。

在中世纪漫长的思想禁锢期，随着经院教学的停止，博物馆的含义和功能变得较为狭窄，基督教遗物成为主要的收藏和研究对象，但博物馆作为研究场所的角色却保留下来。文艺复兴时期，随着人文主义的兴起，人们对古典文化的兴趣增强，对作为古典文化载体的古董、艺术作品的收藏成为当时的王公贵族和新兴商人阶层的嗜好。具有代表性的如佛罗伦萨的美第奇家族（Medici Family）凭借家族财富和权力收集的大量藏品。这一时期的博物馆，在尚未完全具备现代意义之前，主要作为储藏室（Cabinet）的角色而存在。储藏室的角色类似于中国古代皇室贵族和士大夫阶层收集、储存珍品的独立空间。储藏室内的藏品几乎不对公众开放，主要是供王公贵族、教皇、富豪等的赏玩之物。②

17世纪后期，随着启蒙运动的兴起和早期资产阶级革命带来的民主思想的涤荡，欧洲率先进入罗斯托（Rostow）起飞理论③中的准备起飞阶段。具有公共性质的博物馆开始设立，并逐渐走入公众的生活。1671年，瑞士巴塞尔建成了第一座大学博物馆。1683年，标志着现代博物馆开端的阿什莫林博物馆（Ashmolean Museum）在牛津大学建立。通过藏品的收集和贮藏，博物馆为收藏而设的目的已经十分突出，作为专门收藏机构的角色得到凸显。这一时期的法律文件将博物馆解释为"一个贮存和收藏各种自然、科学与文学珍品或趣物或艺术品的

---

① 雷蒙德·阿古斯特. 博物馆的法定定义［J］. 中国博物馆，1987：86.
② Hudson, Kenneth. Social History of Museums: What the Visitor Thought. Atlantic Highlands ［M］. NJ: Humanities Press, 1975: 53.
③ 1960年，美国经济史学家华尔特·惠特曼·罗斯托（Walt Whitman Rostow）在其著作《经济成长的阶段》中提出了著名的"经济成长阶段论"，又称罗斯托起飞模型或起飞理论。该理论将一个国家的经济发展过程分为6个阶段，即传统社会阶段、准备起飞阶段、起飞阶段、走向成熟阶段、大众消费阶段、超越大众消费阶段。其中，准备起飞阶段是指开始从摆脱贫穷落后走向繁荣富强的准备阶段，通过思想文化、政治体制的变革为经济的发展创造条件。

场所"。① 此时的博物馆作为公共利益的机构而存在,已经不同于此前作为私人储藏室的角色,只是其功能主要专注于收藏和对藏品的保管。这也构成了公共博物馆最基本的角色,一直延续至今。英国苏格兰博物馆前馆长道格拉斯·艾伦(Douglas Allan)在20世纪60年代曾指出:"博物馆,简而言之,就是一栋建筑,里边储藏藏品,用于观察、研究和欣赏。"② 美国学者詹姆斯·海尔布伦和查尔斯·M. 格雷(James Heilburn and Charles Gray)在其《艺术文化经济学》中也认为:"博物馆实质上是表达和传递历史文化遗产的物品的收藏之处。"③

18世纪,思想领域的启蒙运动深层次地推动着人们思想的解放。与此同时,经济领域的工业革命和政治领域的资产阶级革命使社会生产力得到极大提高的同时,民主进步的观念逐渐在人们心中树立起来。博物馆作为人们精神需求的产物,适应了这一社会变革的需要,其角色发生了明显的转变。表现在从维护公共利益的角度,建立博物馆开始上升为国家行为。其中典型的例子是1759年大英博物馆的成立和1793年法国大革命中成立的卢浮宫博物馆。博物馆承担起促进国家意识与身份认同的职责,被视为保存国家历史遗产的机构。④ 为了公共利益而建立的博物馆在为国家收藏、保存遗产的同时,逐渐地向社会开放,也因此被越来越多地赋予了公众教育者的角色。

在此后的200年间,社会生产力得到前所未有的发展,博物馆的地位渐渐凸显,人们对博物馆所发挥的作用有了更加全面的认识。在博物馆数量迅速增加的同时,类型和功能更加多样化。在研究场所、储藏室和教育者的基础上,博物馆的角色变得更加多元立体,并被贴上类型化、个性化的标签。其中,休闲体验场所成为与博物馆传统角色不同的身份标签,在体验经济时代满足了不同需求的人们的身心需要。例如,美国国立印第安人博物馆馆长W. 理查德·韦斯特(W. Richard Trescott)将国立印第安人博物馆描述成一个活态文化的国际机构,

---

① 雷蒙德·阿古斯特. 博物馆的法定定义 [J]. 中国博物馆,1987:87.
② Allan, Douglas A. The Museum and Its Functions [A] //The Organization of Museums: Practice Advice [R]. Pairs: United Nations Educational, Scientific and Cultural Organization, 1967: 79.
③ 詹姆斯·海尔布伦,查尔斯·M. 格雷. 艺术文化经济学 [M]. 北京:中国人民大学出版社,2007:187.
④ 杰弗里·刘易斯. 博物馆的角色与职业道德准则 [A] //帕特里克·博伊兰. 经营博物馆 [M]. 国际博协中国国家委员会,译. 南京:译林出版社,2010:5.

并认为博物馆不仅是一个文化驿站,还是一个市民共享空间。①

二、博物馆功能的演进趋势

博物馆功能是博物馆在特定时期的存在价值和社会功用。博物馆功能的演进是人们根据博物馆在不同发展阶段的特征和角色变化,对其社会功用的变化做出的判断与定位。从博物馆角色的变迁中可以看出,博物馆功能处于一个不断演进和渐趋丰富的进程中。从公元前3世纪到18世纪,经历了近两千年的发展,博物馆初步具备了收藏、研究、教育、展示的基本功能,为此后博物馆功能的拓展奠定了基础。

收藏功能是博物馆最原始的功能,因为博物馆的出现即源于早期人类的收藏行为。人类的收藏行为往往受到不同动机的驱使,如财富积累、名望象征、好奇心驱动,甚至有人指出"收藏是一种生物功能,与我们的生理欲望密切相关"②在不同动机支配下的收藏行为推动了博物馆的建立和发展。例如,缪斯神庙里的文化艺术珍品就多是战争期间搜罗的,阿什莫林博物馆的绝大多数藏品是来自崔德斯坎特(Tradescant)父子的收藏,大英博物馆建立之初的藏品主要是购自汉斯·斯隆(Hans Sloane)爵士的私人收藏。藏品是博物馆存在的基本条件,没有了藏品的支撑,将失去博物馆存在的资格。因此,收藏功能始终作为博物馆的核心功能,是其他功能得以发挥的载体。这也更加有力地驱使着博物馆去搜罗珍藏的动机③。收藏功能在很长时期内逐渐得到强化,被博物馆管理者认为是博物馆最重要的功能,这也成为很多人对博物馆根深蒂固的印象。一位博物馆的领导者甚至认为,收藏是博物馆存在的唯一原因,至于展览、教育、文化以及社会利益,都是为博物馆狂热收藏藏品正当化而做的掩饰。④ 这种观点虽然较为极端,但可以看出收藏功能在博物馆的各项功能中占有很大的权重。

博物馆的研究功能可以追溯到公元前3世纪,亚历山大博学园里的学者们对

---

① Trescott, Jacqueline. Indian Museum Director Stepping Down [N]. in Washington Post, 2006 - 10 - 27.
② Preston, Douglas J. Dinosaurs in the Attic: An Excursion into the American Museum of Natural History [M]. New York: St. Martin's, 1986: 94.
③ G. Ellis Burcaw. Introduction to Museum Work [M]. ALTAMIRA Press, 1997: 26.
④ 爱德华·P. 亚历山大,玛丽·亚历山大. 博物馆变迁——博物馆历史与功能读本 [M]. 陈双,译. 南京:译林出版社,2014: 8.

收藏在缪斯神庙中的文化艺术品的研究。此后博物馆的研究功能一直存在，甚至部分博物馆最初是由研究机构转变而来，如始建于1846年的美国史密森博物学院，在相当长的时间内主要以研究机构的角色存在，直至1873年史密森博物学院开始逐渐向致力于科学、人文以及艺术的国家级博物馆群转变。博物馆研究功能所指涉的研究对象主要是博物馆的藏品，包括对藏品本身的基础研究以及应用性研究，即把藏品置于它们自身艺术、科学或者历史背景之中进行研究。进入20世纪，博物馆研究对象的范围明显扩大。博物馆的研究不再局限于藏品的研究，还衍生出了博物馆实践的研究以及针对博物馆观众的研究。① 博物馆发挥研究功能的意义从最初增强对藏品的保护管理进而推动藏品数量的增加，到促进展览、教育、经济等其他功能的良好发挥转变。

博物馆的教育功能是随着现代意义上的博物馆向社会的开放而逐渐发展起来的。18世纪，具有公共机构性质的博物馆逐渐向社会开放，越来越多的公众有机会进入博物馆参观，在这个过程中鲜明地体现着博物馆的教育功能。例如，19世纪70年代前后，美国自然历史博物馆、大都会艺术博物馆和波士顿艺术博物馆在建成后全部向公众开放，博物馆的教育功能得到充分的发挥。截至1900年，美国的博物馆已经成为教育和公众启蒙的中心。② 20世纪初，以波士顿艺术博物馆讲解员的岗位的设立为标志，欧美博物馆的教育功能不断强化。当代博物馆教育已经成为社会教育的重要组成部分，这一点在西方博物馆表现中尤为突出。据美国克利夫兰艺术博物馆2008~2009年度的年报披露，该馆在教育方面的总投入达481.6万美元，全年推出的教育和公共服务项目使438626人受益③；同年，大都会艺术博物馆向公众提供教育项目多达21246项，教育项目服务人数为829892人④；英国国家美术馆的教育服务支出在该年度突破140万英镑，教育活动内容与形式丰富多样，涉及多个门类并覆盖不同年龄层次⑤。当代博物馆越来越相信对公众教育的投入，能够获得来自公众更多的回报。

展示功能是博物馆收藏功能的衍生。如同个人收藏一样，最初的展示是随着

---

① Black, Craig. The Case for Research [J]. *Museum News*, 1980 (5) 5.
② 爱德华·P. 亚历山大，玛丽·亚历山大. 博物馆变迁——博物馆历史与功能读本 [M]. 陈双双，译. 上海：译林出版社，2014：8.
③ 王家新，傅才武. 艺术经济学 [M]. 北京：高等教育出版社，2013：221.
④⑤ 王家新，傅才武. 艺术经济学 [M]. 北京：高等教育出版社，2013：222.

博物馆收藏的发展，以藏示人来显示收藏的丰富或达到其他目的成为很自然的逻辑。然而，18世纪中期以前的博物馆展示只是一种有限的展示，即展示只面向少数精英阶层，普通公众几乎没有参观展览的机会。正如英国文化研究学者托尼·贝内特（Tony Bennett）所描述的："大部分藏品都是面向学者、关系紧密的旅行家和统治阶层等少数精英展示，而不是面向大众。"① 18世纪中期以后，公共博物馆逐渐向社会公众开放，博物馆的展示功能被赋予新的内涵，即它逐渐成为博物馆与参观者沟通的重要渠道，也使博物馆的收藏品真正成为被公众公开享用的资源。贝内特称之为"文化收藏逐渐成为面向作为市民而不是臣民的公众展示"②。18世纪以来藏品分类体系的科学化以及19世纪肇始于英国的世界博览会促进了规模化、复杂化展览系统的形成，推动了博物馆展示功能的发挥。随着博物馆教育功能的彰显，展示功能开始根据公众参观的需要做出调整，如德国和瑞士的博物馆馆长们尝试以文化历史模式来布置产品——按照历史时期把藏品放置在不同的展厅中，观众在参观的过程中犹如在国家历史的不同时期中徜徉。③ 20世纪70年代以后，博物馆临时展览的增多使博物馆的展示空间不再局限于馆舍的特定空间内，展示空间的边界被扩大和延伸，界限不断模糊。同时展示功能增加了更多公众服务、商业营销和自我宣传的意义。博物馆开始超越保守的围墙，进入城市的其他展示空间，如购物中心和火车站。④ 法国蓬皮杜国家艺术文化中心（Centre National d'art et de Culture Georges Pompidou）、英国维多利亚与阿尔伯特博物馆（Victoria and Albert Museum）、曼彻斯特厄比斯博物馆（Urbis museum）等率先将博物馆的展示与休闲、购物等结合起来。

20世纪中期以后，社会生活发生了巨大而深刻的变化，博物馆的外部环境变得日益复杂而多元。面对挑战与机遇并存的外部环境，博物馆开始重新审视自己的功能定位和社会责任。跳出原有功能的樊篱，迎合社会发展的需要，发掘更多的潜能逐渐成为博物馆的共识和选择。正如美国博物馆学者斯蒂芬·维尔（Stephen Weil）所指出的"19世纪和20世纪初博物馆核心功能是收藏和保护藏

---

①② Bennett, Tony. The Birth of the Museum: History, Theory, Politics [M]. London: Routledge, 1995: 73.
③ 爱德华·P. 亚历山大，玛丽·亚历山大. 博物馆变迁——博物馆历史与功能读本 [M]. 陈双双，译. 南京：译林出版社，2014: 11-12.
④ 贝拉·迪克斯. 被展示的文化——当代可参观性的生产 [M]. 冯悦，译. 北京：北京大学出版社，2012: 11.

品，而当今的博物馆已远远超出了这种苑囿"①，当前博物馆的功能已日益多元化、社会化。尤其是在世界范围内大众文化的兴起和传播，以及在文化产业发展已上升为不同国家和地区经济社会发展的战略选择的背景下，经营博物馆的理念越来越得到认可，在实践领域博物馆越来越多地关涉经济问题、市场问题，博物馆的经济功能逐渐凸显，成为继传统的收藏、研究、展示、教育功能之后的一项重要功能。博物馆经济功能的发挥，有助于博物馆文化资本的外溢和文化价值的转化，在创造经济价值的同时，推动传统的收藏、研究、展示、教育功能的实现。

博物馆功能的演进是一个随着社会的发展而不断变动的过程，深刻地受到社会生活环境变化的影响。功能的演进总体呈现出外向化、社会化、多元化的趋势。体现在博物馆由仅囿于馆内的收藏、研究到向社会开放的展示、教育，再到以公众为中心的休闲、体验、服务。史蒂芬·维尔把博物馆功能的发展趋势比成一种从关注"物"到服务"人"的变化过程。他认为，过去的博物馆侧重收藏和保护文物，而现在则侧重为公众提供教育服务。② 1974年，国际博物馆协会对博物馆定义作了重大修改，首次将"为社会和社会发展服务"作为博物馆的职责写入定义。说明博物馆在公众生活中的地位已经越发重要，博物馆的社会服务功能越来越凸显，博物馆在解决社会问题、推动社会发展、参与社会变革中的作用将更为积极。以此为标志，博物馆与社会的关系更加紧密，博物馆在融入社会的过程中更多地关注社会变化、关注公众生活，并逐渐以一种"生活方式"的姿态出现在人们生活中。贝拉·迪克斯（Bella Dicks）在其著作《被展示的文化——当代可参观性的生产》中直陈："今天的博物馆关注的是生活方式，而不是恍如隔世的什么物件。"③

在当前信息化、数字化、网络化的社会生活环境中，博物馆需要做出积极的回应，不断拓展社会功能，从而适应公众多样性的需求，尤其是公众精神文化、休闲娱乐、生活品位方面的需求。其实质是一种大众文化的需求。满足大众文化

---

① Weil, Stephen E. Making Museums Matter [M]. Washington, DC: Smithsonian Institution Press, 2002: 113.
② 张树伟，潘国霖. 中国艺术类博物馆悄然变身 [N]. 中国教育报，2008-06-30 (4).
③ 贝拉·迪克斯. 被展示的文化——当代可参观性的生产 [M]. 冯悦，译. 北京：北京大学出版社，2012: 2.

的价值诉求成为博物馆功能演进的方向。正如历史学家尼尔·哈里斯（Neil Harris）所说的："如今博物馆的地位已不再被那么高大了；相反，它涉及财富、权利、知识和品位的分配，而这是由整个社会大环境所决定的。"①

第二节　博物馆核心价值的转换

随着博物馆功能的演进，博物馆的核心价值在不断转换。作为博物馆的灵魂和主导价值观，博物馆的核心价值具有一定的阶段稳定性和内隐性。博物馆核心价值的转换往往外在地表现于博物馆功能的演进和行为规范的转变。自博物馆诞生以来，博物馆的核心价值呈现出由内而外的延伸，价值主体践行着由"物"到"人"的转移。长期以来，博物馆的核心价值围绕着文物藏品，在特定的时间、固定的空间内反映、解决着与之相关的问题，更多地体现为一种物化的思维范式和行为准则。20世纪70年代，新博物馆学思潮的兴起和传播，给现代博物馆核心价值的形塑带来了重大改变，博物馆的核心价值和理念发生了前所未有的转变。

一、新博物馆学思潮下的博物馆理念与价值

受20世纪中期世界范围内发生的民主民族解放运动的影响，进入20世纪70年代，博物馆人开始反思博物馆的专业职能和社会功能定位，以及在新形势下博物馆如何理解文化的原生性和整体性问题。这种反思集中体现在兴起于欧洲的"新博物馆学运动"。"新博物馆学运动"以20世纪六七十年代欧洲所推崇的"生态博物馆"为口号，提倡"整体生态活体保存"的方式，是一场自下而上构建博物馆空间的运动。②"新博物馆学运动"所体现出的价值观念认为应重新调整人与物的关系，实现由"物"到"人"的转变，以人为本代替以藏品为本，

---

① Harris, Neil. Cultural Excursions: Marketing Appetites and Cultural Tastes in Modern America [M]. Chicago: University of Chicago Press, 1990: 43.
② 张子康，罗怡，李海若. 文化造成——当代博物馆与文化创意产业及城市发展 [M]. 南宁：广西师范大学出版社，2011: 55.

从关注收藏与藏品转为更多地关注博物馆与社区的关系,从而突出人的主体地位。以这种价值观念为核心的新博物馆学思潮在西方兴起后逐渐在世界范围内传播,并得到越来越多的认可和接受。新博物馆学强调博物馆的核心功能和任务并不是收藏,而应以管理策略带动博物馆与观众的互动为发展核心。美国博物馆学家 J. D. 哈里森(J. D. Harrison)曾指出,新博物馆学的理念是对传统博物馆学概念的批判。新博物馆学的重心不再置于传统博物馆所一向奉为准则的典藏建档、保存、陈列等功能,转而关怀社区民众和社区的需求,成为博物馆经营的最高指导准则。① 于格·戴瓦兰(Huguesde Varine)在 1986 年给"新博物馆学"下的定义中,突出强调了新博物馆学的目的是为人类服务,博物馆的专业人员作为社会人,应该成为变革的行动者等几项原则。

新博物馆学理念在世界范围内的传播,直接推动了博物馆进入以参加体验为核心的发展阶段。与此同时,在国际博协强调"为社会和社会发展服务"的理念和要求下,博物馆社会化进程明显加快,价值观念逐渐发生转变。博物馆在运营中开始更多地考虑公众需求和社会需要,核心价值逐渐从收藏、保护文物藏品转向以满足公众需求、服务社会发展为己任。在新博物馆学思潮下,博物馆价值取向的最大变化就是推倒思想围墙,使博物馆勇敢地融入社会发展洪流中去,面向社会大众,表达他们在文化上的企盼;面向城市生活,展示文化的多样性;面向发展着的实际,不断地更新理念。② 可见,受新博物馆学思潮的影响,当代博物馆的价值理念正在被重塑,思想观念逐渐得到解放,行为规范也随之调整。

二、博物馆核心价值的形成与阐述

当前,人类社会处于不断变革之中。一方面,生活形态与生活方式日新月异,价值观念和主张趋于多元复杂;另一方面,人类社会面临的共同问题日益突出,主流价值观和核心理念逐渐形成。博物馆作为公共性的文化机构,正在以社会主流价值为导向,逐渐走出专注文物藏品、立足行业发展的思维,不再局限于固定的文化单元空间,而是更多地走向社会,满足人们的精神文化诉求,关心并积极回应社会问题。从进入 21 世纪以来每年国际博物馆日的主题

---

① 单霁翔. 关于新时期博物馆功能与职能的思考[J]. 中国博物馆,2010(4):4.
② 陈燮君. 博物馆——守望精神家园[N]. 人民政协报,2009-09-14(C4).

变化（见表2-1），可以看出博物馆对社会问题的关注以及以社会发展为己任的价值取向。

表2-1 2000年以来国际博物馆日的主题

年份	主题	年份	主题
2000	致力于社会和平与和睦的博物馆	2010	博物馆致力于社会和谐
2001	博物馆与建设社区	2011	博物馆与记忆
2002	博物馆与全球化	2012	处于变革中世界的博物馆——新挑战、新启示
2003	博物馆与朋友	2013	博物馆（记忆+创造力）=社会变革
2004	博物馆与无形遗产	2014	博物馆藏品架起沟通的桥梁
2005	博物馆——沟通文化的桥梁	2015	博物馆致力于社会的可持续发展
2006	博物馆与青少年	2016	博物馆与文化景观
2007	博物馆和共同遗产	2017	博物馆与有争议的历史：博物馆讲述难以言说的历史
2008	博物馆——促进社会变革的力量	2018	超级连接的博物馆：新方法、新公众
2009	博物馆与旅游	2019	作为文化枢纽的博物馆：传统的未来

在此过程中，博物馆的核心价值逐渐形成，即从保护文物藏品到满足公众需求再到服务社会发展，进而向参与并推动社会变革的使命与职责回归。博物馆核心价值的形成是一个不断由内向外突破自我束缚、实现价值阐释与延伸的过程。由关注自我发展到关心公众需求再到关切社会问题的价值实现呈现出同心圆式的价值阐发与外溢路径（见图2-1）。

博物馆核心价值的转换进一步影响到现实中博物馆功能定位和在社会生活中角色的转变。卢浮宫博物馆馆长H.鲁瓦莱特（H. Valorette）直言"今天的博物馆不能仅仅满足于'接待'。今天，博物馆应该在城市生活中占据重要的地位，扮演重要的角色，它是公民责任感的工具，是批判精神的孵化器，是品位的创造地，它保存着理解世界的钥匙"。① 在核心价值的导向下，博物馆的触角逐渐深入到社会生活中的各个领域，博物馆的概念日益开放和扩大，博物馆的内容越来

---

① 曹静，黄玮.世界文明的高处相逢[N].解放军日报，2008-03-19（5）.

越多地与社会发展议题相结合,思维范式和行为模式更加着眼于社会整体发展。在参与社会变革、调整自身发展轨迹的过程中,博物馆正在成为唐纳德·普雷奇奥奇(Donald Preziosi)所描述的"最富有智慧和力量的现代形态,成为社会、伦理、现代民族国家和市民政治形成的凝聚点,同时博物馆实践在构造、传承实在论和历史相对论中正在发挥基础性作用,并参与构成了现代社会的客观实在"①。

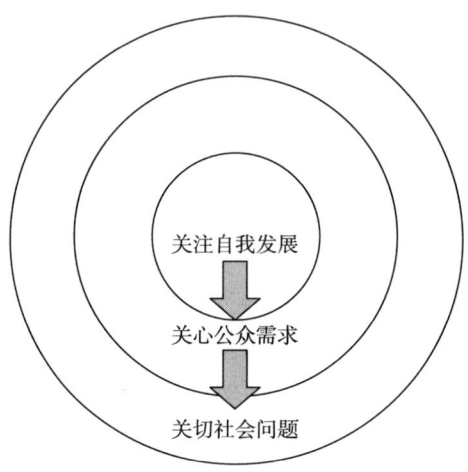

图2-1　博物馆价值实现的同心圆路径

在文化产业持续强劲的发展浪潮中,博物馆适应自身与社会发展的需要,积极投身于文化产业的行列,不断提升自身的价值就是最好的印证。阿沃尼伊·斯蒂芬(Awoniyi Stephen)指出:"当代博物馆是象征意义与实用功能的统一,作为一个公众教育机构,博物馆与公众有着宽阔的交互界面。宽广的交互环境促进了博物馆休闲娱乐活动的产生,使博物馆在保持原有职能的基础上有效提升了现代休闲价值。"②

---

① Donald Preziosi. Collecting Museums [A] //Robert S. Nelson and Richard Shiffed. Critical Terms for Art History [R]. University of Chicago,2003:407.

② Awoniyi, Stephen. The Contemporary Museum and Leisure: Recreation as a Museum Function [J]. Museum Management and Curatorship,2001,19(3):297-308.

三、博物馆内外价值的交互转换

从核心价值的转换与更替路径上看,博物馆可以被看作一个综合性的价值系统。该价值系统由博物馆内部价值和外部价值组成。内部价值是博物馆本源性的价值,由传统的收藏、研究、保护、展示功能所产生。内部价值主要是博物馆通过上述功能的发挥所积聚的文化价值,包括历史价值、审美价值、精神价值、象征价值。外部价值是博物馆的衍生性价值,由博物馆的教育、经济、休闲、体验等社会功能的发挥所创造。博物馆的外部价值是一个开放的价值体系,主要包括经济价值、社会价值、公共服务价值等。当前,博物馆的外部价值正日益受到重视,价值系数逐渐增加,进而带动了博物馆整体价值的提升。博物馆核心价值转换的方向正是由内部价值向外部价值的转换。

在博物馆的价值系统中,内部价值与外部价值呈现出交互转换的态势。收藏、研究、展示等基本功能的存在和发挥,使博物馆的内部价值源源不断地产生、积累。内生性的内部价值只有通过教育、经济、休闲等外部功能的发挥被转换成外部价值,才能为公众所感知和接收,才能产生一定的社会效益和经济效益。正是博物馆内部价值的不断溢出,外部价值才逐渐彰显,最终成为博物馆价值输出的端口。因此可以说,内部价值是外部价值实现的动能和支撑,如博物馆发展文化创意产业的实质是博物馆的文化价值转化为经济价值的过程。经济价值的实现离不开对博物馆文化资源的深度挖掘、整合和利用。这就需要通过收藏、研究、展示功能的发挥,提炼出博物馆的文化价值,然后借助产业化的方法和手段使之成为经济价值的一部分。可以通俗地理解为"把公众想了解历史的渴望与学者的研究结果联系起来"①。学者的研究结果即是内部价值的体现,通过教育、经济等功能最终满足了公众了解历史的渴望,实现了博物馆的外部价值。

外部价值的实现也将会带动博物馆内部价值的发掘和深化,从而实现外部价值向内部价值的转换。例如,根据社会的发展调整博物馆藏品的结构,根据公众的反馈深入研究和挖掘藏品背后的历史、变更展览的内容与形式等,都是外部价值对内部价值的反向转换。

---

① 爱德华·P. 亚历山大,玛丽·亚历山大. 博物馆变迁——博物馆历史与功能读本[M]. 陈双双,译. 南京:译林出版社,2014:16.

内外价值在博物馆价值系统中处于交互流动的状态。其流动性越强,表明博物馆价值系统越活跃,越有助于博物馆价值的实现与提升,也将越发增添博物馆核心价值的动能。

第三节　从文化产业到文化创意产业的嬗变

20世纪60年代,随着大众文化生活方式的兴起和人们对大众文化的讨论①,使法兰克福学派关于文化工业(Cultural Industry)的批判性挞伐在沉寂了近20年后再次回归到学术讨论中。在随后的20世纪70年代,联合国教科文组织召开的一系列文化政策方面的会议,开始从文化产业化的角度分析大众文化产生的根源、性质和影响,并逐渐认识到对文化产业进行研究的重要性。从这一时期开始,西方部分经济学家对经济与文化之间的关系展开了较为系统的研究,阐释了"文化"成为"产业"的可能空间和发展特点,从此现代意义上的文化产业开始走入国家经济发展的视野。② 20世纪80年代,英国大伦敦政务院在财经政策分析上率先使用了"文化产业"(Cultural Industries)一词。③ 从此,文化产业被正式作为一种政策分析工具,用于对文化生产、消费、投入和分配等活动的描述。此后30年间,文化经济日益发展为一种重要的经济形态,文化产业得到了迅速发展,逐渐成为一种新兴的产业形态。随着产业内分工的深化与产业边界的不断拓展成为文化产业发展与演进的趋势④,文化创意因素逐渐渗透到经济社会发展的各个层面和不同行业,文化、创意相结合并与其他产业相渗透、相融合已成为产业发展的重要趋势。文化产业由横向拓展转向纵向深耕,由形态单一转向跨界融合。在此背景下,文化创意产业作为一类新颖的交叉性的产业形态应运而生。

---

① 这一时期对大众文化的讨论以英国伯明翰大学当代文化中心(The Center for Contemporary Cultural Studies)的建立为标志,以该中心为主要阵地的伯明翰学派,代表人物如理查德·霍加特(Richard Hoggart)、斯图亚特·霍尔(Stuart Hall)。伯明翰学派通过对大众文化的分析和批评,开启一种新的大众文化的研究范式,引领着当时人们对大众文化的讨论。
② 李思屈,李涛.文化产业概论(第二版)[M].杭州:浙江大学出版社,2010:35.
③ 魏鹏举.文化创意产业导论[M].北京:中国人民大学出版社,2010:3.
④ 顾江.文化产业经济学[M].南京:南京大学出版社,2007:33.

从文化产业到文化创意产业的嬗变是产业发展的必然结果。两者虽处于产业发展的不同阶段,但相比较而言,文化创意产业具有文化产业难以企及的优势,适应了新时期文化经济的发展规律。

一、产业内涵的深化与外延的拓展

联合国教科文组织将文化产业界定为按照工业标准,生产、再生产、储存以及分配文化产品和服务的一系列活动,突出了文化产品和服务生产的经济属性和产业属性。国际上更多的是从内容生产的角度强调文化产业的意义和内容属性。在我国 2012 年修订后的《文化及相关产业分类》中,文化及相关产业指的是"为社会公众提供文化产品和文化相关产品的生产活动的集合"。① 从以上不同的界定中,不难发现文化产业所涵括的文化属性与经济属性,以及两者间的互融性。不同于传统产业,文化产业从内涵上指向产业的文化属性和文化价值,强调文化生产、交换、分配、消费的一般性经济规律。以文化和经济属性交融的产业内涵决定了文化产业外延的开阔性和宏观性。文化产业的边界也因此大大拓宽、稀释,以致变得模糊不清。

文化创意产业强调以文化和创意作为产业的核心价值形成产业价值链,实现产业的延伸和价值的生产。文化创意产业将文化和创意作为产业内涵的核心要素,突出以创意和文化等无形资源的投入实现创造性智力成果的生产。与文化产业相比,文化创意产业在体现文化内涵的同时,更加强调人的创造力尤其是可以产业化的创意发挥,以及产业化过程中知识产权的开发和运用。所以,相对于以文化作为产业属性和整体价值的文化产业,文化创意产业的内涵更加深邃、更为聚焦,更加体现创意与文化交互而产生的附加价值。

文化创意产业以高新技术为基础,以创新为动力,将各种文化资源与信息相融合,从而打破了传统文化产业的固有边界,超脱了原有产业门类的束缚,构建了新的文化生产和消费方式,培育出新的文化消费群体。② 文化创意产业中的文化和创意作为一种无形的资源,具有明显的流动性和附着性特点,可以与不同行

---

① 国家统计局. 文化及相关产业分类(2012)[EB/OL]. http://www.stats.gov.cn/tjbz/t20120731_402823100.htm.

② 吴忠泽. 科技创新:现代文化产业翱翔之翼[J]. 中国软科学,2006(2).

业门类和产品介质相结合,在不同的载体上实现价值的转移和生产。这就决定了文化创意产业具有强大的关联性和广泛的渗透性特征。以文化和创意为媒介,文化创意产业得以向其他产业门类延伸、渗透。在此过程中,文化创意产业的外延大大拓展,产业边界显著扩张,价值流向更加多元。与文化产业相对开阔和愈加不确定的外延相比,文化创意产业的外延以文化创意为轴心呈现出价值链式的延伸和拓展,不断有新的产业形态被纳入其中,虽然产业边界尚未完全明确,但产业拓展的脉络却是清晰的。

二、产业理念的创新与价值的提升

相对于以资源消耗型、环境污染型为主要增长方式的经济发展道路和社会发展模式,文化产业作为一种新的生产力形式和财富创造形态,改变了原有的人类社会发展的生产力结构,从而使知识经济以文化经济的全新转变成为现代国家发展的关键产业。[1] 文化产业的发展理念是对原有的以物质资源的投入和消耗为特征的传统产业发展模式的创新。文化创意产业是文化产业发展到一定阶段后出现的新兴产业类型,综合了文化产业和创意产业的特征,强调了在文化产业基础上更多地渗透创意,实现文化资源与个人创造力在产业框架下的充分融合。文化创意产业的发展更多地依赖个人或团队创意的发挥,以及现代科技手段的运用,在文化、创意、科技等要素的共同作用下将无形的文化资源转化为文化内容产品。比尔顿(Bilton)在谈及创意时认为,创意是建立在一定文化背景之上的,是对文化资源的再提升[2]。与文化产业相比,文化创意产业的发展理念更加强调创造性的观念及其对经济社会发展的推动作用,更加突出智识成果的转化和知识产权的利用。创意在文化创意产业的发展中发挥着"转换器"的作用,将文化资源转换成凝结知识产权的文化产品。文化创意产业整体向智能化、产权化、符号化方向和高附加值领域攀升,是对传统文化产业的结构优化和理念创新。

文化创意产业是以创意价值链的生产与再生产为核心机制而形成的产业形态。在运作形式上,通过文化内嵌、创意投入、广泛传播和授权经营等方式对文

---

[1] 胡惠林.国家文化治理:中国文化产业发展战略论[M].上海:上海人民出版社,2012:17.
[2] Bilton, Chris. Management and Creativity: From Creative Industries to Creative Management [M]. Oxford: Wiley – Blackwell, 2007: 26.

化综合开发与创意重复利用以及据此形成产业链和价值链是文化创意产业的价值生成与增值路径。通过这一路径，文化创意产品的投入产出关系呈现多向循环的联结方式，提供了全方位延伸的"价值网"。① 网络中的价值不断生成，并随着产业链的延伸实现价值总量的不断增加。这明显不同于一般性地借助现代复制技术和媒介传播方式实现的文化产品的生产、流通这一基本的文化产业价值生成模式。因此，相对于传统的文化产业，文化创意产业更加鲜明地体现了边际成本递减和边际效益递增的成本收益规律，是对传统文化产业价值实现和价值生产方式的提升。

从文化产业到文化创意产业的嬗变是文化产业发展到一定阶段必然出现的现象，是知识创新和文化创意在产业结构中的重要性不断凸显的结果。产业内涵的深化、外延的拓展、理念的创新和价值的提升证明了文化创意产业相对于传统文化产业的卓越性能，符合当前我国对文化产业结构调整中提质增效、优化升级的要求。

第四节　文化创意产业背景下博物馆定位的转变

世界范围内文化产业的发展以一种不可阻挡之势涌向各个行业和领域。博物馆虽然作为不以营利为目的公共机构，但也深受文化产业发展浪潮的影响。当文化产业强劲的发展势头与当前博物馆社会化、多元化的价值理念相遇时，博物馆不可避免地与文化产业产生交集，甚至被文化产业纳入产业体系之中。所以，有学者指出"大众的文化消费热情已经把世界上各种各样的博物馆卷入文化产业的行列"②。因为博物馆的参观者在社会生活中更多的是以文化产品和服务的消费者的角色存在，参观博物馆或购买博物馆的文化产品和服务被视为一种文化消费行为。欧洲文化产业委员会甚至将博物馆视为"文化艺术活动的生产和销售系

---

① 魏鹏举. 文化创意产业导论 [M]. 北京：中国人民大学出版社，2010：12.
② 章建刚. 文化遗产的真确性价值与遗产产业的可持续发展 [A] //徐嵩龄，张晓明，章建刚. 文化遗产的保护与经营——中国实践与理论进展 [M]. 北京：社会科学文献出版社，2003：18.

统"。① 在文化产业结构升级换挡、提质增效,逐步向文化创意产业转换的背景下,博物馆应主动适应文化创意产业的发展规律和产业特点,转变自身定位,进而在核心价值的导向下更好地发挥好各项功能,实现总体价值的提升。

一、身份转变:从"神庙"到"论坛"

纽约布鲁克林博物馆(Brooklyn Museum)前馆长邓肯·卡梅伦(Duncan Cameron)将博物馆比作一架天平,天平的两端分别代表"神庙"和"公众论坛"。19世纪及此前那种以收藏和藏品为核心理念的博物馆被卡梅伦比喻为"神庙",当代博物馆的天平已经向公众讨论、参与和学习的"公众论坛"模式倾斜。② 从此前的"神庙"到当前的"公众论坛"的变化,是博物馆文化身份和文化意识的转变。长期以来,博物馆将自身定位于精英组织,并以其高雅的科学、文化、艺术收藏被视为精英文化的殿堂,从而被打上精英文化的烙印。20世纪60年代随着大众文化的兴起和传播,社会主流文化的内容和形式更加贴近大众的日常生活,从而形成消费型文化的基础,为文化产业的发展提供了丰富的原料,促进了方兴未艾的文化产业的发展。文化产业的迅速发展反过来又推动了大众文化的流行。博物馆在不断推进的社会化进程中开始直面日益流行的大众文化以及以大众文化为基础的文化产业,精英文化的立场和意识逐渐转变。贝拉·迪克斯从文化展示的角度认为,文化从精英机构的围墙里走出来,进入可参观的消费主义空间这一新环境中。在这一新环境中,博物馆开始表现出刻意讨好"普通"游客的姿态。③ 适应新博物馆学的理念和大众文化发展的趋势,博物馆逐渐由标榜精英文化的身份转向供大众欣赏、讨论、享受的公共场所,即实现从"神庙"到"论坛"的转变。对此,尼尔·科特勒(Neil Kotler)和菲利普·科特勒(Philip Kotler)指出:"历史地来看,博物馆已经从只限贵族进入的精英组织,演变成为更广泛基础的公共机构。博物馆重新定义自身存在的理由应该是更平等、民主和

---

① 楼嘉军. 休闲文化结构及作用浅析 [J]. 北京第二外国语学院学报, 2002 (1): 79 - 84.
② Carmeron, Duncan. The Museum, a Temple or the Forum [M]. Walnut Creek, CA: AltaMira Press, 2004: 129.
③ 贝拉·迪克斯. 被展示的文化——当代可参观性的生产 [M]. 冯悦, 译. 北京: 北京大学出版社, 2012: 7.

以消费者为导向。"① 从"神庙"到"论坛"转变的实质是博物馆在为社会及社会发展服务的过程中由只供少数人欣赏、研究的精英组织转变为供大众进行文化交流、互动、休闲和消费的机构。

博物馆文化身份和文化意识的转变得益于文化产业发展的推动和消费型文化的传播。如同麦坎内尔（Mac Cannell）的分析，商品化消费社会本身制造了超越自身的渴望。并以带有咖啡屋和商店的博物馆为例，认为许多文化展示的场所同时也是商品交换的场所。② 反观，博物馆发展文化创意产业，需要首先将身份定位由精英文化转向大众文化，走出精英文化的意识范围，接纳并融入大众文化的潮流中，将研究成果与大众文化的特点相结合，并在大众文化的引导下转化为发展文化创意产业的资源基础，推动文化创意产业的发展。葛兰西（Gramsci）将其描述为"创造一种新文化，需要深入到大众文化的根基中去，直面它的品位和倾向以及它的道德和知识世界"③。

二、场域转变：从文化资源到文化资本

"场域"原本是 19 世纪中期物理学的概念，后来被用于社会心理学的研究，成为社会心理学的重要理论。作为人类行为的一种概念模式，泛指人的行动受到行动所发生的外部环境以及与环境相关的多种因素的影响。法国社会学家皮埃尔·布迪厄（Pierre Bourdieu）从社会学的视角将社会语境看作由多维空间构成的集合，认为这种空间结构可以分化为由不同位置间的客观关系组成的关系网络，即一个结构化的"位置空间"而不是一个由孤立个体组成的唯名论式的统一体。④ 布迪厄借用"场域"概念来形容这种结构化的社会空间。他将场域视为一个权力关系的系统，认为场域拥有相对的自主性，但会受到一种内部逻辑的控制。在场域理论中，布迪厄从生产与再生产的角度把场域分为"有限的生产场

---

① 尼尔·科特勒，菲利普·科特勒. 博物馆战略与市场营销［M］. 潘守勇，等，译. 北京：北京燕山出版社，2006：18.
② 贝拉·迪克斯. 被展示的文化——当代可参观性的生产［M］. 冯悦，译. 北京：北京大学出版社，2012：34.
③ 阿兰·斯威伍德. 文化理论与现代性问题［M］. 黄世权，桂琳，译. 北京：中国人民大学出版社，2013：23.
④ 阿兰·斯威伍德. 文化理论与现代性问题［M］. 黄世权，桂琳，译. 北京：中国人民大学出版社，2013：97.

域"和"大规模的生产场域"。前者属于探索性的精神生产领域,后者则倾向于规模化、商业化的生产领域。两者之间并没有明确的界限,可以在同一空间的对立关系中按照内部逻辑实现转换。对于文化生产而言,文化的产业化显然是发生在"大规模的生产场域中"。博物馆作为一个结构化的社会空间,可被看作一个作为权力关系系统而存在的场域。该场域同样包括"有限的生产场域"和"大规模的生产场域"两个次场域。文化创意产业的发展主要发生在博物馆"大规模的生产场域"中。这就需要博物馆从文化艺术的收藏、研究、展示这一"有限的生产场域"向注重产业化的"大规模的生产场域"转换,实现从文化资源到文化资本的转换是博物馆两个次场域转换的主要途径和表现形式。

文化资源是人类在漫长的历史发展过程中所积淀的,通过文化创造、积累和延续所构建的,能够为社会经济发展提供对象、环境、条件、智能和创意的文化要素的综合。① 博物馆因其丰富的馆藏而被视为文化资源的集聚地和储藏室。通过收藏、研究功能的发挥,使丰沛的文化资源成为博物馆这一特定场域中的重要生产要素。而此时的文化资源作为原生性或探索性的精神生产物,仅存在于"有限的生产场域"中,尚未进入"大规模的生产场域"。要实现从"有限的生产场域"向"大规模的生产场域"的转换,博物馆需要通过对文化资源进行挖掘、整理和利用,使文化资源有效地转化为促进文化创意产业发展的文化资本。

布迪厄1986年对马克思主义经济学的资本概念进行了拓展,从社会学的角度首次提出了文化资本理论,认为文化资本在本质上是人类劳动成果的一种积累。他将文化资本的存在状态分为具体化状态、客观化状态和制度化状态三种。② 与此前出现的物质资本、人力资本和自然资本不同,文化资本是一种蕴含、产生经济价值的文化资产。戴维·思罗斯比(David Throsby)认为,文化资本作为一项资产拥有文化价值和经济价值,资本的存量所所引起的服务流可以直接进入消费领域,也可以与其他投入要素相结合生产出更多具有文化价值和经济价值的产品和服务。③

---

① 姚伟钧等. 从文化资源到文化产业——历史文化资源的保护与开发[M]. 上海:华中师范大学出版社,2012:4.
② Bourdieu Pierre. The Form of Capital [A] //J. Richardson (ed.). Handbook of Theory and Research for the Sociology of Education [M]. Westport, CT: Greenwood Press, 1986: 241-258.
③ Throsby, David. Economics and Culture [M]. Cambridge: Cambridge University Press, 2001: 47.

从存在状态上看,文化资本本质上是一种可转化经济价值的文化价值,这种文化价值主要来源于文化资源的开发和释放。但文化资源并不直接等同于文化资本,文化资源也不会天然地作为文化资本成为"大规模的生产场域"中的生产要素。只有通过对文化资源进行系统的发掘、整理和包装,使其具有文化资本的属性,然后结合其他要素的投入,将这类文化资源开发成文化产品和服务并使之进入经济流通领域,实现文化资源的文化价值向文化资本所具有的经济价值转化。这个过程必然要在不同场域的转换中实现。

G. B. 古德(G. B. Goode)曾指出:"博物馆不在于它拥有什么,而在于它以其有用的资源做了什么。"① 文化资源是博物馆发展文化创意产业的资源基础和优势所在。博物馆发展文化创意产业的过程就是实现博物馆文化资源向文化资本的转换过程。实现博物馆文化资源源源不断地向文化资本的转换,并最终作为生产要素投入文化产品的生产、流通、消费领域,就需要博物馆从"有限的生产场域"向"大规模的生产场域"的转变。博物馆生产场域转换的实质是文化创意产业发展背景下博物馆发展理念和功能定位的转变。

三、范式转变:从封闭自守到开放包容

美国科技哲学家托马斯·库恩(Thomas Kuhn)在《科学革命的结构》一书中将范式概括为一个共同体成员所共享的信仰、价值、技术等的集合。此后,在实践活动中,范式主要指向群体所共同遵守的思维习惯、行为方式和实践规范。博物馆范式的转变主要指博物馆的思维方式和行为方式在特定条件下所发生的改变。长期以来,博物馆的运营和发展处于一个相对封闭的环境中。在这个自循环的环境体系中,博物馆围绕收藏、研究、展示等基本功能开展日常工作,并不愿太多地与公众产生交集,更不愿以开放的姿态与社会接触。这种现象逐渐成为一种固定的思维范式,并影响到博物馆的行为习惯。在这种思维范式下,博物馆与公众的隔阂日益加深,博物馆长期无法提高对公众的吸引力,公众更是难以增加对博物馆的归属感。人们常常听说博物馆是一座奇珍异宝的殿堂,但他们实际参观时却与想象中的情形大相径庭。②

---

① 陈同乐. 后博物馆时代[J]. 东南文化, 2009(6):6.
② Wittlin, Alma. Museum: In search of a Usable Future[M]. Cambridge, MA: MIT Press, 1970:26.

当文化创意产业的浪潮逐渐将博物馆裹入其中时，博物馆的思维范式开始发生转变。文化创意产业是一个以消费者需求为导向的边界开放型的产业形态。当博物馆被纳入文化创意产业的行列中，博物馆逐渐打破原有的在自循环体系下的模式化思维，以公众需求为导向的思维范式逐渐建立。博物馆从诠释藏品、展览和博物馆价值的角度出发，着力挖掘藏品内涵，开发适应公众需求和具有博物馆特色的文化产品。在此过程中，博物馆逐渐转变为以更加开放的姿态使公众分享与利用博物馆的各项资源，从而提升了博物馆的社会价值。在文化创意产业发展的背景下，博物馆在思维范式上更加贴近或着眼于社会公众的文化需求，以外向型的思维范式，主动迎合消费型文化发展的需要，以优质的服务获得公众的认可。文化创意产业影响下的博物馆思维范式及行为方式的转变，是当前博物馆价值导向转变的结果，也是对传统思维范式的不断反思与摒弃。

第三章 博物馆文化授权的内涵与意义

对博物馆文化授权的研究,首先需要认识并理解文化授权的内涵以及博物馆文化授权的内容和意义。因此,本章按照概念外延逐渐聚焦的逻辑,从授权的含义切入,再到对文化授权的内涵、本质和特点做出阐述,进而集中于对博物馆文化授权的构成要素、范畴和类型的进行深度探讨,最后从文化资源利用、发展模式创新、文化市场供给的角度对博物馆文化授权的意义展开系统论述。本章从宏观视角对博物馆文化授权的整体考察和认识为后文的研究内容奠定了基础,同时也构成了全书的逻辑起点。

第一节 文化授权概述

一、授权的含义

授权最早作为一种企业管理的手段和模式,源于20世纪80年代企业经营环境变化的背景下,企业对提升或保持竞争优势而做出的管理模式创新。随着授权被广泛使用,逐渐成为企业"强化和释放劳动力创造潜能、激励员工学习和创新、实现对高度不确定性经营环境快速反应的有效手段之一"[1]。管理学视野下

---

[1] 景涛. 基于体系化授权模型的营销系统授权与营销绩效关系研究[D]. 吉林大学博士学位论文, 2009: 10.

的授权指向的是上下级之间权力的授予和分享。无论是从最初的组织视角还是后来拓展到个人视角的考察，学界对授权的研究多是从组织管理的角度展开的，如韦伯词典将"授权"定义为"批准、委派或给予某人法定权力"。随着内涵与外延的扩展，"授权"被应用于更广大的领域，其对象已不再仅仅是单纯的"权力"，而扩大为更广泛意义上的"权利"。授权的内涵更加泛化，外延更加开阔。例如，在法律意义上，授权是授权者与被授权者双方在法律规制下通过履行法律规定和相关规则进行的双向互动过程。此处的授权应该指的是广泛意义上的权利的授予。授权过程包括：授权者将权利委托或者许可他人使用或执行，被授权者在行使所授权利的同时相应地承担一定的义务和职责。授权问题的实质是权利作为一种资源在不同组织、群体、层级间的流动。作为本书研究对象的"文化授权"中的"授权"，所指向的也是一类与文化相关的知识产权的权利授予。

在市场经济条件下，权利已经成为一种生产要素而参与到产业经济的各个环节中。在此过程中，权利在不同主体间的价值流向及其所产生的意义也备受关注。因此，对作为权利产生、流通过程的授权的研究也进入经济学的研究视野。从经济学的角度，可将授权理解为权利资源的生产、流通、再生产与消费过程，并以权利所带来的效益的反馈作为授权完成的一个循环。当"授权"成为市场经济条件下推动经济发展和产业循环的一种手段时，其内涵也更多地具备了经济因素和产业身份。作为一种经济要素的运作模式，在参与市场经济的运行和流通中，授权逐渐形成一个产业门类，即授权产业。当前，授权产业在世界产业体系中已经成为一项重要的产业分支。本书对博物馆文化授权的研究正是基于"授权"在产业经济中的含义而进行的。

二、文化授权的内涵

"文化授权"是一个相对较新的概念。根据实践是认识的基础、来源和认识发展的动力这一辩证唯物主义认识论的观点，一个新概念的提出总是实践发展的需要，并在实践中不断完善。随着实践的发展，旧有的语言对于新的实践失去了解释力和涵盖力，这时候就会出现新的概念。① 2014年11月，国家对外文化贸易基地在上海自贸区举办了首届文化授权交易会，首次提出了文化授权的概念。

---

① 魏鹏举. 文化创意产业导论［M］. 北京：中国人民大学出版社，2010：4.

并将艺术品、动漫卡通、影视娱乐、网络游戏、原创非遗艺术和文化演出的授权经营列入文化授权的产业类型。① 然而，对文化授权产业类型的列举并不能给出一个相对清晰的产业边界，也并不构成一个具有约束性的概念说明。任何一个概念的发展总是与它所指称的实践现象相呼应。在实践对象的发展演变中，尤其是发展初期，所对应的概念的边界总是呈现出变动不居的状态。文化授权作为一个新兴的事物，其概念边界也符合这一规律。与其外延的变动不定相比，文化授权的内涵却相对稳定，易于观察和分析。

从字面上看，可将文化授权通俗地理解为与文化相关的知识产权的授权与监督使用过程。文化所蕴含的价值及其所体现出的权利之所以可以被用来授权，主要是因为文化具有天然的渗透性、衍生性特点。该特点决定了文化中的精神内容可以被不断提取和反复利用，并以具体符号的形式融入不同的物质载体和媒介中，形成内容与形式丰富的文化产品和服务。文化的渗透性和衍生性使文化通过知识产权的授权实现价值的增值和外溢成为可能。

文化授权的对象涵盖了与特定文化相关的著作权、商标权、专利权、设计权等知识产权类型。知识产权是一个由多项权利组成的权利集合。所以，文化授权的对象也应是一组具有相关性的权利束。在此基础上，文化授权可界定为授权者将所拥有或代理的文化创作或生产的产品以及与之相关标的物的权利，以合同的形式授权给被授权者使用，被授权者根据合同规定将授权物在特定地理区域和时间范围内应用于其他产品的生产、销售和非营利性活动中，以此提高经营活动的附加值，并按约定向授权者支付权利金或其他报酬的活动。现实中，为了便于授权的顺利进行和在更大范围内拓展文化授权，在授权者与被授权者之间诞生了授权经纪这一角色。从授权经纪的角度审视，文化授权在授权者、授权经纪与被授权者之间形成了一种内生循环的产权关系。在这一关系中，授权经纪作为文化授权的中间环节，连接了授权者与被授权者。授权者将授权标的物授权于授权经纪，由后者取得标的物的支配权，代表授权者处理授权标的物，将其再授权给专事生产、销售、传播组织等被授权方；根据授权合同，权利金或相应报酬按照逆向顺序和确定比例反馈。

---

① 中国文化创意产业网. 文化授权搭上"自贸"快车［EB/OL］. http：//ccitimes.com/yejie/huodong/2014 - 11 - 14/116148116148.html.

文化授权属于法律和经济双重框架下的概念，文化授权的过程既包含了法律层面上的权利与义务关系，也包含了经济活动中的市场交易关系。从法律角度来看，文化授权所授权利属于知识产权的范畴，其本质是一种知识产权的法律许可关系。通过授权许可，在一定地理空间和时间范围内实现了文化相关的知识产权在不同权利主体间的转移。知识产权所属主体发生了变化，权利的应用对象和范围也将随之改变。文化授权的过程又是知识产权保护和运用的过程。通过授权，实现了与文化内容相关的知识产权的载体转换、再次开发和价值创造。所以，文化授权可理解为以保护、开发和运用知识产权为核心的文化创意活动。在此过程中，文化内容所依附的能指本身完全不必转移，以符号形式体现的文化所指，即内在地表现为相关知识产权的权利实现了转移和利用。美国经济学家保罗·罗默（Paul M. Romer）的知识溢出理论认为，知识作为生产要素，与普通商品不同之处在于知识具有溢出效应。知识溢出体现的是知识的再创造过程，不同于以复制为特征的知识传播。文化授权不仅是文化在空间维度上的外溢与扩散，更是文化在时间维度上的创新与创造。这种建立在原有文化基础上的新型文化内容与形态的再创造，正是知识溢出效应的体现。通过文化授权，文化生产要素实现了区域性的空间流动和产业间的价值转移，在更大范围内实现了资源配置与产业整合。这有助于实现不同产业、不同业态间的有机融合，有利于产业横向竞合和纵向延伸，在做大产业规模的同时产生多方共振、实现互利共赢。因此，经济学视角下文化授权的实质是市场经济条件下，文化作为生产要素参与并推动产业融合过程。

三、文化授权的本质

从文化生产的角度考察，文化授权在本质上是一种文化的生产与再生产行为。通过文化授权，实现的是文化理念的重构和文化价值的再造。根据马克思关于文化生产的观点，文化生产作为一种思想观念和意识形态的生产，"最初是直接与人们的物质活动，与人们的物质交往，与现实生活的语言交织在一起的"①。随着生产力的发展，文化生产作为一个特殊的生产形态，逐渐从物质生产中独立出来。一般意义上的文化生产可以理解为生产文化的活动和过程系统。在文化生产的过程系统中，人们借助特定的劳动技能和工具，将自己的智慧和情感投注到

---

① 马克思，恩格斯. 马克思恩格斯全集（第3卷）[M]. 北京：人民出版社，1975：29.

客观物质上,使主观的精神情感被物化于客观物质中,即文化生产的过程是人们精神活动作用于客观物质,并形成具有一定主观意义的创造或创新的过程。因此,文化生产首先是关于文化意义与符号系统的产生活动和过程。① 随着文化的生产,文化意义不断被表达和诠释,文化符号不断被建构和传播,文化价值不断形成、积累和创造。因此,可以说文化生产的本质是关于价值的生产。文化生产的经济与文化的双重属性决定了文化生产能够产生源源不断的经济价值和文化价值。同时,现代文化生产不仅需要资源要素、劳动技能和生产工具,更离不开知识、智力和情感的投入。文化生产的结果体现为将已经投入的文化资源、物质资源和人的知识、智力与情感要素转化为凝结着文化价值的文化产品和服务。因此,可以说现代文化生产又是一种伴随着知识的转移和智力的开发所进行的文化内容的扩大再生产。

文化授权是将原创性的物质形态的文化作品和非物质形态的传统技艺进行复制,并将依托于文化作品和传统技艺的知识产权予以授权开发和利用,最终形成多样化的文化产品和文化服务。所以,从文化内容生产的角度看,文化授权是一种将原创与复制相结合的生产活动。原创性的文化生产活动凝聚着作者的智识和情感,耗费了一定的社会必要劳动时间,其产品蕴含着鲜明的文化价值。文化授权中的复制并非简单的复制,而是根据实际需要对原创标的物进行再创作、再加工,并在此基础上形成的新的作品。因此,文化授权在原创性复制的生产中,通过原创与复制的结合,实现了文化价值的倍增。从文化内容传播的角度看,通过授权开发,文化授权实现了文化和知识的流动。在文化和知识流动的过程中不断吸附外界能量,并伴随产权价值的释放和延伸,文化价值链得以增殖和扩张,文化价值不断积累和创造。由此,文化授权可以被理解为一种"内容+发行"的综合系统。在文化内容生产端,叠加性地实现了价值的生产;在授权发行端,通过多样性的授权开发实现了价值的多向度扩张和溢出。通过"内容+发行"的全面覆盖,文化授权最终实现了多维的价值生产和价值扩散。例如,20世纪90年代,迪士尼通过其文化品牌、动漫符号等知识产权的授权经营和管理,实现了产业总量的爆发式增长和文化价值的迅速扩张,这体现的正是一种"内容+发行"式的价值生产。因此,文化授权可以定位为英国利兹大学媒介产业研究中心大卫·赫斯蒙德夫

---

① 胡惠林. 文化经济学(第2版)[M]. 北京:清华大学出版社,2014:60.

(David Hesmondhalgh)教授所说的"符号创意管理及营销系统"①。

从产业结构优化的角度审视,文化授权的本质是资源要素的优化和产业价值的开启。文化授权首先体现为自身要素的重组和优化,从而形成可以授权的标的物。随着新的知识、智力、思想、情感等要素的注入,原创作品所依托的文化和创意势必发生重组,形成新的文化和创意组合。新的文化和创意组合下的标的物由于具有双重的文化价值积累,从而具备了一定的足以对其他事物构成影响的能量。这种能量随着文化授权的开展而被引入其他事物中。根据热力学第二定律,一个封闭的自然系统内,物质在长期不与外界交换时,能量会逐渐消耗殆尽,此时系统将逐渐失序。这种现象在热力学中被称为熵。随着能量的消耗,系统紊乱程度将增大,即熵将趋于增加。如果有外界能量被引入事物的系统中,自然状态下的紊乱失序趋势将会被改变,事物的结构也随之得到优化。文化授权的过程在本质上可以被看作一种能量引入事物系统的过程。随着文化授权的开展,积聚了一定能量的文化标的物及其所蕴含的文化、创意,作为一种动能,对作为能量引入对象的其他事物的系统将会形成一种冲击性的影响。这使其他事物的系统因新的文化、创意、理念等能量的注入而停止其自然演化状态,热力学第二定律下熵不断增加的趋势也会因组织结构的优化而发生改变。耶鲁大学物理与自然哲学的亨利·马基诺(Henry Margenau)教授对此曾表示:"一旦创意经过重组进入新状态和新模式,就会产生创意行为,这些行为会违反热力学第二定律:熵自始至终都在增加的情形"②。所以,从这个层面上理解,文化授权可以被看作通过与文化相关的知识产权的所有权和使用权的分离,借助作为知识产权载体的文化、技艺、创意要素的流动和作用的发挥,所实现的对原有事物体系和结构状态的打破,并在此基础上进一步实现的结构优化。法国大革命时期的经济学家让-巴普提斯特·塞伊(Jean-Baptiste Say)提出了不同于古典经济学家所主张的提高现有资源利用效率的思路,而是希望将原本用作对于某一资源的投资来开拓另一种完全不同的资源。这种思路被后世经济学视为"开启价值"的初期表达。③ 文化

---

① 大卫·赫斯蒙德夫.文化产业[M].张菲娜,译.北京:中国人民大学出版社.2007:78.
② 约翰·霍金斯.创意经济——如何点石成金[M].洪庆福,等,译.上海:上海三联书店,2006:21.
③ 约翰·霍金斯.创意经济——如何点石成金[M].洪庆福,等,译.上海:上海三联书店,2006:141.

授权正是一种将授权标的物所蕴含的文化、创意资源的优势结合其他物质或产业载体，实现新的资源的开拓和价值的开启。因此，立足产业结构优化的角度，文化授权正是改善结构、提升附加价值的方法和路径。例如，当前我国制造业正面临结构的优化升级，迫切需要文化内涵、创意设计的注入。文化授权通过授权标的物所体现的文化、创意要素与制造业产品的深度结合，有助于实现制造业结构的整体优化和附加价值的提升。

四、文化授权的特点

文化授权具有价值实现路径的多元化、产品表现形态的特殊性和知识产权的绝对依赖性特征。

1. 价值实现路径的多元化

文化授权的本质是文化的生产，文化生产在本质上又是一种价值的生产。因此，文化授权归根结底也是价值的生产与再生产行为。如前文所述，文化授权的价值生产可分为对授权标的物的创造性复制活动和以授权标的物为载体的授权开发活动两个阶段。创造性复制活动实现了价值的倍增，其价值实现路径相对固定。因生产活动的多样性，可作为授权的对象也是多元化的。因此，在授权开发阶段可供选择的路径也呈现出多元性的特点，所以价值实现和延伸路径自然是一种多元性的。例如，一幅具有影响力的传世名画，经过数字化和创意性的再创造实现创造性复制阶段价值的增加。在授权开发阶段，既可以通过向传统制造业的门类进行授权开发，实现价值的增值，也可以向现代酒店、餐饮等服务业形态授权，实现授权对象价值的提升。总之，文化授权的价值实现路径可以概括为向其他产业提供文化附加值，按照日本学者日下公人在《新文化产业论》中的解释，即向其他产品的生产和销售中融入文化元素，使产品在具有原有的功能、形态的同时增加了文化内涵、文化意义和象征成分，从而使人们在消费产品时除了原有功用外，同时获得情感和精神的满足。文化授权价值实现路径的多元化反映了文化生产的多样性以及文化所具有的广泛的辐射力和渗透性。

2. 产品表现形态的非独立性

马克思在剩余价值论中，最早将文化产品的表现形态划分为物质形态的文化产品和服务形态的文化产品。两者所不同的是，前者将独立性的物质形态和象征性的文化符号融于一体，是文化生产者投入个人智慧和情感所创造的物化形态的文化符号系统。后者则以文化生产过程与文化消费过程的共时存在为主要特征,文化产品的价值和消费必须依赖文化生产主体才能存在。但作为文化产品的形态,两者都具有一定的独立性,即产品本身并完全不依赖于其他产品而存在。与具有独立形态的两类文化产品相比,文化授权产品是一类并没有完全独立形态的产品。以文化标的物所体现的知识产权为连接点,通过标的物符号系统的转移或渗透而附着于其他产品中,从而完成授权产品的生产。这个过程并非授权标的物与作为载体的其他产品的简单粘贴过程,而是标的物所蕴含的"文化元素、艺术元素或其他精神元素与技术、材料等因素的重新组合而形成的新的产品形式,是一种新的消费样态"①。授权产品必须附着于作为授权载体的其他产品上,产品的价值也需要通过其他产品进入流通领域,并在交换或消费中才能体现出来。因此,与其他产品相比,文化授权产品的形态表现出鲜明的非独立性特征。

3. 知识产权的绝对依赖性

文化授权本质上是与文化相关的知识产权在不同权利主体间的转移。文化授权的过程是知识产权保护和运用的过程。具体表现为通过授权,实现了与文化内容相关的知识产权的载体转换、再次开发和价值创造。知识产权由此也获得了文化产品的价值形态。因此,文化授权可理解为以保护、开发和运用知识产权为核心的文化创意活动。反观,文化授权的整个过程也离不开知识产权的保护和支持,知识产权既是文化授权的实质对象,也是授权顺利进行的基本保障。失去知识产权的保护和支持,授权的过程将不能实现,所授权利也将难以得到保证。可以说文化授权与知识产权息息相关,文化授权对知识产权存在绝对的依赖性。

第二节 博物馆文化授权的内容

一、博物馆文化授权的构成要素

文化授权作为一项文化生产活动,在本质上表现为文化的生产和价值的再

---

① 胡惠林. 文化经济学(第2版)[M]. 黄世,译. 北京:清华大学出版社,2014:197.

造。任何生产活动都离不开一套与之相适应的生产关系网络，只有在特定的生产关系影响和支配下，生产活动才能顺利进行。文化生产作为一类社会性的生产活动，其运转也需要置于一定的生产关系之中。文化生产的主体、对象、客体以及介于主客体之间的各类要素在文化生产的关系网络中相互作用，并以各自的能量共同形塑着生产关系网络，最终使文化生产在一种相对复杂的关系网络中进行。英国文化社会学家阿兰·斯威伍德（Alan Swingewood）将文化生产的关系网络现象描述为："文化生产意味着一整套关系网络，其中各种关系在不同层次上发挥作用，涉及各种各样的权力和地位以及代际和艺术形式的新概念。"① 在文化生产的关系网络中，文化生产的各项要素构成了网络的连接点，并通过网络中的关系与其他要素连在一起。博物馆的文化授权在运行中也呈现出一种由不同要素织就的生产关系网络。这些构成要素包括博物馆文化授权的主体、客体、介质、对象。

根据文化授权模式的不同，博物馆文化授权的主体一般分为三类：博物馆、授权经纪组织或个人以及集中性的授权平台。由博物馆自身充当文化授权的主体是较为常见的一类，即由博物馆设置专门机构、委派专门人员、组建授权窗口，对外统一负责博物馆的文化授权工作。以博物馆作为授权主体，便于博物馆掌握授权管理的主动权，随时跟踪并监督授权流程的各个环节和授权工作的进展程度。此外，博物馆作为授权主体的优势还在于对本馆藏品资源、博物馆文化特点更为熟悉，与博物馆藏品管理、科学研究和展览部门的沟通协调更加便捷，可以更好地发挥其在文化授权过程中的主导作用。国内外部分正在开展文化授权的博物馆沿袭了发展文化创意产业的传统思路，主要选择以博物馆作为授权主体，如大英博物馆、台北故宫博物院、浙江省博物馆等。当然，在看到以博物馆作为授权主体的优势的同时，也应该意识到其存在的不足之处。一方面，博物馆并非市场主体，非营利组织的身份使其长期游离于市场之外，对市场需求缺乏敏感性，对消费文化认知不足，导致在选择授权标的物时更多地考虑其遗产价值和研究价值，而忽视了作为产品所潜在的市场价值，从而影响了文化授权产品的价值实现。另一方面，博物馆作为公益性的非营利机构，作为授权主体在文化授权中需要直接与不同的被授权方接洽、谈判、拟定授权合同并监督合同的执行。这对于

---

① 阿兰·斯威伍德. 文化理论与现代性问题［M］. 黄世权, 译. 北京：中国人民大学出版社, 2013: 97.

缺少市场交易和法律监督经验的博物馆来说将是一项庞大而复杂的工作，尤其是博物馆对授权合同的监督效力明显不足，在合同执行中出现的违约情形往往处于被动的境地。

授权经纪作为授权主体是博物馆文化授权中的另一种常见类型。与博物馆直接作为授权主体不同的是，授权经纪作为博物馆文化授权的代理商而发挥着授权主体的角色。由授权经纪代表博物馆统一负责文化授权的接洽、谈判、签约、监督执行和权利金收取等各项工作。授权经纪作为授权主体的优点在于，授权经纪自身往往就是市场经营主体，对市场环境和作为授权客体的各类被授权方可能更加了解，并且成熟的授权经纪组织一般具备一定的创意开发、市场营销和法律应用能力，使文化授权产品的价值能够顺利实现和增值。国外一些博物馆，尤其是经营意识较强的博物馆，惯于以授权经纪作为授权主体，而非自行主导授权，如古根海姆博物馆（Guggenheim Museum）雇用授权经纪商 360ep 公司作为授权主体负责本馆的授权工作。集中性的授权平台作为授权主体，常常是由一个非营利性组织代表作为其成员的博物馆对外行使授权职能，并对授权过程进行有效管理。集中性授权平台作为博物馆文化授权的主体，具有程序固定、集中管理、监督有保障的特点，通过集中授权平台，博物馆无须单独分出人力、物力资源进行授权管理，这样在确保文化授权进行的同时可以集中力量于其他工作。目前，国外博物较早以集中授权平台作为博物馆文化授权的主体。集中性授权平台既可以是一个国家内部统一的博物馆文化授权平台，也可以是一个跨地区的国际性授权平台。前者如法国的法国国家博物馆联合会（Réunion des Musées Nationaux，RMN）接受全法国 32 所国有博物馆的授权业务的委托，负责这些博物馆的对外授权及管理工作。后者如成立于 1997 年的艺术博物馆图像联盟（The Art Museum Image Consortium，AMICO），曾作为一个国际性的非营利性组织，代理美国、加拿大、英国等国家 30 多个博物馆的图像授权工作。

博物馆文化授权中存在一类相对特殊的情况。即对博物馆因外界捐赠而得来的藏品，博物馆仅拥有藏品的所有权，但尚未取得其著作权，此时博物馆便不能对以藏品的数字化内容为依托的标的物进行授权。对标的物进行利用或授权的前提是必须取得藏品著作权人对博物馆的授权或著作权的转让。在这种情况下，博物馆首先承担了文化授权的客体，即被授权者的角色；其次才能决定是否以授权主体身份开展授权工作。

博物馆文化授权的对象是博物馆拥有知识产权的各类授权标的物以及以标的物为载体的知识产权和非物质形态的传统技艺。通常，博物馆文化授权的对象是藏品和博物馆内其他事物经数字化产生的图像及其形成的著作权。通过数字化生成的图像是博物馆文化授权对象的实物形态，随着数字化成果而自然形成并依附于图像的著作权则是文化授权对象的虚拟形态。实物形态的图像可以是一幅画面，也可以是一个文化元素符号。国内外著作权法皆规定著作权中的著作人身权是不能被授权的，所以作为授权对象的虚拟的著作权只能是著作财产权。著作财产权可被授权的权利类型除了常见的复制权与传播权外，还有对原著作具有增值意义的改作权以及利用原著作的元素进行重新创作的权利[①]。此外，文化授权对象还包括与博物馆相关的其他标的物，如博物馆馆徽、博物馆商标、博物馆建筑式样、博物馆影像资料、博物馆开发的动漫玩偶形象、博物馆动植物的形象、博物馆传统技艺等与博物馆文化事项相关的内容及内含的知识产权。例如，台北故宫博物院以拥有著作权的高清数字图像、数字影音资料和拥有商标权的博物院注册商标为授权对象开展的图像授权、影音授权、品牌授权和出版授权工作。

博物馆文化授权的客体是相对于授权主体而言的，通常指授权对象被授予的一方，即被授权方。博物馆文化授权客体主要包括两类：一类是生产经营性质的市场机构，包括各类生产、服务、销售类企业和具有信息生产、传播功能的媒体；另一类是具有公益性质的非营利组织，包括教育、科研、慈善等非营利机构。生产经营性质的市场机构作为市场主体，具有强烈的通过提升产品附加价值而获取更多收益的意愿和动力，因此具有较强的权利金反馈能力，是博物馆文化授权的主要客体。例如，浙江省博物馆2011年开始对《富春山居图》（《剩山图》）开展授权工作时，就先后有浙江民泰商业银行、法蓝瓷公司、皇宿公司、深圳中金国礼文化金投资管理公司等多家企业作为授权客体，与浙江省博物馆对接授权合作。具有公益性质的非营利组织在权利金的反馈方面虽然不及前者，但因其社会公益性和影响力的传播，使博物馆授权标的物的文化价值和博物馆的社会效益可以得到有力彰显，因此作为授权客体具有显著的优势。博物馆文化授权

---

① Robert Goidscheider. License to Manufacture, Reproduce, and Distribute Copyrighted Literary Property [J]. Ecklicnfo, 2008, 8 (4).

的客体具有的多元性特点,市场经营机构和非营利组织的门类和行业众多,不同客体对授权对象的需求不同,因而使文化授权的生产关系呈现出错综复杂的网络状态。

博物馆文化授权的顺利进行离不开一定的介质。介质作为文化授权的中介要素,能够将文化授权的主体、客体和对象有机联系起来,最终形成文化授权的链条和网络。博物馆文化授权的介质主要是作为授权媒合与交易平台的授权博览会或交易会,如纽约国际授权展、广州文博版权交易博览会等。此外,一些创意服务类企业,在向外界提供图像、版权等服务的同时也充当着博物馆文化授权的介质。例如,世界知名的创意资源供应类企业 Corbis 公司拥有多个博物馆的数字图像资源库。通过其向社会提供服务,博物馆的影像资源得以被外界了解和认知,从而有助于博物馆文化授权的主体、客体和对象间联系的建立和授权工作的开展。

二、博物馆文化授权的范畴

博物馆文化授权是以博物馆的文化内涵和特质为依托的授权标的物知识产权的授权体系。通过与外界产业体系的频繁互动和交换,进而实现价值的生产与输出,因此博物馆的文化授权应是一个整体性的价值生产与再生产系统。在理解博物馆文化授权以及在实际操作中,应该立足博物馆文化的原生性和整体性,从文化授权的完整性出发,对博物馆文化授权做出思考,进而深入体察博物馆文化授权的范畴。

现代博物馆,以线性的展示方法将其藏品陈列于现代化的建筑空间内。脱离了原生文化环境①的藏品,以孤立性状态呈现在参观者的视线中,很难真切完整地体现出历史的消亡感和文化的厚重感。大卫·卡尼尔(David Carrier)在其著述中多次提到艺术的"原位性",并认为艺术的"原位性"是不可替代的。② 博物馆也存在文化的"原位性",即博物馆所主要体现、代表的文化内容和类型。

---

① 虽然越来越多的博物馆试图通过场景复原、全景画、半景画、环幕投影等现代展示方式和手段营造一个拟态的社会文化环境,但仍难以呈现其原生性的本真环境,也不会消除藏品与其原生环境分离的事实。

② 关战修.浅谈遗址博物馆的原位文化与衍生品开发[A]//中国博物馆协会文创产品专业委员会. 2015 中国博物馆文化产业研究[M].武汉:湖北人民出版社,2015:99.

如宫廷文化和皇室文化即是故宫博物院的原位文化，衙门文化和官府文化则是内乡县衙博物馆所立足的原位文化。以文物为中心的线性展示在很大程度上遮蔽了博物馆文化的原位性，脱离了原生文化环境的孤立性藏品很难体现出博物馆的文化内涵与特质。博物馆文化授权应当是立足博物馆原位文化，对能代表其原位文化的标的物进行的授权，而不是以博物馆认为有遗产价值的文物藏品作为标的物的载体进行的授权。当前，国内博物馆在进行或考虑开展文化授权时，更多地以所收藏的遗产价值较高的文物，甚至镇馆之宝的数字化图像作为授权标的物，并不完全以体现、代表博物馆原位文化的标的物作为授权对象。笔者在2015年广州文物博物馆版权交易博览会现场，看到参展的国内博物馆大部分以图文展板甚至文物复制品的形式对本馆具有代表性的藏品进行展示性的推介，其中不乏被博物馆视为镇馆之宝的藏品图像出现在各博物馆的展区。希望以博物馆的珍品乃至镇馆之宝作为今后开展授权的标的物。这完全是一种立足博物馆自身思考问题的思维观念，不利于博物馆文化授权的开展。因为博物馆的珍品甚至镇馆之宝只能代表藏品本身在遗产价值上的珍贵程度，并不能完全体现博物馆的原位文化。忽视了博物馆的原位文化进行的授权，充其量是一种博物馆艺术品的授权。此外，由于博物馆原位文化的缺失或表现不足，授权标的物的文化特色不能得到合理体现，因此授权的效果也将大打折扣。

博物馆的文化授权并不完全等同于以博物馆藏品为载体的标的物的授权，而是以博物馆所体现的原位文化为核心的授权。因此，博物馆文化授权的成功与博物馆文物藏品数量的多少、珍稀程度的高低并无必然的关系。国内不少博物馆片面地将本馆文物藏品的数量和珍贵程度视为能否进行文化授权甚至发展文化创意产业的主要影响因素。例如，沈阳故宫博物院以收藏多以近代史和东北抗联的历史文物为主，而关于溥仪的文物不多为由，认为自身在开发文创产品和开展授权时无法打开思路。① 这是典型的仅依靠本馆文物藏品发展文化创意产业、开展文化授权的思维，而没有从根本上挖掘或围绕博物馆所代表的原位文化。以致博物馆发展文化创意产业的思路出现偏差，文化授权的范畴被缩小。

从文化授权链条的完整性和系统性上看，博物馆文化授权并不能简单地等同

---

① 张微. 新形势下博物馆文化产业发展的新思路——以伪满皇宫博物院为例［A］//中国博物馆协会文创产品专业委员会. 2015中国博物馆文化产业研究［M］. 武汉：湖北人民出版社，2015：114.

于博物馆文创产品的授权开发或者授权生产和制作。创意开发、生产制作只是博物馆文化授权的一个环节，而且是立足博物馆的角度所形成的认识和定位，即以博物馆为主导，授权其他机构为博物馆所做的创意设计和生产制作，更多地体现为一种以外包方式实施的代工式设计和生产行为。这种授权方式并非真正意义上的博物馆文化授权，也并不能在博物馆文化创意产业发展和宏观产业体系的双重层面上体现文化授权的意义。

三、博物馆文化授权的类型

随着授权产业的深入发展，国际授权业呈现出不断变动且开放的特征，其中一项表现是授权产业的类型处于不断的变动之中。随着授权产业向纵深方向拓展以及授权门类与体系的整合，新的授权类型不断涌现，原有的授权类型可能出现归并整合。根据国际授权业协会委托耶鲁大学管理学院和哈佛商学院所作的全球授权产业年度报告，授权产业分为艺术授权、品牌授权、卡通造型图案授权、时尚授权、运动授权、娱乐授权、网上互动授权七大门类。每一门类又涵盖了若干具体的授权类型。博物馆文化授权并不是一个具体的授权类型，而是一个多类型综合的授权门类，或者称为多元授权类型的集合体。博物馆文化授权通常包括与博物馆相关的艺术授权、图像授权、品牌授权、专利授权和传统技艺授权、出版授权、影音授权等类型。

艺术授权作为授权产业的一项常规授权类型，在国际授权产业中占据重要的一席之地。据2014年《国际授权产业年度报告》的统计数据显示，艺术授权平均保持2%的高增长率，总零售额突破192亿美元。① 艺术授权也是博物馆文化授权中最常见的授权类型。作为一个国际上通行的概念，艺术授权常被用作对博物馆授权的统一称谓，即以博物馆艺术授权代指更广泛意义上的博物馆文化授权。这种现象主要出现在欧美国家的艺术类博物馆，如纽约现代艺术博物馆（The Museum of Modern Art）、英国泰特美术馆（Tate Modern and Tate Britain）、法国蓬皮杜国家艺术文化中心等习惯以艺术授权统一代指博物馆的授权工作。这与欧美国家自文艺复兴以来对艺术的尊崇和理解分不开。赫斯蒙德夫认为："在

---

① Lima. Gobal Licensing 2014 Annual Report［EB/OL］. http：//www.licensemag.com/licensemag/Article Standard/Article/Detail/558852.

文艺复兴时期，尤其是 19 世纪的浪漫主义运动（The Romantic Movement）以来，出现了一种普遍的倾向，即认为'艺术'是人类创意的最高形式。""19 世纪、20 世纪的一些西方学者，包括阿多诺和霍克海默在内，常常将理想状态下的'文化'等同于艺术，等同于人类创意的独特、卓越的形态。"① 同时，也与欧美国家的博物馆体系以艺术类博物馆居多，博物馆藏品以艺术作品为主的缘故直接相关。以美国为例，美国在 21 世纪之初就有多达 1200 家艺术博物馆，且博物馆藏品主要是不同时期的各类艺术作品。我们认为，从概念的外延上，博物馆文化授权涵盖了艺术授权，艺术授权作为博物馆文化授权的一个类型，并不能替代博物馆文化授权的概念。尤其是对强调文化序列、重视文化传播意义的我国博物馆而言，文化授权的概念更加具有适用性。

品牌授权是博物馆文化授权的重要类型。当前，品牌的衍生价值逐渐显现，品牌授权在其他领域日益受到重视，博物馆的品牌授权也成为世界知名博物馆开展文化授权的最重要选择。例如，美国大都会艺术博物馆在其网站上单独列出了其国际授权项目，针对"大都会博物馆"这一品牌进行授权。对博物馆品牌感兴趣的企业和个人可以直接通过专门的联系方式，与大都会博物馆授权部门联系授权事宜。博物馆品牌授权的对象主要是博物馆注册的商标以及配合商标的部分高清图像。因此，博物馆品牌授权又称为商标授权。例如，台北故宫博物院就将作为注册商标的标识和名称作为授权对象进行品牌授权，品牌授权的内容涵盖了台北故宫博物院注册商标的商标权和图像的著作权。

博物馆的专利授权和传统技艺授权属于博物馆文化授权的两种特殊类型，因为它们更多地涉及技术发明、创新或传统技艺保护、传承层面。但因授权内容属于博物馆所有，且与博物馆文化内涵直接相关，因此纳入博物馆文化授权的行列。博物馆的专利授权主要针对博物馆在陈列展览、藏品贮存、展品包装和运输、文物保护与修复过程中的技术发明和技术创新而申请的专利进行的授权。博物馆的传统技艺授权是博物馆以本馆所拥有的非物质性的传统工艺流程、口头与书面形式的技艺表达所进行的授权，例如，对博物馆保存的青铜器的传统修复技艺、原住民织造技艺等授权开发。

出版授权是博物馆文化授权的常规类型。出版授权的内容是博物馆以拥有著

---

① 赫斯蒙德夫. 文化产业 [M]. 张菲娜，译. 北京：中国人民大学出版社，2007：4, 17.

作权的高清图像和文字资料授权于出版商；出版商根据实际需要选择授权对象，应用于图书的出版中，并支付一定的权利金。出版授权是博物馆文化授权的一种专项类型，与图像授权、品牌授权甚至传统技艺授权有一定的交叉重叠。

图像授权是博物馆文化授权最主要的授权类型。博物馆藏品的数字化带来了丰富的高清图像资源，成为博物馆文化授权的主要标的物。博物馆图像授权正是对拥有著作权的高清图像进行的授权。如法国国家博物馆联合会代理的法国国有博物馆的图像授权业务，世界规模最大的图库企业 Art Resource 公司代理的部分大都会博物馆的藏品图像授权工作，国内浙江省博物馆 2011 年对《富春山居图》（《剩山图》）的数字图像进行的图像授权等。

影音授权作为博物馆文化授权的一种类型，是博物馆将拥有著作权的影像、声音的数字资源作为授权对象对外进行的授权。例如，台湾的电影资料馆围绕本馆影视片段的使用权进行的授权。与图像授权类型一样，影音授权同样是对博物馆所拥有的著作权的授权开发。

第三节　博物馆文化授权的意义

一、文化资源的利用和文化价值的输出

文化资源是人类劳动创造的成果及其转化，尤其是指"凝结了人类精神劳动的产物，包括精神活动所生产和凝结而成的精神内容，以及精神活动作用于自然对象而产生的结果"①。博物馆拥有多维的文化资源禀赋和丰富的文化资源类型，被视为文化资源的主要聚集地②。文化资源在文化创意产业发展中具有基础性的地位，是博物馆文化授权对象根植的载体和文化创意的重要来源，构成了博物馆文化授权的价值链的基本环节。因此可以说，博物馆文化授权的运行在很大程度上是建立在博物馆丰富的文化资源储量的基础上。但现实是，博物馆对文化资源

---

① 王晨，章玳．文化资源学 [M]．南京：南京大学出版社，2014：8．
② 高书生．让文化资源"活起来" [N]．光明日报，2014 – 05 – 29 (14)．

的发掘和利用更多地停留于一种浅层次的开发层面上,并且文化资源的开发存在低效、粗放、同质化和单链条性的缺点。这种状况出现的原因可归结于两方面:一方面是由于对文化资源及其内在关联缺乏全面系统的了解,资源要素之间整合尚未形成合力,难以实现文化资源的融合协同和内生增长,资源效应不能得到有效释放①。另一方面归咎于博物馆发掘、利用文化资源的能力不足,缺少对深层次的文化元素的提炼和萃取。以国内博物馆为例,长期以来,文化资源作为博物馆的内部资源更多地停留于静态的储藏和文本层面的研究领域,国内博物馆长期侧重于对藏品历史、文物保护及陈列展示方面的研究,对藏品所承载的文化与审美价值的发掘和微观层面的研究明显不足,更遑论对其价值延伸的深入研究。缺乏通过民族学、人类学方法的系统发掘与整理,从而使博物馆文化资源不能上升为智识层面的版权与智识资源,进而"难以形成内容再生产的资源配置与知识制式"②,也就不足以成为博物馆文化创意产业发展的源泉。

博物馆文化资源总量的富余与用来发展文化创意产业的资源供给的短缺形成了一对尖锐的矛盾。这种矛盾在国内博物馆的长期存在,使博物馆在文化创意产业发展中更多地扮演着文化资源初级供给者的角色,同时也是"资源诅咒"③现象在博物馆中的体现。文化资源的丰富程度与文化创意产业的发展水平并没有得到正相关关系的验证。文化资源丰腴的优势只是潜在的优势,这种潜在的优势并不会天然地转变为产业优势。因此,文化创意产业的发展并不取决于文化资源的丰富程度,而更多地决定于文化资源的转换能力。只有通过深入挖掘、系统整理、再次创造,成为具体的文化内容,即文化要从宏观和中观的文化背景转换成约束个体的、主观的、内在的、微观的文化行动④,才能转化为市场认可的文化资本和商品符号,并以文化产品的形式进入产业循环中,实现文化创意产业的发展。通过文化授权,可以有效破解当前博物馆存在的"资源诅咒"现象,通过梳理、揭示文物藏品和博物馆文化的深层内涵,激活文化资源的潜能,实现博物

---

① 陈野. 文化资源开发中的四种通病 [J]. 观察与思考, 2011 (11): 24-25.
② 皇甫晓涛. 版权经济论 [M]. 北京: 科学出版社, 2010: 46.
③ "资源诅咒"现象一般被用来形容资源丰富的地区,其经济增长反而低于那些资源稀缺的地区,即资源的丰富并没有为其经济增长带来相应的回馈。"资源诅咒"现象出现的主要原因是资源开发者并没有对资源进行有效的发掘、利用和转化,使其难以成为推动经济增长的因素,最终形成鲜明的反差。
④ 昝胜锋, 郭春森. 创意产业: 文化、技术和商业模式 [M]. 福州: 福建人民出版社, 2013: 30.

馆文化资源的深度挖掘和向文化创意产业的有效转化，持续诠释博物馆文化价值的同时实现博物馆文化效用的提升和社会影响力的输出。

通过博物馆文化授权，可以从根本上实现博物馆文化资源存量向文化创意产业增量的转化。博物馆文化授权首先通过对博物馆文化资源的发掘、整理、包装和再创作，将其转换成以符号形式存在的文化资本。文化资本在表现形式上虽然仍是文化资源，但以文化资本形式存在的文化资源已经成为一种特殊的资产。它是一种包含、存储文化价值并蕴含着潜在经济价值的资产。任何资本都可以视为一种有价值的资源存量。这种存量资源被霍金斯称为"存货"，认为其"源自于过去的投资，而且它的价值也取决于未来的使用情形"①。文化资本就是这样一种已经转化为特殊资产的文化资源的存量。文化资本的存量可以用这种特殊的文化资源的实物量来衡量。由于文化资本的存量能够增强未来经济活动的能量，因此由文化资源转化而成的文化资本的存量越多，越有利于文化资本中文化价值和潜在经济价值的积累，从而越有利于实现向文化产品和服务的转化。

其次，博物馆文化授权可以使一般性的文化资源转化成的文化资本的存量产生源源不断的服务流量。产生的服务流量可以直接进入最终消费端并用于消费；或者与其他投入品结合，进一步生产具有经济价值与文化价值的商品和服务，以增加资本存量，从而使其以更高的水平或价值进入下一个生产环节。②经由文化授权的资源发掘、整合与再创造环节，由博物馆文化资源转化而来的文化资本，表现为大量数字化形式的高清图像、商标、音频、视频、文字等符号资产。这些符号资产与原始状态的文化资源不同的是因其潜在的经济价值而具备了"可交易的身份"。通过文化授权的授权机制和环节，这些具有文化价值和潜在经济价值的符号资产持续性地转化为授权产品，直接进入消费流通领域成为文化商品和服务，或者与其他生产要素相结合生产文化商品或服务，最终实现文化价值和经济价值的释放。博物馆文化授权在对文化资源开发利用的过程中实现了两次转化，第一次通过文化资源向文化资本的转化使文化资源成为可传播、可交易和可生产性的文化内容，即"使文化资源获取了文化资本的交易身份与代际扩张机制，变

---

① 霍金斯. 创意经济——如何点石成金［M］. 洪庆福，等，译. 上海：上海三联书店，2006：208.
② 戴维·思罗斯比. 经济学与文化［M］. 王示标，等，译. 北京：中国人民大学出版社，2011：49.

为符号资本与媒介资本的创新体系"①。第二次通过授权交易，将文化资本存量转化为文化产品和服务的流量，实现了文化价值的再生产和文化资源的最终利用。

二、发展模式的创新和市场空间的拓展

博物馆文化授权的模式体现了文化创意产业发展中知识产权的转移、利用与创造关系。该模式不同于博物馆直接利用本馆文化资源发展文化创意产业的模式，而是产业融合背景下整合博物馆内外资源，间接发展文化创意产业的模式。文化授权模式不仅适应了博物馆作为文化创意产业的源发性部门间接与市场接轨的需要，而且其内涵与特质决定了它在改善博物馆的供给机制和氛围、文化产品的内容生产和渠道开拓方面具有显著的优势。市场是文化创意产业价值实现的根本要素，借助文化授权模式，通过博物馆知识产权的保护、开发、授权和利用，以博物馆丰富的文化资源与市场环境下的社会生产和服务充分结合，充分利用并发挥市场在资源配置中的导向功能，有效整合各方面的有利因素，激发博物馆的产业化发展活力，使博物馆文化创意产业的发展从小众市场走向大众市场。一方面保证了博物馆文化创意产业发展的市场导向，在克服当前文化产业发展中出现的经费短缺、创意不足、产业结构不合理等问题的同时，间接获得了丰厚的经济回报；另一方面兼顾了博物馆的组织性质和价值使命，避免了博物馆直接参与市场经营活动的弊端，并通过文化授权有助于博物馆创造出更大的社会价值空间，在传播文化和价值的同时提高了博物馆的社会影响力，反馈的权利金增强了博物馆的"造血"功能，从而支持了博物馆事业的发展。

当前，国内博物馆在文化创意产业发展中较多地关注文化创意产品的数量，刻意地突出文化创意产品与博物馆藏品的直接关联性，过于强调参观者参观后购买的"现场感"。这些倾向使博物馆在发展文化创意产业时将注意力更多地放在产品数量上，发展空间基本上限定于博物馆建筑空间内，不能延伸至广阔的馆外天地②。有限的参观群体和相对固定的观众类型，使博物馆文化创意产品的流通

---

① 皇甫晓涛．版权经济论［M］．北京：科学出版社，2010：68.
② 目前，国内仅有上海博物馆、故宫博物院等少数博物馆，在馆外设有产品销售网点，但也仅仅是作为销售渠道存在。

渠道和市场空间变得较为狭窄，从而限制了产品的生产规模和开发动力，难以实现扩大再生产，最终使博物馆的文化创意产业难以形成规模经济和范围经济。博物馆文化授权模式将有助于改变这一局面。博物馆文化授权的目的不是简单地通过授权设计或生产提高博物馆文化创意产品的创意水平、增加博物馆文化创意产品的种类，而是推动博物馆文化创意产业的发展走出馆舍天地、走向大千世界，与更多元的产业形态相结合，与大众文化的消费形态相结合，融入更加广阔的产业循环体系，进而实现博物馆文化创意产业发展的空间拓展和价值延伸。

三、提高文化供给能力和市场供给弹性

文化供给是文化生产者以满足社会文化需求为目的而生产、供应文化产品和服务的行为。文化供给能力反映了文化生产者在一定时期内提供一定文化产品和服务的水平，能力的大小通常以所提供文化产品和服务的数量和价值来表示。而与文化供给相对应的社会文化需求是否得到满足，往往成为衡量文化供给能力和水平的一杆重要标尺。当前，随着人们收入水平的提高、文化消费意识的增强和闲暇时间的增多，整体性的文化需求表现旺盛，文化需求的缺口不断扩大。据《中国文化消费指数（2013）》研究，2013年底，我国文化消费潜在规模为4.7万亿元，而实际消费仅为1万亿元左右，缺口近3.7万亿元。[1] 文化需求的持续增长，使社会总体性的文化供给明显不足。如果文化供给长期不能满足社会文化需求，将导致两者间的失衡。改变文化供给不足的关键，在于大力增加有效文化供给，改变人们手中货币的投向，分泄对社会总供给的压力。[2] 博物馆文化授权的本质是文化的生产与再生产。借助博物馆的文化授权，不仅能通过文化资源的开发和转化直接增加文化创意产品和服务的供给数量，而且能够充分利用文化的渗透性、扩散性、辐射性特征，通过授权实现产业间的跨界融合，间接向其他产业和产品注入文化内涵，提高其文化附加价值，甚至使其成为满足人们需求的文化产品。博物馆文化授权是一个持续不断的文化溢出和价值创造过程。在这一过程中，博物馆文化资源的价值不仅没有损耗，而且还会随着资源认可度的增加得到提升。因此，博物馆文化授权下的文化产品和服务的供给能力也将得到逐步提

---

[1] 郑海鸥. 2014年我国人均文化消费增16.4%［N］. 人民日报，2015-12-10（12）.
[2] 胡惠林. 文化经济学（第2版）［M］. 北京：清华大学出版社，2014：32.

高。所以，博物馆文化授权具有提高博物馆文化供给能力，增加社会有效文化供给，进而满足社会日益增长的文化需求的意义。

文化创意产品具有供给无弹性、需求无刚性的显著特点。供给无弹性表现为"价格变动得再快、再高，其对生产的产量影响很小或者基本无影响"，文化创意产品的弹性缺乏，导致"文化创意人才和产品难以完全进行商品化生产"①。需求非刚性即人们对文化创意产品的需求单行空间较大，这是由文化创意产品并非生活必需品的属性所决定的。目前，以纪念品为主要类型的博物馆文化创意产品也完全符合供给无弹性和需求非刚性的特点。这种状况使公众整体性文化需求不足的情况下博物馆的文化供给明显缺乏弹性，公众对博物馆文化创意产品的需求却存在较大的弹性空间。博物馆的文化供给与公众的文化需求存在一种非对称性，或者称为一种空间的错位。博物馆文化授权通过连接博物馆文化资源的供给和社会化的生产体系，提高博物馆文化生产的供给能力和文化影响力，消除博物馆的文化供给与社会的文化需求之间信息不对称的问题。在实现市场在文化资源的配置中其决定性作用的情况下，根据社会的文化需求配置文化资源，进行文化供给和生产。根据社会文化需求的变动进行的文化生产，必将大大提高博物馆对文化市场的供给弹性。

---

① 徐海龙. 文化经纪人概论［M］. 北京：北京大学出版社，2010：35.

第四章　博物馆文化授权的理论架构与法理依据

博物馆文化授权只有具备一定的理论品质，才能保证自身的稳定性和可靠性，应用于实践才具有合理性与持续性，如此才可能会被更多的博物馆认可和接受。因而，需要为博物馆文化授权建立一定的理论支撑，探寻博物馆文化授权合理性与可行性的法理依据。本章正是在这一目的的驱使下，通过对文化授权的理论基础进行梳理、分析，搭建了博物馆文化授权的理论框架，使博物馆文化授权具有了理论层面的意义。并从博物馆目标函数的最大化、当前政策的导向与法规依据、博物馆文创产品的混合型与优效性以及知识产权保护与利用的需要等方面揭示了博物馆文化授权的合理性与可行性。

第一节　文化授权的理论基础

一、产业融合理论

当前，在世界经济发展的浪潮中，产业融合已成为一股不可逆转的势头，正以前所未有的力量重塑着产业形态，推动着经济发展。随着经济全球化的推进和科学技术的发展，产业要素在不同经济体和不同产业形态间的流动明显加快，产业融合逐渐成为一种广泛存在于各个行业和领域的经济现象。特别是20世纪90年代以来，在信息技术迅速发展的推动下，产业融合呈现出前所未有的发展趋势。产业融合广泛而深入地推进,受到了人们的高度关注。近年来,学术界从不同角度对产业融合现象和理论进行了系统研究。产业融合思想最初源于生产实践中技术层面的融合。早在 1978 年,麻省理工学院媒体实验室(The MIT Media Lab)成立之前,其研究团队就以三个交叉的圆圈表示印刷业、广播业和正在兴起中的计算机业之间的交叉融合现象,以此表明三个产业交叉处正是最具成长潜力和创新价值的地方。以技术融合为核心的产业融合思想和路径主导着早期人们对产业融合的认识,以致对产业融合理论的研究长期集中于技术动因这一层面。如日本学者植草益认为"产业融合是通过技术革新和放宽限制来降低行业间的壁垒,加强各行业企业间的竞争合作关系。"① 美国学者格林斯坦和卡纳(Greenstei & Khanna)认为,产业融合是在技术进步的推动下发生的产业边界的收缩或消失。②

技术创新突破了不同产业之间的技术壁垒,有助于打破产业之间的樊篱,使之在技术层面实现了互通,如在信息技术、数字技术、通信技术融合基础上实现的诸多产业之间的融合。通过对技术创新作用于产业融合的机理和机制的分析,可以看出技术融合在推动产业融合进程中的重大意义。然而,技术融合终究是一种狭隘的融合,技术创新只是产业融合的诱因之一。当前的产业融合更多的是由管理创新、政策推动、消费需求变化等多种因素相互作用、共同推动的结果。产业融合现象不仅发生在不同产业间,也会出现在产业内部不同细分领域之间。所以,越来越多的学者倾向于从更开阔的视角理解产业融合的内涵,如厉无畏认为:"产业融合是指不同产业或同一产业的不同行业,通过相互渗透、相互交叉,最终融为一体。"③ 综合上述观点,可以看出当前的产业融合已不再仅仅是单一因素推动的结果,而呈现出多元动因和多维向度的融合态势。产业融合总体上是为了适应产业发展的需要和经济效益的最大化而出现的广泛意义上的产业间的渗透、交叉甚至重组。

从产业发展的阶段来看,产业融合是产业发展在内外环境变化的背景下,突破已有发展范围,进入新的发展阶段的必然选择。产业融合的方式主要表现为产

---

① 植草益. 信息通讯业的产业融合 [J]. 中国工业经济, 2001 (2).
② 杨永超. 产业融合对文化创意产业发展模式的影响 [J]. 中共山西省直机关党校学报. 2012 (5).
③ 厉无畏, 王振. 中国产业发展前沿问题 [M]. 上海: 上海人民出版社, 2003: 189.

业渗透、产业交叉和产业重组。① 三种产业融合方式的表现形式和适用对象有所不同,代表了产业融合的程度和不同阶段。随着产业间融合程度的逐步深化,三种产业融合方式呈现出逐次递进的演变趋势。由技术、管理、政策因素的推动向深层次的文化、理念、价值因素推动的转变,成为产业融合程度加深、阶段递进的主要原因。当前,随着人们文化需求的增长和审美意识的提高,产业融合的动因更多地向文化、理念和价值层面的推动转变。产业融合随之向更深层次的方向和领域推进。因此,文化因素在产业融合中的作用得以凸显。

以现代社会消费需求的变化为例,随着物质生产的极大丰富,人们在消费资料日益充足的同时,消费需求和价值理念也发生了明显的变化,产品的文化价值逐渐超越功能价值成为人们关注的重点。相对于产品的物理使用价值,当前人们消费行为的目的更多的是获取精神上的体验价值和内心的满足感,产品所负载的精神价值如文化内涵、品牌价值、象征意义逐渐成为人们选择和衡量产品价值高低的重要因素。针对消费者需求的变化,需要及时以文化创新做出回应,通过文化理念和创意思想的融入提升产品的文化价值和品牌内涵,满足消费者的心理诉求。这是由买方市场环境下,产业经济所面向的最大群体——消费者的消费规律、价值追求和审美理念所决定的。这个过程的实现需要以文化创新的思路推动文化产业与终端消费品制造业和服务业的融合。文化授权恰好适应了这种需要。从产业经济学的角度看,文化授权强调的是文化创意产业与周边产业的结合,其本质是一种异业结盟。知识溢出理论认为,知识作为生产要素,不同于普通商品之处是知识具有溢出效应。文化授权体现的正是知识的溢出效应。通过文化授权,以创造性文化为中心,按照文化产业的同心圆模型②不断向外扩展,实现了文化与不同生产要素、不同产业业态间的有机融合。文化授权拓展了产业的横向竞合和纵向延伸面,有利于实现多方共振、互利共赢。因此,文化授权的实质是在文化创新力的驱动下,文化作为生产要素参与的文化创意产业与其他产业的融合过程。

作为文化创意产业的产出对象,文化产品和文化服务的真正价值体现在文化

---

① 胡汉辉,邢华. 产业融合理论以及对我国发展信息产业的启示[J]. 中国工业经济,2003(2).
② 戴维·思罗斯比. 经济学与文化[M]. 王志标,张峥嵘,译. 北京:中国人民大学出版社,2011:123.

内容所承载的精神价值方面。相对于物理性能价值，文化产品的精神价值以内隐化的方式附着于产品上，具有一定的虚拟性和符号性。这种特性决定了文化产品的精神价值可以通过符号位移的方式融入其他产品中。文化授权适应了文化产品价值转化和融合的需要。通过文化授权，文化产品的精神价值实现了复制和转移，成为其他产品价值的组成部分。对后者而言，文化价值的输入实现了产品价值的叠加和提升，同时带来了产品的差异化竞争优势。以蕴含在产品中的文化价值为基础，文化创意产业与其他产业实现了相应的融合。借助文化授权，文化产业可以其符号化的特质和强大的关联性向其他产业渗透、延伸和拓展。

以文化创意产业与制造业和服务业的融合为例。文化创意产业与制造业和服务业的融合，就是将文化创意产业的文化理念、文化创意、文化价值逐渐融入制造业和服务业的研发、设计与销售、品牌创立等高端环节。① 这种融合使文化创意产业的文化价值得以溢出与扩散；对于制造业和服务业来说，由于文化附加价值的注入，制造业和服务业的价值增值环节出现，产业价值链和产品的价值形成机制都将发生改变。在基本技术同构和产品趋于同质化的市场环境中，通过与文化创意产业的融合，内化了文化价值的制造业和服务业的产品呈现出多元化和差异化的特点，从而有助于市场竞争力的提升。文化价值的产生与融合需要文化创新机制的推动。只有在文化产业化的过程中不断创新，为文化生产注入源源不断的创意，并创新文化传播方式，文化价值才能不断产生与外溢。文化授权独特的文化生产机制和传播方式决定了它将成为文化创新推动产业融合的重要路径。

二、效用理论

英国功利主义哲学家杰里米·边沁（Jeremy Bentham）从其功利主义原理及道德观点出发，最早提出了"效用"这一术语。并用它来描述商品"提供利益、优势、快乐、好处或者幸福"的内在属性。后他又将这个概念表述为伴随商品消

---

① 蔡春旺，李光明. 中国制造业升级路径的新视角：文化产业与制造业融合［J］. 商业经济与管理，2011（2）.

费行为而产生的快感。① 成为西方经济学效用理论的思想渊源。19 世纪 50~70 年代,英国的杰文斯、奥地利的门格尔和法国的瓦尔拉斯在戈森定律②的基础上,几乎同时并且独立发现了"边际效用递减规律",由此在西方经济学界引发了边际效用革命,奠定了效用理论的基础。效用理论认为,单位商品的使用价值可以用最后一单位该商品所带来的效用来表示,即边际效用决定单位商品的使用价值。商品的边际效用随着该商品总量和消费该商品的次数增多而逐渐递减,因而单位商品的使用价值也会随之递减。

一般商品的消费严格遵守着边际效用随着消费数量和次数的增多而递减的规律。与此不同的是,文化商品的边际效用反而会随着消费数量和消费次数的增多而不断增加。诺贝尔经济学奖得主乔治·斯蒂格勒(George J. Stigler)在 20 世纪 70 年代认为,这种边际效用不减反增的现象是由于消费者欣赏这类商品的能力提高了,这种能力的提高反过来又会促进消费者消费。③ 与一般商品相比,消费者对文化商品的消费,更多的是对蕴含于其中的文化消费,并从对文化的消费中得到精神的满足。消费者在对文化商品的消费过程也是一种对作为消费对象的文化进行了解的过程,并伴随一种学习效应。随着了解的深入和学习效应的发挥,消费者对文化的认知越深刻,收益也会逐渐增加,对相应的文化商品的欣赏能力会自然提高。进而会激发消费者对该商品的消费兴趣,促使消费者增加这类文化商品的消费数量。这明显不同于一般商品随着消费数量增加而边际效用减少的逻辑规律。

消费者从文化商品的消费中获得的精神需求的满足程度称为文化效用。文化效用包括总文化效用和边际文化效用。随着文化商品消费数量的增加,总文化效用逐渐积累的同时,边际文化效用也不断增加(见图 4-1)。文化边际效用的特殊性使文化效用出现了背离经典经济学效用理论的现象。边际文化效用随着对文

---

① 戴维·思罗斯比. 经济学与文化 [M]. 王志标,张峥嵘,译. 北京:中国人民大学出版社,2011:23.

② 戈森定律是德国学者戈森所发现并以其名字命名的三大规律的总称,即"欲望强度或享受程度随着消费次数的增加而递减"的戈森第一定律、"物品供给有限和人的欲望无限的情况下,各类被享用的物品的边际效用均等"的戈森第二定律以及"原有欲望被满足的情况下,只有发现新享乐或扩充旧享乐才能取得更多的享乐量"的戈森第三定律。此处主要指戈森第一定律。

③ 转引自林明华,杨永忠. 创意产品开发模式——以文化创意助推中国创造 [M]. 北京:经济管理出版社,2014:144-145.

化商品消费数量的增加而增大的前提是人们对文化商品所蕴含的文化信息的不断积累和深刻认知。文化授权在本质上是一种文化的生产，随着授权行为的发生，明显体现出一种文化信息的传播功能。在文化授权过程中，文化信息和文化内涵随着文化授权商品的销售被越来越多地传播，人们在消费授权商品的过程中对相关文化知识和文化信息的了解会逐渐深入，从而会更加倾向于增加对这种负载该文化知识和文化信息的商品的消费，文化授权商品的边际效用也将会随着人们了解的加深和消费的增多而不断增加。由于文化效用随着文化商品消费数量的增多而不断增加，所以在文化授权机制下，文化的价值不断得到释放，文化效用源源不断地产生。

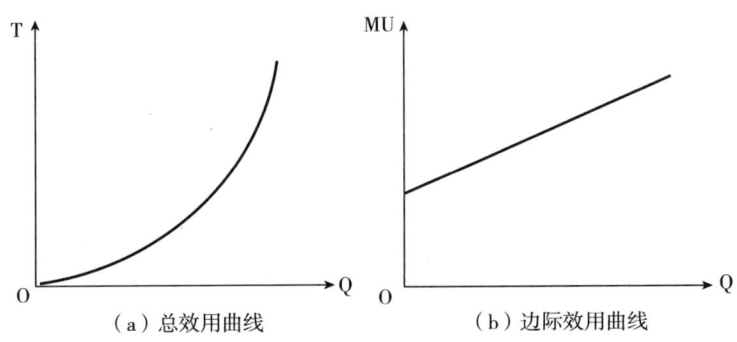

图 4-1　文化商品总效用与边际效用曲线

三、价值链理论

价值链理论是文化授权的重要理论基础。哈佛大学商学院教授迈克尔·波特（Michael E. Porter）在其 1985 年所著的《竞争优势》一书中首次提出价值链的概念。他认为：每一个企业都是在设计、生产、销售、配送以及对产品起辅助作用的各种相分离的活动的集合。在企业生产经营过程中，这些活动互不相同但又相互关联，从而形成一个价值创造的动态过程，这个动态的过程可以用价值链的概念来表示。在此基础上对价值链认识和研究进一步深化，逐渐形成一套关于价值生产的理论。价值链理论认为，任何企业的价值链都是由一系列相互联系的创造价值的活动构成。在企业的经营活动中，并不是每个经营环节都创造价值或具有比较优势，企业所创造的价值和比较优势实际上主要来自企业价值链上某些特定环节的价值活动。①

英国学者查尔斯·兰德利（Charles Landry）首先将价值链理论应用于文化产业的研究中。他认为，文化产业价值生产的各环节所形成的价值链包括：创造性过程、文化产品的生产过程、文化产品的流通过程、文化产品的发行过程、文化产品的销售和公众接受过程五个环节。② 文化产业价值链的各环节既相互独立，又环环相扣。每个环节都贯穿着价值的形成和生产，而且处于动态的价值流通体系中（见图4－2）。

图4－2 文化产业价值链

创造性过程是文化创意产业价值链的开端。创造性过程是以文化知识与创意思想的投入为逻辑起点，以两者充分交融后所产生的具有象征意义的智识性资本为终点的过程。随着创造性过程的进行，著作权、商标权、专利权、设计权等知识产权将会自然形成。表现为特定创意符码的智识性资本因各类知识产权的附载而具备了潜在的可用来交易的经济价值。随着创造性过程的持续，知识产权不断生成，智识性资本的价值不断积累。文化产品的生产过程是从创造性的智识资本向文化产品转化的过程。该过程可能经过多个角色的推动，并在生产中加入主观性的思想和创意，促使产品内容的形成和文化产品生产的最终完成。因此，文化产品的生产过程不仅使产品本身具有一定的市场价值，主观思想和创意的注入使产品同时具备了附加的文化价值。文化产品的流通过程是生产出来的文化产品在流通环节，被置于不同的流通渠道而传播、扩散的过程。各级代理商、经纪公司等中介角色往往成为文化产品流通的主要参与者。文化产品的流通过程本身所体现的就是一种价值的流动过程。在此过程中，文化产品往往会因吸附其他社会资

---

① 向勇，喻文益. 区域文化产业研究［M］. 深圳：海天出版社，2007：28.
② 查尔斯·兰德利. 创意城市：如何打造都市创意生活圈［M］. 杨幼兰，译. 北京：清华大学出版社，2009：346.

源而使自身价值增值。例如,一场演唱会经过经纪公司的包装,在流通环节通过吸收地方电视台、广告公司等流通渠道资源的加入,往往会使宣传覆盖面更广,社会影响力更大,演唱会的价值也将会得到提升。文化产品的发行过程是文化产品通过特定端口实现产品与广大消费者的供需对接和交易的过程。文化产品的发行往往依赖于一定的发行结构因素,即特定的空间场所和发行窗口,如电影院、电视频道、剧院、书店、音乐厅等。文化产品在发行中,往往会因发行端的市场布局及其知名度、影响力的不同而出现价值的波动。文化产品的发行往往会选择市场占有量大、结构完善、具有一定品牌知名度和社会影响力的发行方作为发行端口。通过发行端口的选择和发行方的宣传,文化产品将会产生新的附加价值。例如,一部电影在制作出来后往往会考虑选择具有市场影响力和品牌号召力的发行方作为发行渠道就是由于发行过程也可以产生新的价值空间。产品销售和观众接受的过程主要通过对文化产品的营销实现。通过一定的营销方式和手段有助于扩大文化产品的市场覆盖率,提高消费者的接受程度。因此,产品销售和观众接受的过程不单是一个产品交易的程序,更是通过市场营销实现文化产品价值扩散和传播的过程。

以文化创意的投入为开端、以内容产品的生产为主体、以流通渠道的拓展为主要形式的文化创意产业,在运行中通过知识产权的开发、转化、交易和创造,不断产生增值效应。各项增值环节有序组合在一起,形成文化创意产业的价值链。哈佛大学经济学教授理查德·E. 凯夫斯(Richard E. Caves)认为:"文化成为产业的重要标志是产业链的形成和中介环节的急剧扩张。"① 文化产业的产业链和价值链的形成与经营是一个价值不断创造的过程。运用价值链理论对文化创意产业的分析,使文化创意产业在运行中的价值生产和流向更加清晰。文化授权本质上是一种文化创意产业框架下的价值生产活动。文化授权打通了文化创意产业价值链中受知识产权保护的文化创意的授权、策划、开发和产业化等环节,使文化创意在知识产权的保护下不断扩散和增值。所以,文化授权已经超出了一般意义上的授权环节,成为文化创意产业链条中的价值集成系统。它不仅大大地延伸了文化创意产业的价值链,而且充分发挥了文化创意产业的关联效应,使价值

---

① 理查德·E. 凯夫斯. 创意产业经济学:艺术的商业之道[M]. 孙绯,等,译. 北京:新华出版社,2004:41.

链上文化创意的价值得以集聚和裂变。因此，价值链理论可以作为对文化授权的价值体系和价值流向分析的理论基础。

四、交易成本理论

交易成本理论由诺贝尔经济学奖得主罗纳德·哈里·科斯（Coase R. H.）在20世纪30年代首先提出。他在《企业的性质》一文中指出，交易成本是"市场上发生的每一笔交易的谈判和签约的费用及利用价格机制存在的其他方面的成本"。① 交易成本由新制度经济学引入经济分析中，以便与传统的生产成本②的概念相区别。美国新古典主义经济学代表人物肯尼斯·约瑟夫·阿罗（Kenneth Joseph Arrow）在科斯的基础上指出，与生产成本不同，交易成本不是生产活动中由技术因素导致的损耗，而是一种"经济系统运行的成本"，或者称为"利用经济制度的成本"③ 交易成本反映出在一定的社会关系中，人们相互合作并达成交易所支付的人—人关系成本。英国经济学家罗宾·马修斯（R. C. O. Matthews）在1986年称"交易成本是人与人之间打交道的成本，生产成本则是人与物之间打交道的成本"，④ 无论是犹如物理学中摩擦力的经济系统运行的成本，还是人与人相互合作达成交易的关系成本，都是围绕特定的交易活动产生的。交易活动的维系或顺利进行需要双方建立并遵守一定的契约关系。这种对交易双方具有约束性的契约关系的建立、实施以及实施过程中的维护势必会产生一系列的费用。在正常情况下，为了维持交易活动的顺利进行，在此过程中产生的费用即交易成本往往无法避免。这是由维系交易活动的契约关系的正常运行所决定的。因此，在经济运行中，只要有交易活动发生，就会产生交易成本。并且交易成本会随着交易双方或多方的关系以及所达成的契约关系的建立、实施、维护的复杂程度的不同而有所不同。

文化授权从根本上表现为一种建立在经运行系统之上的人与人之间的交易活

---

① 花建. 区域文化产业发展［M］. 长沙：湖南文艺出版社，2008：211.
② 在交易成本提出之前，人们对生产经营中的成本的认识主要集中于经典经济学中生产成本的层面。生产成本是由亚当·斯密及其追随者提出的决定物品价值大小的衡量标准。他们指出：一种物品的价值由生产该物品所使用的投入品的成本决定的。
③ 迈克尔·波特. 国家竞争优势［M］. 李明轩，邱如美，译. 北京：中信出版社，2007：2.
④ 迈克尔·波特. 国家竞争优势［M］. 李明轩，邱如美，译. 北京：中信出版社，2007：7.

动。文化授权的过程体现的恰是以合作、谈判、签约为主要内容的交易关系。文化授权的核心内容是知识产权的保护、开发、转让和利用，交易的每一环节都鲜明地体现与知识产权有关的契约关系。各种契约关系的建立、实施和授权实施中的关系维护都需要花费一定的时间、人力和货币成本。文化授权的模式不同，文化授权的各要素间的关系也表现出较大的差别，文化授权过程中涉及的契约关系亦有所不同，最终将会影响交易成本的多少。可以看出，文化授权适用于一般意义上的交易成本理论。但是，文化授权体现的又不单是一种人与人之间以契约关系为基础的产权交易关系，它还反映出以创意为核心的知识产权的保护、创造与开发。所以在交易关系之外，文化授权也内隐了创意和产权的生产关系。创意的生产是人们充分发挥创造性思维的产物，与一般商品和服务的定价不同，它的生产不再完全由价格机制决定。所以，文化授权在某种意义上又是对交易成本理论应用于文化创意产业的创新。

五、符号产品理论

符号产品理论是文化授权的重要理论基础。符号产品理论认为，符号产品是通过一系列市场活动而形成的一种拥有形象认知度和客户忠诚度的产品。[①] 形象认知度形成的前提是具有鲜明形象标识的符号得到广泛传播和识别。人们对此类符号逐渐接受、认可、使用，并赋予其特定的价值。当符号固定到一定的产品上，即形成符号产品。符号产品通常被赋予日常功效以外的特殊内涵，无形中提升了其附加价值。一旦为人们所接受，产品的整体价值将超越其他同类产品。数字技术的应用，可以提取文化资源的精髓，并将其抽象为特殊的文化符号。在文化授权机制下，作为无形文化资产的文化符号，通过创意设计、授权许可、符号转换，实现了向其他领域的延伸。文化授权的过程包含了对文化符号的提炼与转化，并将其作为一种无形的文化资本经营和输出，实现了文化符号价值的最大化。品牌是符号产品无形资产的全息浓缩。文化授权在很大程度上是品牌的授权与延伸，是品牌化战略的运用。借助文化授权，文化品牌得以在不同载体间复制和传播，从而扩大了文化品牌的边际效应，增加了边际利润。

---

① 克里斯·比尔顿. 创意与管理：从创意产业到创意管理 [M]. 向勇，译. 北京：新世界出版社，2010：68.

六、微笑曲线理论

文化授权符合产业发展的微笑曲线理论。微笑曲线最初是宏碁集团的创办者施振荣先生在"再造宏碁"的口号下提出的企业创新发展策略。后来经过修正,使之适用于更广泛的产业领域,即著名的"产业微笑曲线"理论。"产业微笑曲线"以一条两端上扬的"U"字形曲线表示产业的附加值高低区域(见图4-3)。

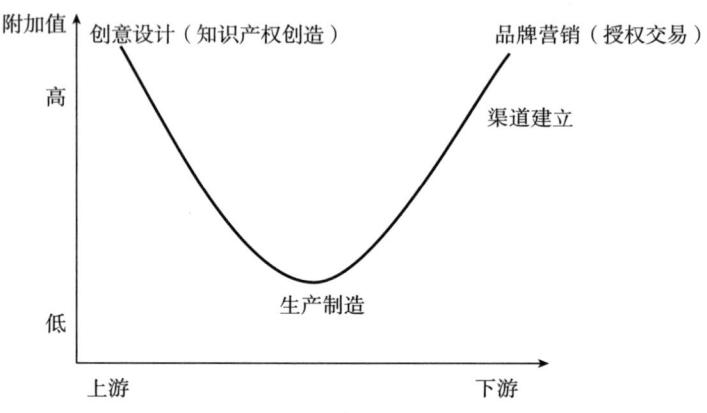

图4-3 微笑曲线应用于文化授权示意图

在"U"字形的产业微笑曲线中,按照产业链不同位置所产生的附加值的大小,研发设计与品牌营销位于价值丰厚的微笑曲线上扬的两端,生产制造处于价值低廉的微笑曲线的谷底位置,形象地说明了位于产业上游的研发和下游的市场是高附加值产生的区域,将是产业未来发展的方向。因此,微笑曲线理论提出,产业发展中应加强上游知识产权的创造和下游品牌的营销。文化授权是知识产权的运用过程,包括了知识产权的开发、创造、授权、转化和再创造。这个过程的主体是创意设计和授权交易。根据微笑曲线的价值分配设计,创意设计和授权交易恰好分别位于文化产业发展的微笑曲线两端。通过文化授权,将两者有效结合,迅速化内隐知识为外显知识,使知识产权的创造性成果能够通过授权交易快速转化为相关产品的品牌效应,成为品牌管理与市场营销的一部分。

第二节 博物馆文化授权的理论框架

一、文化产业的生产复制理论

文化产业的生产复制理论源于法兰克福学派的瓦尔特·本雅明（Walter Benjamin）的"机械复制理论"。20世纪30年代，他在其代表作《机械复制时代的艺术作品》一文中以当时新兴的摄影、电影等艺术形式和技术手段为例详细阐述了他的"机械复制理论"。在本雅明看来，机械复制技术的进步使艺术作品的大批量复制和广泛传播成为可能，人们可以运用这种机械手段对艺术作品进行大规模的复制和生产。机械复制的出现将艺术从特定的时空环境和传统中抽离出来，造成了艺术品"即时即地性"的丧失和"光晕"（Aura）的凋谢①。但机械复制技术使复制品脱离了传统的领域。通过制造出许许多多的复制品，它以一种摹本的众多性取代了一个独一无二的存在。并首次把艺术作品从对仪式的寄生性依赖中解放出来。复制品能够在持有者或听众的特殊环境中供人欣赏，在此，它复活了被复制出来的对象。② 可以看出，本雅明从政治进步和思想解放的角度对复制技术给艺术生产带来的新的发展空间的肯定。虽然本雅明是立足艺术作品机械复制的政治进步性和革命性对复制生产的意义作出的主观评判，但从客观上来看，复制技术的发展不仅使艺术作品更加易得从而解放了人们的心灵，也使艺术作品大众化的过程中促进了文化生产力的解放。本雅明的机械复制理论奠定了现代文化产业的生产复制理论的基础。

可复制性是现代文化产业的一大特征，没有复制性的生产，文化不可能形成产业，更遑论产业规模。因此，可以说现代文化产业是建立在文化产品的生产复制基础之上的产业形态。作为文化产业新的发展阶段，文化创意产业虽然更强调

---

① 瓦尔特·本雅明. 摄影小史·机械复制时代的艺术作品［M］. 王才勇, 译. 南京: 江苏人民出版社, 2006: 53.
② 单世联、胡惠林. 文化产业研究读本（西方卷）［M］. 上海: 上海人民出版社, 2011: 7.

创意的投入和内容的原创性，但文化产品的生产、制作仍然离不开复制技术的运用。通过复制性的生产，蕴含文化价值和潜在经济价值的原创性文化符号才能大量转化为有形或无形的文化产品。复制性的生产仍然是文化创意产业存在和发展的基本方式，也是文化产品的普遍生产方式。只是与一般产品的复制相比，文化产品的生产复制"不是简单、机械的重复，而是在某种程度上具有一种'再生式'的创造性，使产品经过一次新的表演获得一次新的呈现"。文化产业的生产复制体现为"一个动态的创造过程，它寓'变'于'不变'之中，是在尊重原作的基础上，对原作所进行的一次深入、全面的探究和再现"。① 因此，文化产业的生产复制理论可以理解为在文化产品的生产过程中运用现代复制技术对文化产品进行创造性、再生式的复制性生产。

博物馆文化授权体现的正是文化产业的生产复制理论在博物馆文化创意产业中的运用。博物馆文化授权的对象是与博物馆有关的文化标的物以及所凝结的知识产权，并外在地表现为具有文化资本属性的文化符号。数字化的文化符号具有可塑造、可复制、可传播的特点，因此可通过复制技术转移、延伸并应用于其他产品的载体上。为了使文化符号更好地融入被转移产品中，在复制过程中往往需要对文化符号进行再创造，使之能够更加符合所承载产品本身的特质和应用性能。在此基础上，对被授权产品进行规模化、批量化的复制性生产，从而满足向市场供给的需要。文化产业的生产复制理论作为博物馆文化授权的基础理论，使承载博物馆文化元素和文化意象的符号资源实现了复制、延伸和创造性生产，并通过授权产品的复制生产转化到各类产品中，实现了博物馆文化创意产业的外向拓展和其他产品文化附加值的提升。

二、文化经济的"网络定律"

麻省理工学院的研究人员迈克尔·施拉格（Michael Schrage）在1990年创建了一套广泛意义上的网络用途的理论。该理论认为"网络的用途主要在于延伸至其他的网络，使网络之间能够相互连通"。在此基础上，以太网（Ethernet）的发明人罗伯特·梅特卡夫（Robert Metcalfe）提出了著名的"网络定律"，又称"梅特卡夫定律"。他指出"网络的社会群体价值会随着节点（node）数平方的

---

① 潘志彪，李丹媛．当代文化产业的复制特征［J］．学术界，2010（10）．

增加而增长"。用米特卡菲值的大小来表示网络的社会群体价值。最小的网络是两个人之间形成的网络,米特卡菲值为4;三个人之间的网络,节点数量为3,米特卡菲值则为9;如果有第四人加入,那么节点数变为6,米特卡菲值为16。依次类推,米特卡菲值随节点数量的增加而增大,并且其增长速度远远大于节点数量的增加速度。① 随着网络中节点数量的增加和米特卡菲值的增大,网络的动力也将会增大,直至一定的限度。

英国学者查尔斯·兰德利在对文化经济的发展规律进行分析时,提出了著名的"网络经济三法则",即"充足法则""慷慨法则""报酬递增法则"。其中,"充足法则"就是对"网络定律"内容的借鉴。他在文化经济的充足法则中认为:网络中的节点越多,网络的价值就越高;一个网络的价值与其节点数量成平方比。网络中的节点按照算数法则提升,而网络的价值则按照其指数的规律递增。② 这是由文化经济发展的大格局下,文化生产的特点和规律所决定的。当前,文化的生产和传播早已打破了单一的线性化模式,正从同心圆模式下的中心扩散格局向文化授权模式下的网状化格局演进。在人类社会相当长的时期内,文化的生产和传播以单向的线性化模式为主,文化表现形式和产业形态相对单一。国际文化经济学协会前主席戴维·思罗斯比(David Throsby)将创意思想作为文化生产和传播的主要介质,提出了文化产业的同心圆模型。③ 文化的生产和传播围绕以创意艺术为核心的同心圆逐层向外扩展,规律性地延伸到其他生产领域。文化产业的同心圆模型提出后,得到了广泛应用,成为文化生产与传播的经典模式。当前,随着产业融合进程的加快,文化生产与传播的网络化趋势已越发明显。文化生产正编织成一张联结不同要素的巨大网络,并逐渐向更多的产业形态覆盖。在这张网络中,文化授权制造了连接不同产业形态之间的节点。通过文化授权,不同产业形态不仅实现了形式上的联结互通,产业内涵也因此注入了文化因素,从而提升了文化附加价值。每一次授权都产生了新的网络节点。随着节点数量的增加,文化的创造力不断增强,影响力不断扩张,文化价值逐渐裂变与释放。博物馆文化授权体现的是通过授权实现的博物

---

① 霍金斯. 创意经济:如何点石成金 [M]. 洪庆福,等,译. 上海:上海三联书店,2006:186.
② 查尔斯·兰德利. 创意城市:如何打造都市创意生活圈 [M]. 杨幼兰,译. 北京:清华大学出版社,2009:81.
③ 戴维·思罗斯比. 经济学与文化 [M]. 王志标,张峥嵘,译. 北京:中国人民大学出版社,2011:122-123.

馆文化相关产品的生产和价值的扩散。随着博物馆文化授权的进行,授权所产生的节点数量逐渐增加,以博物馆为核心的文化创意产业的网络日益扩大,网络的价值逐步扩张,博物馆文化创意产业呈现出网络化的发展格局。

三、文化嵌入理论

"嵌入"一词最初源于技术领域中对机器设备的操作或系统的控制。后来被社会科学领域的学者借鉴到经济学与社会学领域,用来描述经济行为与社会文化因素之间的关系。1944年,匈牙利政治经济学家卡尔·波兰尼(Karl Polanyi)在其著作《大变革》一书中从经济学的角度首次提出了"嵌入性"的概念。此后"嵌入性"概念逐渐受到学者们的关注,被广泛应用于社会科学的不同领域,并在应用过程中不断得到扩展。① 新经济社会学的开拓者,美国斯坦福大学社会学教授马克·格兰诺维特(Mark Granovetter)从社会网络理论的角度对"嵌入性"进行了深入研究,他将嵌入性分为关系嵌入性和结构嵌入性,认为嵌入性主要指经济行为嵌入社会关系中的现象。纽约城市大学社会学教授沙龙·祖金与迪马吉奥(Sharon Zukin & Dimaggio)在此基础上,提出了社会结构嵌入、文化嵌入、政治制度嵌入和认知嵌入四种嵌入类型。文化嵌入作为嵌入性的一种,主要指经济现象受到社会文化环境如民族文化心理及地方文化传统的影响。② 具体表现为文化会通过其所具有的辐射性和扩散性,向经济活动的各环节渗透、融合,使经济活动的各要素具备特定的文化因素,并通过这种方式对经济活动或经济现象施加影响。文化嵌入性对文化创意产业发展具有一定的启发意义:可以将符合当前社会文化背景或人们文化消费习惯的文化经过创意的包装、重塑后嵌入产品的生产、营销以及服务的提供中,使产品具有文化创意产品的性质或转变为文化创意产品。同时,使之更加契合消费者的消费心理、精神需要及价值认知,从而推动消费者对该产品或服务的消费。文化嵌入性鲜明地体现了产业的文化化趋向,反映出人们的精神需求和文化审美心理变化对经济活动的要求。

文化嵌入理论构成了博物馆文化授权理论框架的一部分。博物馆文化授权过

---

① 许斌,陈敏艳等. 嵌入性对不同模式技术转移的影响研究[J]. 科技进步与对策,2010(24):1.
② 周紫峰. 文化嵌入对产业集群网络特征的作用机制研究[D]. 浙江大学硕士学位论文,2009:35-36.

程的实质正是与博物馆相关的文化元素、文化内涵随着授权对象的转移而向授权客体的嵌入过程。通过博物馆文化授权,实现了文化由博物馆向被授权方的流动和嵌入。表现为具有特定文化意义的博物馆文化符号通过授权方式内嵌、附着于授权客体中。博物馆文化符号的嵌入在一定程度上提升了原产品的文化附加值,增加了被授权产品的文化效用和文化内涵。因此,博物馆文化授权能够清晰地反映出文化嵌入理论在博物馆文化创意产业中的应用过程。文化嵌入理论也成为博物馆文化授权的理论支撑。

第三节　博物馆文化授权的法理依据

一、非营利组织目标函数的最大化

通常,根据组织性质和经营目标,将社会组织分为营利性组织和非营利性组织两类。根据国际博物馆协会对博物馆组织性质的界定和行为准则的约束,博物馆被列为非营利组织,具有非营利属性。虽然不同国家对博物馆的定义和管理不尽一致,但大多突出了博物馆的非营利属性,如美国博物馆协会将博物馆界定为"非营利的永久性机构"。虽然经过多次的定义修订,我国始终将博物馆视为非营利性的社会组织。从表面上看,博物馆非营利性的特点与市场经济条件下发展文化创意产业注重经济效益的特点似乎构成一种难以调和的对立性矛盾。但事实上这是一种理解上的偏差。荷兰博物馆学家门施认为:"非营利性质"应当理解为"不以营利为目的",并不等于不能营利,即博物馆要区别于完全以追求营利为目的的企业,但并不反对在为社会和社会发展服务宗旨下的经营行为。我国台湾博物馆学者张誉腾在论及未来博物馆发展路径时亦曾指出,博物馆应在保持非营利机构使命和面貌的同时,采取企业经营和行销的理念,积极创造收入,并行使其作为社会公益机构的使命。①

---

① 张誉腾.博物馆作为一种企业:利基的分析[A]//台湾史前文化博物馆.博物馆公办民营政策之理论与实务研讨会论文集[M].北京:科学出版社,2002:100.

作为非营利组织，博物馆的经营目标具有多样性和多维度的特点，既有通过收藏、研究、管理的投入实现的展览、教育和其他公共服务的社会效益的产出，也有文化创意产品的开发、销售以及其他有偿服务等经济效益的产出。因此，从经济学角度审视，博物馆是一个按照复杂而又多元的目标函数进行经营，并面临着各种经济约束和非经济约束的非营利组织。① 因此，博物馆需要遵循经济行为的一般路径，在一系列经济和制度的约束下使目标函数最大化②。即投入一定数量的生产要素，使其充分参与到博物馆运营的经济行为中，从而实现产出的最大化。博物馆的生产函数可以描述为，在经济和非经济的双重约束下，以博物馆藏品资源、研究资源、管理制度、硬件设备、环境营造、营销宣传等的投入为基础，获得的多元产出的目标函数。由于投入的生产要素变量具有一定的主观性，难以确切量化，且存在多个不同类型的自变量，因此，博物馆的生产函数明显具有非线性的特点。较高的固定投入往往带来高昂的生产成本，可变成本却非常低，在日常运行中的边际成本几乎可以忽略不计。例如，当前博物馆的展览一般以较高的投入开始运行，因此初期生产成本普遍较高，在短期内随着参观人数的增加，运作成本被分摊后单位成本逐渐递减③（见图4-4）。

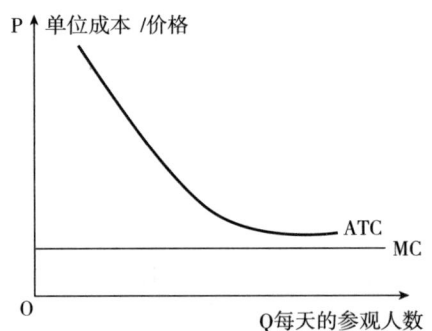

图4-4　博物馆展览的单位成本函数曲线④

---

① 思罗斯比. 经济学与文化［M］. 王志标，张峥嵘，译. 北京：中国人民大学出版社，2011：37.
② Prieto-Rodriguez, Fernandez-Blanco. Optimal Pricing and Policies for Museums［J］. Journal of Cultural Economics，2006，30（3）：169-181.
③④ 詹姆斯·海尔布伦，查尔斯·M. 格雷. 艺术文化经济学（第2版）［M］. 詹正茂，译. 北京：中国人民大学出版社，2007：194.

在较高的固定生产成本下，博物馆要使多元产出的目标函数实现最大化，就需要最大限度地发挥生产要素的价值，并形成生产要素间的合力。无论是社会效益还是经济效益的产出，都是将博物馆生产要素通过生产、流通环节转化为满足社会需要的产品过程。博物馆目标函数的最大化，即要做到在现行经济制度、运行规则的约束下生产要素转化为产品这一过程的最大效率。实现相对固定的生产要素投入基础上产出的最大化，就需要投入要素的协同作用，并在此过程中不断对接社会需求，从而实现产出的高效、优质，最终实现目标函数的最大化。博物馆文化授权的模式和机制恰恰满足了以有限生产要素的投入，实现博物馆多元产出函数最大化的诉求。

二、政策导向与法规依据

英国学者大卫·赫斯蒙德夫根据是否"从事文本的产业化生产与流通"，将文化产业分为核心文化产业与周边文化产业。并进一步指出核心文化产业强烈仰赖符号创作者的工作，产业间以复杂的形式互动互联，在许多方面形成一个相互链接的生产系统。① 博物馆拥有大量的文化符号资源，可以通过符号创作实现文本的产业化生产与流通，并能够与其他产业形态形成有机联系。因此，根据赫斯蒙德夫的划分标准，博物馆属于核心文化产业的范畴。事实上，联合国教科文组织在 1996 年对文化产业进行统计时，已经将博物馆列入文化服务中的文化活动以及信息的传递与维护的单元中②。文化产业或创意产业发展较早、发展水平较高的国家如英国、美国、澳大利亚、加拿大、日本等在制定本国的文化产业发展政策并对产业外延进行描述时，也纷纷将博物馆涵括在内。部分国家将博物馆置于文化产业分类体系的核心位置或文化产业生产链条的重要环节。如在英国标准产业分类体系中，博物馆被列入创意产业生产链的"交易"部分；日本于 1993 年出版的《日本的标准产业分类：分类类型目录和注释》中，博物馆、艺术馆与各种娱乐消遣业一起被划分在"交易"部分中。③ 我国在 2004 年制定的《文化及相关产业分类标准》以及 2005 年实施的《文化及相关产业指标体系框架》

---

① 赫斯蒙德夫. 文化产业 [M]. 张菲娜, 译. 北京：中国人民大学出版社, 2007：13 - 14.
② UNESCO. Cultural Industry Question [EB/OL]. http://www.unesco.org/culture/industries/trade/html_eng/question.shtml.
③ 吕建昌. 博物馆与当代社会若干问题的研究 [M]. 上海：上海辞书出版社, 2005：45 - 46.

都将博物馆纳入文化产业的核心层。2012年修订的《文化及相关产业分类标准》沿袭了原有分类思想,将博物馆作为文化艺术服务的一项列入文化产品的生产体系中。从中可以看出,博物馆在文化产业体系中的重要性,因此也受到不同国家发展文化(创意)产业政策的支持。

以我国为例。2005年12月,原文化部发布《博物馆管理办法》,首次明确国家鼓励博物馆发展文化产业,多渠道筹措资金,促进自身发展。这一政策的导向作用很快体现出来,我国博物馆开始主动接纳并逐渐重视文化创意产业的发展。2006年,国家文物局召开第一次博物馆文化产品开发座谈会后,博物馆文化创意产业的发展被逐渐提上日程。2015年3月,国务院发布的《博物馆条例》,《博物馆条例》明确指出:国家鼓励博物馆挖掘藏品内涵,与文化创意、旅游等产业相结合,开发衍生产品,增强博物馆发展能力。《博物馆条例》成为我国博物馆行业第一个全国性法规,它的实施为正在探索文化创意产业发展的国内博物馆提供了政策导向和法规依据,提高了博物馆发展文化创意产业的积极性和主动性。在此之前的2014年3月,国务院发布《关于推进文化创意和设计服务于相关产业融合发展的若干意见》,提出"坚持保护传承和创新发展相结合,促进艺术衍生产品、艺术授权产品的开发生产,加快工艺美术产品、传统手工艺品与现代科技和时代元素融合。"[1] 这是国家从政策层面,首次提到了发展艺术授权产品。艺术授权属于文化授权的范畴,因此使博物馆发展文化授权具有了政策的直接支持。2016年3月8日,国务院印发了《关于进一步加强文物工作的指导意见》,强调了"大力发展文博创意产业,扩大引导文化消费,培育新型文化业态,以适应当前形势和经济社会发展的需要"[2],《关于进一步加强文物工作的指导意见》为博物馆发展文化创意产业提供了更为宽阔的政策空间,同时"培育新兴文化业态"的要求也为博物馆文化授权提供了政策动力。

---

[1] 中国政府网. 国务院关于推进文化创意和设计服务于相关产业融合发展的若干意见(国发〔2014〕10号)[EB/OL]. http://www.gov.cn/gongbao/content/2014/content_ 2644807.htm.

[2] 国家文物局局长刘玉珠:让文物资源活起来[EB/OL]. 人民政协网. http://www.rmzxb.com.cn/c/2016-03-23/744432.shtml.

三、博物馆文创产品的混合性和优效性

博物馆发展文化创意产业所依托的文化资源具有公共性、非独占性和共享性的特点。即便对于本馆内的文化资源，博物馆也不可能完全独自占有，特别是在文化产业快速发展和文化资源产业化进程加快的背景下，博物馆文化资源的主体将会更加模糊。这体现了博物馆文化资源作为一种公共产品而存在。依托博物馆文化资源开发的文化创意产品则具有明显的准公共产品的属性。按照美国经济学家萨缪尔森（Samuelson）对公共产品的界定，公共产品是"每个人对这种产品的消费都不会导致其他人对该产品消费的减少"① 的产品。随着人们对公共产品认识的深入，公共产品的两大特征即消费的非竞争性和非排他性被总结出来，成为界定公共产品概念的基本路径。其中，消费的非竞争性指增加一个人对该产品的消费，不会影响其他人对它的消费。消费的非排他性是指任何人都可以在不付出代价的情况下消费该产品，而不能被排除。公共产品的非竞争性使竞争性的市场在此类产品的供给上难以发挥有效作用，即便存在市场供应行为，也是一种低效率的供给，难以实现公共产品的帕累托最优（Pareto Optimality）。公共产品消费的非排他性使消费者在无须向供给者提供任何支付的情况下就可以使用其提供的产品，这就不可避免地导致"搭便车"现象的产生。这一现象的出现，使私人投资者很难或者根本无法从提供公共产品中获取满意的收益，也就使试图通过市场交换获得公共产品的机制失灵。② 文化产品的消费具有一定的非竞争性，一个人对该产品的消费一般不会减少其他人对同一产品消费的可能性。因此，赫斯蒙德夫认为，文化产品承担了"准公共物品的角色"，具有准公共产品的属性，并将"准公共物品"专门列为文化产业的特征。③ 博物馆文创产品是公共文化经济与非公共文化经济冲突、交互下的产物，具有"准公共产品"的属性。

公共文化经济是投入公共资源，向社会提供公共文化产品和公共文化服务的经济行为和过程系统。公共文化经济的投资主体是政府，可能会有少量社会资本的注入，所提供的产品和服务具有公共产品属性，产品和服务面向社会公众。因

---

① 王家新，傅才武. 艺术经济学 [M]. 北京：高等教育出版社，2013：203.
② 王家新，傅才武. 艺术经济学 [M]. 北京：高等教育出版社，2013：204.
③ 大卫·赫斯蒙德夫. 文化产业 [M]. 张菲娜，译. 北京：中国人民大学出版社，2007：22.

此，公共文化经济的主体往往具有非营利机构的属性。这就要求机构在经济活动过程中，运用公共资源和以政府投入为主的投资，即便获得收入也不能用于分配，而只能用于自身的发展。例如，公共类型的博物馆作为公共文化经济机构，其馆藏资源属于国有、博物馆维持运行的投入主体是政府，如果收取门票，其获得的门票收入也不能用于博物馆内部分配。非公共文化经济主要是以私有资本和资源的投入，推动的文化商品的生产、流通和分配的经济活动和行为过程。非公共文化经济既包括一般营利性质的文化经营领域，也包括具有非营利属性的文化机构的文化经济行为。文化产业因其文化特性和产业属性，而被归入非公共文化经济的范畴。一方面，博物馆的文化创意产业的主体是作为公共文化经济机构的博物馆，产业发展的资源投入、人力投入、智力投入等属于公共投入，产品需要面向社会大众，并具有准公共产品的特征。因此，博物馆文化创意产业具有公共文化经济的属性。另一方面，博物馆文化创意产业作为文化经济的形态，要符合文化经济发展的基本规律，实现一般再生产和扩大再生产的过程中，需要投入资金、物资、时间、人力、创意要素和成本。有限的公共投入将难以承担这种由再生产带来的投入需求的额外增加，所以只能由博物馆通过其他途径和方式解决。那么，博物馆发展文化创意产业的投入就具有了公共投入以外的私有属性。以私有资本和资源投入，推动的博物馆文化创意产业扩大再生产的收益就具有了用来分配的可能。对于国内公共博物馆而言，这部分收益可以用于进一步增加博物馆发展文化创意产业的资金积累。从中可以看出，博物馆文化创意产业兼具公共文化经济和非公共文化经济的属性。因此，博物馆的文化创意产品既具有公共产品的性质，同时又具有私人产品的性质，即产品属性上具有混合产品的特点。文化创意产品所具有的混合性使其在市场需求方面也会表现出一定的混合性。

公共经济学家理查德·阿贝尔·马斯格雷夫（Richard Abel Musgrave）1957年在《预算决定的多重理论》一文中首次提出了"优效品"（Merit Goods）的概念，并在1959年发表的《财政学原理》中再次提出。他认为优效品是指"被视为对社会非常有贡献以至于它们的满足需由公共预算提供，而超出所规定的则通过市场和私人消费者支付"①的产品。他进一步指出，优效品既可以是公共产

---

① Musgrave R. A. The Theory of Public Finance [M]. New York: Mc Graw – Hill Book Company, 1959: 13.

品,也可以是私人产品。美国经济学家凡·艾克(Ver Eecke)肯定了马斯格雷夫优效品的概念,并在其基础上作了适当的补充。他认为公共产品、私人产品、优效品可以同时用于同一经济活动。它们并不是互相排他的,可以在一定程度上一起使用。一项具体的经济活动往往或多或少都同时具备公共产品、私人产品和优效品的特征。①

博物馆文化创意产品明显属于优效品的范畴,具有显著的优效性。其基本的公共文化产品和服务需要由政府通过公共财政的投入来提供,这部分产品和服务具有公共产品的性质,超出这一范围的、体现公众的消费偏好的文化产品需要借助产业化和市场的力量,并通过消费者的支付实现,具有一定的私人产品的性质。

博物馆文化授权属于博物馆文化创意产业的新形态,兼具公共文化经济和非公共文化经济的属性。文化授权产品同时具有公共产品、私人产品的混合性质以及作为优效产品的优效性。

四、知识产权保护与利用的需要

博物馆在藏品的研究、保护和数字化过程中形成了大量的以文字、图像、专利形式存在的知识产权。在此过程中,博物馆投入了大量的时间、人力和资金,如果缺乏知识产权的保护,这些文字、图像和专利可以以较低的边际成本甚至"零成本"的代价被复制和使用。结果必将造成博物馆的劳动成果以及以此为载体的知识产权的价值将受到削弱。因此,博物馆需要借助知识产权制度对博物馆拥有的大量知识产权内容进行保护,并制定一定的规则限制他人对博物馆知识产权的随意使用。博物馆的知识产权又不能仅停留于保护层面,保护是被动运用知识产权法律规则的过程。知识产权保护的目的主要是为了减少利益的损失,保护行为更多地发生在权利受到侵害时,表现为一种被动的应对措施。近年来,我国博物馆出现的对抢注博物馆商标、不经授权而利用博物馆藏品形象的侵权行为的被动应对正是博物馆以静态方式被动维护知识产权权益的体现。对知识产权单纯的静态保护往往使博物馆处于被动的境地,并且不会带来直接的溢出价值。因

---

① Ver Eecke W. Public Goods: An Ideal Concept [J]. Journal of Socio-Economics, 1999 (2): 28: 139-157.

此，博物馆需要对知识产权进行动态经营，通过开发、利用进而发挥知识产权的经济功能，使其实现增值，在动态经营中进行保护。

对文化创意产业的发展而言，文化创意产业发展的过程正是知识产权取得、开发和经营的过程。文化创意产业得以发展的前提是知识产权的所有权与使用权的分离，由此实现了知识产权以财产权的形式进入文化创意产业的生产、流通环节。一方面，使知识产权作为一类软资产可以在产业发展中实现产权交易和身份转换，进而推动文化创意产业的发展；另一方面，可以对知识产权的创造者进行激励和补偿。文化创意产业的创意从构思、开发、制作、销售到最终为消费者所接受，整个过程都涉及相关知识产权的运用。① 文化创意产业的开发经营和价值形成与创造基本是围绕着知识产权的创造、形成、保护、交易、转化和消费展开的。因此，文化创意产品的生产与流通过程也是知识产权的开发与流通过程。在此过程中，知识产权作为一种无形的知识财产，充当了不变资本的主要要素，将蕴含的价值转入文化产品中，② 并随着文化产品的流通而不断向其注入价值。价值交换、注入和实现的过程多以一种不同主体间的契约方式来确定。因此，知识产权又是这种契约方式下价值交换和实现的保障。博物馆文化创意产业的发展过程也是充分开发、利用、经营博物馆知识产权的动态过程。

博物馆作为知识产权所有者，在一定的时间和约定的范围内将知识产权的使用权让渡给被使用者，作为无形资产应用于文化创意产业的发展中。这一过程即是博物馆文化授权中的授权许可过程，通过授权过程实现了博物馆知识产权的所有权和使用权的分离。在文化授权的管理中，按照博物馆与被授权方此前建立的契约关系，知识产权及其所依附的授权标的物被授权客体用于文化创意产业发展的产业链中，实现了知识产权价值转换的同时博物馆亦得到了价值补偿和鼓励。英国政治经济学派代表人物加纳姆（Garnham）立足政治经济学的研究方法，认为版权法对复制权进行了限制，使文化产品比它们原本的状况要稀缺。文化授权是博物馆主动对所拥有的知识产权的利用和经营，通过对授权对象的授权和特许

---

① 王佳元. 文化创意服务业：发展与选择 [M]. 太原：山西经济出版社，2012：22.
② 斯科特·拉什，约翰·厄里. 符号经济与空间经济 [M]. 王之光，商正，译. 北京：商务印书馆，2006：185.

使用，以人为手段限制了他者进入复制渠道的机会，使复制无法轻易达成。① 因此，博物馆文化授权成为博物馆利用知识产权的这一特性人为制造产品稀缺的手段。博物馆知识产权的财产权可以分解为多项相对独立的权利，根据授权标的物的特点和不同权利的使用范围，可以将这些权利授予不同的客体，即便同一个权利也可以授予从事不同行业的被授权对象，从而实现知识产权的多维开发和多重交易，进而使知识产权的价值得到深度拓展和不断增值。因此，博物馆文化授权是实现博物馆知识产权有效保护与充分利用的需要。

---

① 赫斯蒙德夫. 文化产业［M］. 张菲娜，译. 北京：中国人民大学出版社，2007：24，68.

第五章 博物馆文化授权的流程与机制设计

有学者认为，文化产业的发展通常并不需要创造全新的文化内容，而是要发现文化现象中具有商业价值的部分，通过设计一种合适的形式，使这种商业价值最大化，同时设计一整套生产流程和营销方案以实现其商业价值。① 博物馆文化授权作为一项文化生产活动，将博物馆丰富的文化资源储量转化为文化创意产业发展的优势动能，在输出了文化价值的同时创造了经济价值。博物馆作为非营利性组织，文化授权的运行显然不同于个人或一般的市场机构。它需要其他部门的有机配合和各环节的有效衔接，文化授权的目的不仅是为了创造一定的经济收益，更是为了博物馆文化的传播。因此，博物馆文化授权的顺利运行需要一套完善的流程和一组合理的保障机制。本章立足博物馆的实际，对博物馆文化授权的完整流程进行了梳理和分析，提出了保障博物馆文化授权顺利进行的各项机制，并认为博物馆文化授权是一个系统的过程体系。

第一节 博物馆文化授权的流程

一、文化授权理念与意识的培养

意识对客观事物和实践活动具有一定的能动作用，树立正确的意识能够指导

---

① 唐锡光. 论文化、创意、财富三者间的关系 [J]. 东岳论丛，2006（3）：72.

人们实践活动的开展。因此,博物馆文化授权的开展首先需要树立文化授权的理念和意识。文化授权理念的树立和意识的培养应是博物馆文化授权的前提和逻辑起点。

首先,与传统的产业经济活动相比,文化创意产业的发展更加强调不同参与者之间的合作创造。希望通过合作创造,实现文化创意各项价值的经济转换,推进文化创意成为一个稳定的、具备自进化能力的文化与经济融合的新奇系统①。因此,产业发展的协同效应更加明显。当前,发展文化创意产业已经成为博物馆界最时尚、最前沿的议题。尤其是对国内博物馆而言,迎合并融入文化创意产业的发展已经成为博物馆实现整体价值提升的新契机和事业发展的新的增长点。但由于受到传统思维定式和作为非营利组织长期远离市场主体身份的影响,博物馆对发展文化创意产业更多地采取亲力亲为的姿态,希望文创产业发展的各环节由博物馆亲自主导完成,而不愿过多地与其他机构特别是市场主体进行有机的合作。现有的合作也更多地表现为博物馆主导下的代工式生产或设计生产一体的协作关系。这种局面的出现与国内博物馆长期以来形成的"自我中心意识"和非市场化结构模式下的统包统揽思维密切相关。由于博物馆在组织结构、知识储备和市场经验方面的限制,发展文化创意产业并非博物馆的长项。所以,博物馆需要转变思维方式、更新发展理念、调整发展思路,跳出以博物馆为主体的文化创意产业发展模式。在知识产权保护机制下,通过文化授权,将市场调研、产品设计、生产制造和商品销售环节授权于馆外机构,于协同合作中实现取长补短,不失为博物馆发展文化创意产业的良策。发展文化授权,博物馆需首先树立授权的理念和意识,摒弃"发展文化创意产业是馆内事"的传统思想,破除"肥水不流外人田"的陈旧思维。只有具备了授权理念,才能在条件成熟时有意识地发展文化授权。

其次,博物馆需要端正对文化授权的认识,不能简单地将文化授权等同于授权生产或授权设计和生产。当前国内外一些博物馆采取的生产或设计生产环节的授权合作的实质是一种文创产品在生产或设计生产环节的外包,即合作单位根据博物馆的要求进行复仿制品或衍生产品的生产或设计并生产,严格来说并不能称其为博物馆文化授权。只有端正对文化授权的认识,破除狭隘的授权合作理念,

---

① 杨永忠,林明华. 文化经济学——理论前沿与中国实践[M]. 北京:经济管理出版社,2015:60.

博物馆才能真正开启文化授权工作。

二、博物馆文化资源的整合、评估与数字化

文化资源是博物馆发展文化创意产业的基础,是博物馆文化创意产品价值的生成之源。人们对文化创意产品消费的动因,主要来自产品所蕴含的文化内涵及其所体现的文化差异。文化创意产品的文化内涵和文化差异又最终取决于其所依托的文化资源的禀赋和特征。博物馆拥有丰富的文化资源储量和多维的文化资源禀赋,是开展文化授权的基础和优势。因此,对博物馆文化资源进行深层次的挖掘、整合与评估也成为博物馆文化授权的基础环节。

博物馆文化资源的深层次挖掘,需要立足博物馆的类型和其所体现的主体文化,对博物馆藏品的文化内涵、与藏品相关的文化背景、博物馆的文化内容进行深度发掘和梳理。例如,对故宫博物院文化资源的挖掘就需要立足故宫所体现的明清宫廷文化的主体背景,将与之有关的藏品、建筑、空间场所及名称所体现的文化内涵以及明清时期的宫廷文化、皇室文化、朝政文化作为发掘的对象。对博物馆文化资源的挖掘,可以通过人文类型的人类学考释和文化学意义上的发掘对博物馆的藏品、博物馆所体现的主体文化进行专题性研究和整理,也可以对已有研究成果进行超文本的梳理和发掘,实现从学术意义的文本阐发到以知识元素和产业元素为中心的资源重构。

博物馆文化资源的整合就是按照一定的文化主题,对博物馆文化资源以及不同文化资源间的文化要素进行同类聚集和同质整合①,从而形成有助于产业开发的资源结构,在文化资源的有效配置与组合中,实现资源优势的整体发挥。博物馆文化资源的整合,不仅是对与博物馆有关的某一主题和类型的文化资源进行耙梳和归整,更重要的是通过对它的整理进而能够对这一文化资源的文化内核和特质进行提炼和阐释,并在此基础上予以演绎和扩充。例如,对内乡县衙博物馆的文化资源整理,就可以先对三省堂楹联、清代官服、宣化坊等主题鲜明的文化资源进行梳理和归整,在此基础上可以将这些文化资源所体现的文化特质提炼为中国古代的衙门文化、官道文化,然后围绕这两个文化主题进行阐发和演绎。因此,博物馆文化资源整合的过程是一个从博物馆文化资源聚集、归整到文化资源

---

① 昝胜峰,郭春森. 创意产业:文化、技术和商业模式[M]. 福州:福建人民出版社,2013:15.

的文化特质的提炼、阐释再到与该文化特质相关的文化资源演绎、扩充的过程（见图5-1）。

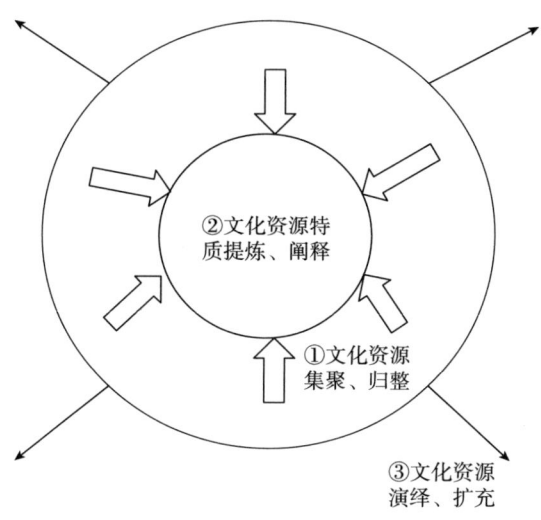

图5-1 文化资源整合过程示意图

博物馆文化资源的整合应注重故事化演绎，不能仅停留在对文化资源本身的整理和阐释上，需要根据文化资源的内核和特质，主动挖掘、梳理与该文化特质相关的人物、事件、故事，并与本馆特定的文化主题相结合，进行必要的演绎和阐发。这样更能增强文化资源的主题性和感染力，提高文化资源的吸引力和光环效应。同时，也有利于在授权标的物的营销中增加人们对以该文化资源为载体的授权标的物的关注度。

澳大利亚昆士兰科技大学约翰·哈特利（John Hartley）教授在《创意产业》一文中认为，文化成为产业以复制为前提，但文化产品、文化服务、文化行动要值得复制，在于它内涵高度的创造性和独特性的价值体验。[①] 文化资源是否具有创造性和独特性的价值，是否能成为潜在的授权标的物，需要进行必要的评估。此处的评估并非从价值量化的角度对文化资源使用价值的评估，而是对文化资源

---

① 约翰·哈特利. 创意产业［A］//单世联. 文化产业研究读本（西方卷）［M］. 上海：上海交通大学出版社, 2011：106.

是否适合作为授权标的物被用来授权的衡量。从这一角度对文化资源进行评估，主要以文化资源的内涵与外观的独特性、文化资源的艺术性和审美性、文化资源的影响力和美誉度、文化资源的公众认知度等作为评估标准。文化资源的内涵和外观越具有独特性、艺术价值和审美价值越突出、影响力和美誉度越高、文化资源被公众越熟悉，越具有作为授权标的物的潜质和优势，授权后被消费者认可和接受的可能性越大。当前，国内不少博物馆在进行文化创意产品开发或者尝试进行文化授权时，往往以藏品级别所指代的珍贵程度和藏品本身的历史、科学、艺术价值所指示的遗产价值作为选择素材的依据。在这种思路下，一些博物馆选择本馆"镇馆之宝"作为文化创意产品开发或者授权标的物的载体。这种观念是博物馆立足自我角度思考问题的表现，具有明显的狭隘性和偏颇性。因为选择资源的评估依据更多的是基于文化遗产管理者的角度做出的，并相对侧重于其研究价值和遗产价值，而忽略了从社会公众视角对藏品的认知程度和藏品本身的社会影响力因素。这种以藏品遗产价值的高低作为选择开发对象的观念束缚了博物馆文化创意产品开发的思路，"镇馆之宝—文化创意商品—象征意义"这一僵化的思维模式和狭隘的开发路径无形中将博物馆文化创意的来源和文化创意产业的范围缩小，难以成体系地表示出博物馆藏品所代表的文化体系和文化特征，多数博物馆文化创意产品停留在产品本身的属性上，而不能作为博物馆的象征性文化产品。

　　博物馆文化授权并非直接以藏品、建筑等原状文化资源作为授权对象进行授权，而是通过数字化技术提取文化资源的图像、文字、标识、声音、影像，以数字化符号的形式进行保存、建档，在此基础上对这些文化符号进行授权。因此，完成对文化资源的整合、评估后，需要及时进行数字化处理，将文化资源以各类具体的文化符号的形式呈现并保存起来。文化资源的数字化是博物馆文化授权得以开展的基础。

　　通过博物馆文化资源的数字化，抽象的文化资源转变为具象的文化符号。这个过程不仅是借助先进的数字化设备和技术，也依赖于博物馆主观性的创造活动，如拍摄角度、像素大小、影像处理等。经过数字化后的文化符号已然成为不同于文化资源原状的新的文化作品。文化作品的创造过程同时也是知识产权的生成过程。因此，知识产权的最初生成和创造是伴随文化资源的数字化过程而出现的。所生成的知识产权的形态主要表现为以图像、文字、影音、标识形式存在的著作权。知识产权的生成和创造为授权标的物通过授权实现知识产权的权利转移奠定了基础。知识产权本身是无形的财产权，必须依附于数字化后形成的文化符号而存在。此时的文化符号是博物馆文化资源的全息浓缩，承载着文化资源的内涵和意义，"它们像任何形式的传播或语言一样，在一种话语的语义链范围之内通过符码的运作而组织起来"①。作为授权对象的文化符号本身已不再指涉外在的客观现实，符号自身已经成为现实，因为"真实"在其中已经化为形象。②

现实中，博物馆文化资源的数字化并非仅针对作为授权标的物的文化资源，而是以博物馆为单位的文化资源的整体数字化。文化资源整体的数字化往往需要投入大量的人力、物力和财力才能完成，因此通常需要政府财政的支持和推动。如我国台湾地区自 1998 年开始推行"数字博物馆专项计划"，标志着博物馆数字化工作的起步。2001 年，整合台北故宫博物院等七家单位，形成的"'国家'典藏数字化计划"。以此为基础，2002 年和 2007 年先后启动了两期"数字典藏'国家'型科技计划"。该计划先期与台湾省文献委员会、台北故宫博物院、历史博物馆等台湾九大文化典藏机构合作，精选具有代表性的文化遗产分批进行数字化，建立数据库，并制定数字化的标准。计划推行中，政府投入了大量的资金。通过数字典藏计划的实施，博物馆丰富的文化遗产资源得到数字化保存。同时，积累了大量高清图像资料，为博物馆文化授权的发展提供了必要的文化符号。

三、文化授权窗口的组建与规划的制订

组建文化授权窗口、制订文化授权规划使博物馆文化授权进入规划实施阶段，标志着博物馆文化授权的正式启动。

授权窗口的组建或设立是博物馆文化授权在组织层面的行为操作。文化授权窗口是博物馆内专门负责授权工作的机构，是被授权者、授权经纪人与博物馆沟通的唯一窗口，代表博物馆履行文化授权的授权规则制定、接洽谈判、合同签订和授权监督管理职责。因此，通过整合博物馆现有职能部门组建或设立授权窗

---

① 斯图亚特·霍尔. 编码，解码 [A] // 单世联. 文化产业研究读本（西方卷）[M]. 上海：上海交通大学出版社，2011：319.
② 阿兰·斯威伍德. 文化理论与现代性问题 [M]. 黄世权，桂琳，译. 北京：中国人民大学出版社，2013：177.

口,对于博物馆文化授权尤为关键。博物馆文化授权的窗口可以由博物馆现有部门整合后成立,如台北故宫博物院的文创行销处作为博物馆文化授权的窗口,就是在原有出版组的基础上整合其他部门关于文创职能的部分设立的专门负责博物馆文化创意产业发展的机构。该机构下设出版科、基金管销科、授权科和文创科四个子机构,统一负责博物馆的授权、营销、出版等于文化创意产业相关的所有业务。国外博物馆文化授权窗口的角色大多由博物馆所属企业承担,如维多利亚与阿尔伯特博物馆的唯一授权窗口为V&A企业有限公司,该公司全面负责博物馆文化授权业务的开展;大英博物馆的影像授权业务由博物馆理事会成立的大英博物馆股份有限公司专职经营。目前,国内部分博物馆在开展文化授权工作时,既有以博物馆原有业务部门作为授权窗口的,如甘肃省博物馆以博物馆的产业经营处作为文化授权窗口;也有以馆属企业作为文化授权窗口的,如浙江省博物馆文博经营公司。文化授权窗口的设立形式虽然并不完全一致,但授权窗口一般能够作为博物馆行使授权职能的唯一界面,从而确保博物馆文化授权的主体责任和授权职责的统一。

博物馆文化授权规划的制订是在博物馆现有的组织框架下,以文化授权的专职机构为主体、博物馆其他机构协同配合而制订的文化授权的总体规划和实施路线。包括文化授权的总体目标和理念、文化授权的实施策略、文化授权的发展模式、相关机构的协调职责、文化授权的资金来源、文化授权的权利金反馈规则及使用、授权标的物的营销、文化授权后的管理等内容。每一项内容不仅关系到博物馆文化授权的成功与否,还直接关涉博物馆的长期稳定发展。如果前期规划不当,容易使博物馆文化授权的操作环节出现纰漏甚至失误,以致可能影响博物馆作为非营利组织的形象和声誉。例如,美国史密森学会下的个别博物馆曾经因此而遭受社会质疑,导致形象受损。营销专家菲利普·科特勒曾说过:"非营利组织与企业的合作,常会使非营利组织面临丧失信誉与诚信的危机,存在组织被指控为了企业利益而'出卖'自己的潜在可能性。"[1] 因此,博物馆文化授权前需要做好整体规划,尤其是对博物馆文化授权的总体目标和理念作出明确定位,使博物馆职能部门和社会公众都能清楚地认识到博物馆文化授权的目的。例如,台

---

[1] 艾伦·R.安德里亚森,菲利普·科特勒.战略营销——非营利组织的视角[M].王方华,周洁如,译.北京:机械工业出版社,2010:303.

北故宫博物院在规划文化授权时,就首先明确了博物馆通过授权发展文化创意产业的目标是为了实现博物馆教育职能的延伸以及更好地完成博物馆的使命。对博物馆文化授权的实施策略、发展模式、机构协调等相对具体的内容也需要由博物馆管理者立足博物馆发展的全局做出统一规划,以保障博物馆文化授权实施中的整体协同和各环节的畅通。

四、授权内容的知识产权管理

经过文化资源的数字化,博物馆积累了大量以图像、标识、文字、影音形式存在的文化符号。这些文化符号成为潜在的授权标的物,授权标的物及其所承载的知识产权直接构成了博物馆文化授权的对象。文化授权的实质是对授权标的物所承载的知识产权的让渡和转移。这就要求博物馆首先必须拥有授权标的物的知识产权,然后才能进行授权。博物馆数字化后的文化符号所承载的知识产权类型主要是著作权,因此博物馆在实施文化授权前需要拥有标的物的著作权,尤其是著作财产权,这就需要对授权内容进行知识产权管理。

授权内容的知识产权管理主要是通过对以不同形式存在的文化符号的知识产权类型、状态和归属进行梳理和建档,并在文化授权过程中进行动态跟踪管理。通过对授权内容的知识产权管理,厘清潜在授权标的物的权利类型、归属状态并建立无形资产的台账,确保博物馆文化授权的权利归属主体和边界清晰。在这一过程中,特别需要明确可作为授权内容的标的物的权利是否受到法律或合同的限制、受哪一种知识产权类型保护、博物馆是否为权利所有者等关键问题。如果授权标的物的权利受到法律或已有合同的限制,那么该标的物将不能作为博物馆文化的内容。可能成为授权标的物的文化符号受到哪些知识产权类型保护对于其自身的授权将非常重要,数字化后文化符号所承载的知识产权主要是著作权,但有时会同时具有多种权利。例如,除著作权外,一些文化符号还具有设计权,经过注册或申请还会受到商标权、专利权的保护。对潜在的授权标的物,博物馆是否拥有知识产权直接影响到博物馆能否进行授权。对此,往往存在两种情形:一是博物馆同时拥有授权标的物的所有权与知识产权,二是博物馆仅享有授权标的物的所有权但未拥有满足授权之需的知识产权。对于前者,博物馆可依据所拥有的权利直接授权;针对后者,博物馆并不能直接以该内容作为授权对象,若要以此为授权内容就需要先取得知识产权所有人对其权利的转让或授权,然后再进行授

文化授权——博物馆文化创意产品开发的理论与实践

权。此外,博物馆文化授权过程中的知识产权动态管理,要求博物馆及时对授权标的物的知识产权状态和归属做出记录和建档,以备此后授权的查阅和参考,特别是针对博物馆专属授权的情况,以防出现重复授权而使博物馆陷入被动的现象。

五、授权标的物的宣传和营销

由于博物馆的文化资源具有随机性和多样性,特别是历史类博物馆的文化资源是特定时空下的产物,早已远离了当前的文化语境和生活情境。因此,融入博物馆文化资源开发的文化产品或其他产品进入市场后,由于存在知识的鸿沟和信息的不对称,文化资源的内涵和意义在没有为人们所理解和感知的情况下,其独特的文化价值难以转化为经济价值,在与同类产品的市场竞争中并不能彰显其附加价值。因此,在文化产品进入市场前需要获得人们对以这种文化产品为载体的文化资源及其内涵的了解、认知与接收。这就需要对文化资源进行营销传播,以实现文化资源影响力的提升和品牌的塑造。同样,在博物馆文化授权中,也存在人们对授权标的物理解的缺乏,对文化授权产品的文化意义和价值认识的不足,进而影响其市场价值的实现。所以需要在文化授权中增加对授权标的物的宣传和营销环节。一般意义上的营销的目的是"建立在认识差别、创造亲和力和提供充分信息以帮助消费者做出选择的基础之上"①。通过对授权标的物的宣传和营销,使其影响力和价值意义得以更广泛的传播和扩散,从而为更多的受众所认知和接受,那么以授权标的物为符号介质的产品才能为更多的消费者所认可和消费,产品的市场价值才能更好地凸显出来。

博物馆文化授权标的物宣传和营销的实质是一种符号的解码和价值的发掘过程。英国伯明翰学派文化研究的主要奠基人斯图亚特·霍尔指出:"在一个'确定的'环节中,这个结构利用符码生产'信息';在另一个确定的环节中,'信息'通过解码而流入社会实践的结构中。"② 并进一步认为,由于编码者与解码者所处位置的对称性程度以及符码间同一性程度的不同,编码与解码的符码可能

---

① 约翰·哈特利. 创意产业 [A] //单世联. 文化产业研究读本(西方卷)[M]. 上海:上海交通大学出版社, 2011:112.
② 斯图亚特·霍尔. 编码,解码 [A] //单世联. 文化产业研究读本(西方卷)[M]. 上海:上海交通大学出版社, 2011:320-321.

并不完全对称。因此,"编码与解码之间没有必然的一致性,前者可以尝试'预先选定',但不能规定或保证后者,因为后者有自己存在的条件。编码过程具有建构某些界限和参数的作用,解码过程就是在这些界限和参数中发挥作用的"。[①]可以将博物馆文化资源最初的创造和生成看作一次编码的过程,将博物馆文化资源的数字化看作对文化符码的另一次编码。经过两次编码,以各类文化符号形式呈现的授权标的物表现为一种主观编码的结果。作为解码者的受众并没有参与到两次编码中,特别是与作为编码者的博物馆在位置上处于一种非对称状态,两者的符码缺乏一种相宜性,因此对编码中的符码的结构和意义显然难以完全解读。受众对文化授权标的物的解码结果将直接决定了他们对标的物的接受程度以及价值评价。从这一角度看,对文化授权标的物的宣传和营销正是对授权标的物这一凝聚了主观编码的符码集合的解码和文化价值发掘与阐释过程。通过对授权标的物所凝结的符码的解读,一方面使作为解码者的受众增强了对授权标的物的文化意义的认知和理解,另一方面对符码意义的解读也是一种知识的再创造和意义的生产过程,所以授权标的物的宣传与营销又可以看作文化价值的发掘和提升过程。

赫斯蒙德夫认为,市场营销在文化生产的构思阶段所扮演的角色逐渐破坏了"从宽控制创意工作"和"从严控制复制和发行"之间的传统分工这一专业复合体时代文化生产的独特组织形式。[②] 在赫斯蒙德夫看来,文化生产中市场营销的介入,使创意工作一开始就要考虑市场需求,从而在以市场需求为导向的意识下变得不再那么的任意放纵和无所顾忌。博物馆文化授权标的物的宣传和营销正是在授权环节和对标的物进行创意设计前就已经开始了,营销的介入使后续对授权标的物的授权、设计、生产的市场导向更加明确。

博物馆文化授权标的物的宣传和营销主要借助以博物馆展览为主的社会服务活动、媒体的宣传报道以及社会热点事件进行。其中,以博物馆展览为主的社会服务活动是常规渠道,也是最常见的宣传、营销策略。而展览又以临时展览、巡回展览、特设展览最能起到宣传、营销效果,如2013年绍兴博物馆推出的"兰

---

① 斯图亚特·霍尔. 编码,解码 [A] //单世联. 文化产业研究读本(西方卷)[M]. 上海:上海交通大学出版社,2011:326.
② 赫斯蒙德夫. 文化产业 [M]. 张菲娜,译. 北京:中国人民大学出版社,2007:185.

亭的故事"全国巡回展,从最初做出绍兴博物馆的特设展览到2014年开始在浙江省15个地级市博物馆巡回展出,再到2015年、2016年的全国巡回展览,在收到良好社会效益的同时,对博物馆、展览和展品都实现了广泛的宣传和营销。随展览推出的文创产品正是得益于博物馆巡回展览所带来的影响力。媒体的宣传报道是博物馆文化授权标的物营销的重要渠道,根据不同媒体的影响力和覆盖面,宣传、营销效果也会不同。移动互联技术下的新媒体平台如微信、微博、APP手机应用等为博物馆授权标的物的宣传、营销提供了优质的平台,成为博物馆对文化授权标的物宣传、营销的新途径。借助社会热点事件,进行事件营销是博物馆文化授权标的物宣传、营销的另一重要渠道和策略。受到公众广泛关注的政治、经济、文化热点事件都可以成为博物馆在授权标的物宣传、营销中所借助的对象。例如,2011年,借助两岸《富春山居图》合璧的热点事件,浙江省博物馆、台北故宫博物院对本馆所藏《富春山居图》的部分图卷进行的授权营销。此外,根据不同的授权标的物的特点,可以借助热门影视剧、明星人物的相关活动进行宣传或者借助新媒体主动打造与授权标的物相关的热点事件,营造舆论氛围,进而提高公众对博物馆文化授权标的物的关注度,实现宣传、营销效果的提升。

六、文化授权的授权环节

授权环节是指博物馆从发布针对授权标的物的授权信息到选择被授权方或授权经纪再到与之接洽、谈判、签订授权合同的完整过程。授权环节的实质博物馆在一定时间和范围内让渡所拥有的知识产权的过程。通过授权环节,相关知识产权随同标的物实现了主体转移和价值溢出。因此,授权环节应是博物馆文化授权流程的核心环节。在文化授权的授权环节,博物馆需要从以下四个方面着手:

(1) 根据博物馆文化创意产业发展的实际和文化授权前期的准备情况,结合对授权标的物的宣传、营销,及时发布针对特定授权标的物的授权信息。可以通过博物馆网站、微博、微信等自媒体平台发布授权信息,条件允许时也可以借助地方报纸、广播电视和门户网站发布相关信息。发布授权信息的过程本身也是一种对授权标的物的宣传、营销方式。授权信息的发布可以采取公开招标的方式或者邀约参与的方式,但无论何种方式,必须向社会公开授权信息。授权信息需要明确包含授权标的物的详情,尤其是突出其文化意义和价值,授权的方式、时间和使用范围，对被授权方资质条件的要求，不同授权类型的实施流程以及每一步骤的时间限定。如果采取授权经纪的模式进行授权，需要在授权信息发布时予以特别说明，并明确授权经纪所应具备的条件、承担的义务以及博物馆的要求。

（2）根据授权标的物的特点和潜在被授权方对授权信息的回应，选择合适的被授权方。在选择被授权方时，博物馆需要考虑两方面的因素。一是结合授权标的物的特点，考虑其适合被应用于哪些产品和领域中，然后根据授权标的物的特点和适用性选择相应的被授权方。例如，以台北故宫博物院所藏的《自叙帖》为素材的授权标的物与故宫博物院所藏的《清明上河图》为内容的授权标的物，在风格特点和适用范围上具有明显的差异，因此针对两件不同的授权标的物，在选择被授权方时应当有的放矢地考虑。二是对被授权方的业务内容、规模实力、品牌文化、形象信誉进行综合衡量后做出选择。应选择业务内容与博物馆授权标的物有一定关联、具有一定规模和效益、品牌文化正向突出、形象信誉较好的被授权方。选择合适的被授权方是博物馆文化授权顺利实施和有效管理的重要前提。

（3）在对被授权方做出考察和选择后，以授权合作为目的的接洽与谈判成为授权的必要环节。在此环节，博物馆与被授权方可以通过当面接触和沟通加深彼此了解，特别是博物馆在与被授权方的接洽中需要清楚被授权方是否具有授权合作的经验和对授权标的物的使用计划。如果被授权方是作为市场主体的企业，通过沟通还可以了解其市场经营开拓能力、是否具有把控产品设计与生产质量的团队和能力。经过进一步的沟通接洽后，在双方自愿的基础上可以就具体的授权事宜进行谈判。谈判的内容包括授权标的物的选择，具体的授权方式，授权后的权利义务，授权标的物的使用，授权产品的设计、生产和销售，权利金或其他报酬的反馈等具体方面。

（4）经过谈判和磋商，与被授权方签订授权合同是授权环节的重心。授权合同是对授权双方在授权中权利与义务进行的约束和规诫，具有明显的法律效力。授权合同的内容一般包含：授权标的物的名称、数量及其承载的知识产权的类型，被授权权利的界定及使用范围，授权标的物被授权的时间、地域限定和所有使用形态，授权双方所享有的权利和承担的义务，对授权产品开发成本和定价、生产数量、销售渠道或使用方式的约定，对授权产品的设计权、版权的约定，不同授权标的物的权利金反馈方式和比例、出现违反合同内容情形的处置等。授权合同尤其要保证授权标的物不能用于跟授权合同无关的商业行为中，并且被授权方每次授权只能享有一次性的权利，电子文档的著作权归博物馆所有。① 授权合同条款必须清晰明了，不应存在概念隐晦和界定模糊的地方，以确保合同的严谨性。同时应遵守相关的法律规定，不能出现与法律相抵牾的地方。授权合同签订后，应当根据文化授权的实施情况，对合同实行动态管理及档案管理②。

七、授权标的物的产品转化与生产流通

只有当授权标的物被应用于固定的产品或服务中，成为后者的一部分，并为人们所消费或者成为自己知识习得的一部分，授权标的物所蕴含的文化价值才能得到发挥。所以，被授权方通过博物馆或授权经纪取得授权标的物后，需要以公众的需求为导向，将授权标的物经过一定的创意设计转化成为授权产品的一部分，并通过生产流通和市场机制下的交易，才能最终实现授权标的物文化价值向社会效用和经济价值的转换。

授权标的物的产品转化并不是将作为授权标的物的图像、文字、商标等文化符号通过复制的方式直接附着于原有产品上，而是需要根据授权产品或服务所面对的对象的需求对授权标的物经过必要的创意设计再应用于产品，或者与原产品结合后经过一定的设计再造成为新的授权产品。因此，授权标的物的产品转化过程实质上是标的物文化价值的再创造过程。这个过程主要采取两条路径：一是将结合文化符号所蕴含的文化内涵进行合理的故事化演绎，将抽象的文化符号赋予一定的故事情节，使其更具有灵动性和感染力。例如，故宫博物院以康熙皇帝曾经给雍正皇帝的朱批忠告"戒急用忍"四字为标的物进行的授权，被授权方据此进行了故事化演绎，发挥创意思维构造了卡通形象的对话场景来表达"戒急用忍"的内涵（见图5-2）。二是结合现代设计理念和人们的精神消费需求对文化符号进行解构，对符号中的文化元素进行重组。在解构与重组中，将授权标的物中的文化元素和现代审美文化、新工艺与新材料、时尚风格结合，使融入经过重组的文化元素后的授权产品更能反映当前人们的审美、精神需求。如甘肃省博物

---

① 钟梅．对博物馆文创授权的几点认识与思考［A］//中国博物馆协会文创产品专业委员会．2015中国博物馆文化产业研究［M］．武汉：湖北人民出版社，2015：149．
② 窦立敏．博物馆文化产业发展的顶层设计思考——以北京汽车博物馆为例［A］//中国博物馆协会文创产品专业委员会．2015中国博物馆文化产业研究［M］．武汉：湖北人民出版社，2015：142．

馆以馆藏元代莲花玻璃托盏的数字化图像为授权标的物，经企业设计师与博物馆陈列设计部设计师对标的物的文化符号和文化元素进行解构和重组后共同设计的蓝莲系列文化创意产品（见图5-3）。

图5-2 故宫博物院授权标的物"戒急用忍"的故事化演绎

图5-3 以甘肃省博物馆元代莲花托盏图像为标的物解构重组后设计的蓝莲仙子创意冰箱贴

文化经济主张，挑动现代人消费欲望的，往往不是产品的功用好坏，而是其蕴含的文化意义。① 被授权方对授权标的物的创意设计，正是对标的物的文化符号及其所承载的文化内涵的解读和重新编码，并在此基础上形成特定的文化意义。将其融入产品中，形成具有文化价值和创意价值的授权产品，从而显著区别于一般的产品。所以在此环节，被授权方独自或者与博物馆合作结合标的物的特点和目标受众的需求，通过创意思想的注入，将授权标的物的文化符号转化成符合当前受众观念并为他们所感知和接受的创意内容。由此，约翰·哈特利认为，创意工作者所做的工作是将创意和价值联结在一起。② 对文化授权标的物的创意设计本质上是数字形态的文化符号向内容创意的创造性转化。文化符号转化成新奇内容创意的过程本身是无法预测的非线性过程。③ 该过程虽然难以用量化方式来表示，但仍与一些因素存在紧密的关联性。首先是创意设计人员的文化素养和知识积累。将文化符号转化为内容创意需要对文化符号及其背后的文化进行深度解读。对文化符号及其所承载的文化内涵的解读是建立在对该文化的了解和理解基础上的。这就要求创意设计人员具备相应的文化修养和储备。创意设计人员对某一文化了解越深入，就越有可能理解作为外在表现形式的文化符号的文化意义，从而越能将该文化符号转化为内容创意。对于文化符号尤其是体现传统文化内涵的文化符号的转化，创意设计人员还需掌握一定的符码转化规则，如中国传统文化中青花元素的转化，必须使转化后的文化符码保留青花元素的意蕴，并确保与新的产品载体相契合。对授权标的物进行创意设计的过程同时也是对其重新编码的过程。以符号形式存在的授权标的物所承载的文化往往具有一定的地域色彩，不同的受众对这一特定地域的文化在接受和理解上常常存在较大的差别。即阅读和理解文化符号时存在不同的解码方式，带有明显的自身文化语法，所以创意设计人员在进行重新编码时，需要重视文化传播的社会文化语境。因为任何文本的意义都依赖于它的语境，依赖于与其他文本的关系，依赖于它激活心理结构

---

① 杨开忠. 文化创意产业决策关键词释义 [J]. 决策要参，2006（2）.
② 约翰·哈特利. 创意产业 [A] //单世联. 文化产业研究读本（西方卷）[M]. 上海：上海交通大学出版社，2011：131.
③ 杨永忠、林明华. 文化经济学——理论前沿与中国实践 [M]. 北京：经济管理出版社，2015：122.

的能力①所以创意设计人员在对授权标的物进行设计和转化的过程中,需要根据现实中人们精神需求和当前文化语境的变化,将具有一定地域特色和体现特定历史时期特点的文化符号转化为能够为公众所认知、理解的共通性设计语言。转化后的内容创意越是能激发阅听人的心智反应,并能起到一种良好印象的沟通功能,它在人们心灵交会与互动的效应就会越大②,融入授权产品后就会越受到人们欢迎。

文化授权产品经济价值的实现最终需要借助规模化的生产,转化为可供人们消费、享受的商品或服务形态,因此在完成对授权标的物的创意设计后需要进入生产流通环节。这是文化授权产品的文化价值和经济价值得以最终实现的关键关节。文化授权产品生产是将文化、创意凝固到产品中,并通过现代化的生产程序实现产品的标准化、规模化复制性生产的过程。文化授权产品的流通是将生产出来的授权产品通过一定的渠道最终为受众所接受的过程,其实质是文化和经济价值的传播和流动。在市场机制下,如同其他产品的流通一样,文化授权产品的流通也需要借助发行人、代理商和其他参与者的共同努力,实现产品高效快速的传播和流动。

八、授权后的监督管理与权利金的反馈

授权环节的完结并不意味着博物馆文化授权流程的结束。相对于授权环节,授权后的监督管理更为复杂多变,是一个动态的过程。同时也是决定博物馆文化授权能否得到稳定的回报、授权目的能否实现以及授权是否具有持续性的关键环节。在授权后的监督管理环节,博物馆需要履行指导被授权方将授权标的物转化为授权产品的义务,并在授权产品的生产流通环节享有对产品的质量、数量、定价进行监督的权利。授权标的物尤其是博物馆的图像、商标是博物馆文化和形象的全息浓缩,授权标的物的使用状况关系到博物馆文化和形象的传播。如果使用不当或任意应用于合同以外的领域,可能会造成博物馆文化传播的扭曲甚至形象的受损。因此,需要博物馆对授权标的物的使用进行监督,特别是在授权标的物向产品转化以及产品通过生产流通环节变为供人们消费的商品的过程中,需要博

---

① 李思屈,李涛. 文化产业概论(第二版)[M]. 杭州:浙江大学出版社,2010:370.
② 李凤亮. 艺术原创与价值转换[M]. 海南:海天出版社,2014:76.

物馆在指导、参考中及时掌握授权产品的相关动态,监督产品在生产流通的关键环节是否按照合同约定执行,以确保博物馆利益不会受到损害,同时及时与被授权方沟通,掌握授权产品的生产数量、定价和销售情况的相关数据,以确保权利金能够按约及时反馈。在授权后的监督管理阶段,如果发现被授权方出现违反合同约定的情况,博物馆需要及时与之交涉,阻止其损害博物馆正当权利的行为,必要时应通过法律诉讼的途径维护自身合法权益。

　　博物馆文化授权的权利金的反馈通常有三种方式。第一种方式是仅向被授权方一次性收取固定的授权金,授权金收取的多少取决于授权标的物的类型和所应用的对象及范围,如大英博物馆即采取这种方式。不同类型的标的物,授权金支付的多少不同,如图像类标的物与商标类标的物、影音类标的物的授权金的标准可能存在差异。授权标的物所应用的产品和服务的对象及范围不同,授权金的收取也会有所不同。如同样一张图像,应用于书籍的出版与应用于商业广告明显会产生不同的收益效果,因此其授权金的收取也会有显著的区分;同样是应用于书籍的出版,应用的位置不同,授权金也存在差别,如应用于书本的封面、封底与应用于内页,授权金的多少会有所不同。这种方式适用于被授权方为非营利机构或产品种类、生产、销售数量和价格相对稳定的企业,抑或适合缺乏相应的监督能力和力量的博物馆采用。第二种方式是博物馆根据被授权方授权产品的销售额,按约定的比例抽取权利金。权利金抽取的比例根据授权产品的类型、产品定价和单次生产数量呈现出不同的浮动区间。一般单位产品的定价越高,权利金的抽取比例也就越高;产品一次性生产或发行的数量越多,权利金的抽取比例越低。第三种方式是先收取一定的授权金作为最低授权费用或者基础佣金,然后根据被授权方授权产品的销售情况按一定比例抽取权利金。最低授权金或基础佣金更多的是一种保证性资金,并无衡量标准,不同博物馆根据实际情况,收取数量的多少不一。与最低授权金的固定性不同,博物馆会在一个授权周期结束后,如果被授权方没有出现违反合同约定的情况,将基础佣金返还给被授权方。通常,博物馆根据不同的授权类型采取不同的权利金反馈方式,并在授权合同中载明;同一个博物馆也常会有两种或两种以上的权利金反馈方式,如台北故宫博物院对委托生产、图像授权和品牌授权分别采取不同的权利金反馈比例①；又如，浙江省博物馆在文化授权中根据图像授权与品牌授权两种方式的不同采取不同的权利金收取方式（见附录）。

第二节 博物馆文化授权的保障机制

一、授权内容的知识产权管理机制

博物馆文化授权的前提是明确授权内容的权利状态，尤其是需要厘清授权对象的知识产权类型与归属。随着授权的开展，授权内容的知识产权所属状态发生了明显的变化，权利所有者和使用者发生了分离。因此，在授权前后博物馆需要对知识产权进行全面系统的管理，以避免出现知识产权的权利纠纷，从而确保博物馆文化授权的顺利进行，并使所拥有的知识产权的价值得到充分发挥。博物馆授权内容的知识产权管理分为授权前的管理和授权过程中的管理两部分。授权前的管理主要是通过对潜在的授权标的物进行盘点、登记并建立无形资产的台账，完全掌握所拥有的知识产权的储量和状态。特别是对于通过捐赠、调拨而来的藏品，可能只拥有藏品的所有权，并不拥有其知识产权。博物馆需要慎重考虑是否用以作为授权标的物，如果用来作为授权标的物，需要及时取得知识产权所有者的权利转让或授权；如果不考虑以其作为授权标的物，则需要对此做出明确登记。

授权过程中对授权内容的知识产权管理主要是针对授权过程中授权标的物的知识产权状态的变化进行的管理。不同授权标的物被授权的时间段不同，授权类型和客体不同，知识产权也会因此处于不同的状态，所以需要进行动态的跟踪管理，以确保能够及时掌握授权标的物及其知识产权的状态。因此，博物馆文化授权内容的知识产权管理整体上是一个动态的管理过程，随着授权过程的进行，需

---

① 郭汝彦. 博物馆艺术授权及产业价值链——以国立故宫博物院为例［D］. 世新大学硕士学位论文，2009：69.

要及时做好授权标的物的无形资产台账的更新。将此项工作固定下来，形成博物馆授权内容的知识产权管理机制。通过该机制的发挥，使博物馆在文化授权中能形成一个清晰的知识产权清单，从而保障博物馆文化授权的持续性和博物馆的良好形象。完善的知识产权管理机制，可加强机构正面形象的建立，促进教育、文化、商业应用，并可提供参考，以规划未来收集、典藏、应用数字化内容的方向，作为永续经营的基础。①

二、明确的资金来源与收益回馈机制

作为非营利性机构，文化授权的资金来源和权利金分配容易引起社会的关注，是博物馆不能回避的问题。同时，固定的资金来源与合理的收益分配关乎着博物馆文化授权的可持续性。因此，为保障博物馆文化授权的正当性、合理性与持续性，使博物馆文化授权的资金来源清楚、去向透明，避免社会舆论的不利影响，博物馆应建立明确的资金来源和收益回馈机制。

资金来源是文化授权启动资金的供应，对作为非营利组织的博物馆发展文化授权非常关键。固定的资金来源能有效解决博物馆文化授权初期面临的资金短缺问题，奠定博物馆文化授权的资金基础，从而使博物馆文化授权能够顺利开展。欧美等发达经济体的博物馆在启动文化授权时，部分通过自筹资金的方式筹措资金，如大都会艺术博物馆、纽约当代艺术博物馆等。自筹资金的方式由于受到外部环境的影响，如在经济发展困难时期，筹措资金的难度可能增加，不同时间段、不同博物馆筹措资金的能力和规模可能有所差别。因此，这种方式容易造成博物馆文化授权资金来源的不稳定。部分博物馆是从国家启动的大型数字典藏计划中获取启动资金或者从博物馆总的发展经费中取出一部分作为文化授权的启动资金。例如，法国卢浮宫博物馆文化授权的启动资金就是从法国国家预算中拨出的推动数字典藏计划中支取的。我国国有博物馆作为非营利的公益性机构，运行经费主要来源于政府财政拨款，仅有部分古建遗址类博物馆仍保留门票收入。但财政拨款主要用于维持博物馆基本的运行开支和文物保护的支出，并没有专门用于文化创意产业发展和文化授权的资金。面临资金缺乏的困境，部分博物馆只能从有限的运行经费中挤出部分经费用于文化创意产业的发展，再从这部分仅有的

---

① 苏欣怡. 公立博物馆数位典藏授权相关议题研究［D］. 新竹清华大学硕士学位论文，2009：27.

经费中拿出些许作为文化授权的启动资金,可谓是捉襟见肘。因此,导致大部分博物馆文化授权的资金来源难以得到保障,固定的资金来源机制并未形成。但也不乏有一些博物馆积极利用国家和地方发展文化产业的政策,争取政策的扶持,从而解决文化授权启动所需要的资金问题。例如,浙江省博物馆积极利用浙江省文化产业发展专项资金对创意设计业、文化产品制造业的支持,争取到部分文化产业发展的专项经费,作为博物馆文化授权启动的资金。这部分资金来源相对固定,并且具有一定的持续性,足以保障博物馆文化授权的顺利启动。

对于非营利机构的博物馆而言,文化授权的收益分配是一个较为敏感的问题,容易受到社会的关注。因此,博物馆需要有一个明确的收益回馈机制,保障博物馆文化授权既不影响博物馆的形象和声誉,也能起到激励文化授权持续进行的作用。在该机制下,随着文化授权的进行,博物馆需要将由公共支出对文化授权的资金投入逐步返还。例如,由国家投入资金进行的博物馆文化资源的数字化,博物馆文化授权需要用到数字化的成果即授权标的物,因此应将被授权方使用标的物而反馈的基本授权金以收益回馈的方式上缴。文化授权启动时如果使用了政府财政的专项投入资金,博物馆应在授权过程中将由专项投入资金带来的基本授权金收益返还给政府财政部门,如浙江省博物馆利用浙江省文化产业专项资金启动的文化授权,其权利金收益将通过博物馆全部返还政府财政。在授权产品的生产、流通和销售过程中,对授权产品的销售收益,博物馆可以与被授权方按照合同约定进行分配。对于这部分收益,博物馆或授权窗口可以留作进一步授权的资金积累,以激励和支持博物馆文化授权的持续健康发展。

三、授权过程中的协同联动机制

新古典经济学的代表人物阿尔弗雷德·马歇尔(Alfred Marshall)在20世纪20年代提出了著名的产业氛围观点。他指出,一组以生产体系为中心的社会文化规范和实践首先与一个潜在的、无地域性的生产结构有关,其次与特殊地点的经济地理有关。[①] 博物馆文化授权也应是马歇尔所说的"以生产体系为中心的社会文化规范和实践",因此需要一个有机的生产结构作为支撑。事实上,博物馆

---

① 艾伦·J. 斯科特. 城市文化经济学 [M]. 董树宝,张宁,译. 北京:中国人民大学出版社,2010:23.

文化授权已然是一个多环节的复杂体系，并非单一的授权环节，因此已经超出单个部门的职能范围，因此需要多部门的协同合作。作为博物馆文化授权专职机构的授权窗口主要是代表博物馆履行文化授权的具体执行职能，授权过程需要博物馆其他部门、被授权方的有效配合与协同，从而形成一个完整的生产结构。所以，授权过程中的协同联动机制对从整体上保障博物馆文化授权的顺利进行具有十分重要的意义。

文化授权前的准备工作中需要更多地依赖于研究部门、藏品管理部门、博物馆展览部门的通力协助。研究部门需要及时将关于博物馆藏品、建筑、文化相关的最新研究成果反馈给文化授权窗口，由后者结合当前的流行文化将研究成果转化为大众所能接受的形式，应用于对相关授权标的物的宣传中。即研究部门在博物馆文化授权的生产结构中扮演了智力成果和解码工具的提供者的角色，为文化授权提供了一种智力支持。而且随着文化授权的进行，授权标的物的营销和产品的转化都离不开与标的物相关的研究成果的支持。藏品管理部门负责藏品的入藏、登记、建档、维护和藏品数字化影像的保存工作。博物馆文化授权的对象是授权标的物及其承载的知识产权，授权标的物主要来自由藏品管理部门负责管理的藏品数字影像资源。此外，博物馆无形资产的管理工作也多由藏品管理部门承担。因此，藏品管理部门作为博物馆文化授权的重要支撑部门，提供授权标的物的同时掌握着藏品的知识产权归属状态，在博物馆文化授权的生产结构中发挥着不可替代的作用。博物馆展览部门所负责的展览的策划、交流、宣传、服务等各项工作是文化授权标的物营销所依托的重要平台。尤其是与特定标的物有关的展览的推出，对授权标的物而言将是一次主动的宣传和营销。随着媒体的宣传报道，也是对授权标的物的解读，将加深公众对标的物的认识。

博物馆文化授权的完整生产结构离不开作为授权客体的被授权方的全力配合。被授权方作为博物馆将授权标的物及相应知识产权授予的客体，一方面作为授权标的物的承接者需要在博物馆的指导下对标的物进行解读，另一方面需要通过创意设计对标的物进行重新编码，使标的物更好地融入授权产品中。被授权方不仅在授权环节需要与博物馆经过充分的沟通达成授权合同，在授权后的管理中也需要两者保持良性互动，进而顺利完成一个文化授权的周期，实现文化授权的目的。

四、文化授权信息的公开化机制

博物馆的文化授权，虽然是在非营利组织框架下的行为，文化授权的目的并不以营利为目的，但文化授权的过程已明显具有经营性质和经济属性。因此，应当及时客观地向社会公开文化授权的信息，确保博物馆文化授权运行在公开透明的环境中。文化授权信息的公开一方面是博物馆主动接受社会监督的表现，可使公众进一步理解博物馆文化授权的行为并对文化授权的流程进行有效监督；另一方面可使潜在的被授权方及时了解博物馆文化授权的政策和动向，为他们参与文化授权提供信源和窗口，同时保障了其他社会组织利用博物馆文化资源的权利。博物馆文化授权信息的公开应该是一个随着文化授权的进行而不断更新与公布的过程，以确保能不间断地接受公众的监督。所以授权信息的公开应该成为博物馆文化授权过程中的一项常态化机制。

第三节　案例分析：中国台湾地区博物馆文化授权流程与机制

一、中国台湾地区博物馆文化授权流程

中国台湾地区博物馆的文化授权的流程分为组织层面和操作层面两个维度。

组织层面是博物馆文化授权的内部决策过程，包括了解文化授权、呈报授权建议、可行性评估、建立决策组织、整合授权窗口等环节。首先，馆内成员通过宣传报道认识文化授权，后经馆内呈报系统向博物馆负责人提出授权建议。其次，博物馆负责人就授权建议请馆内外法务部门进行评估，提出可行性报告。最后，博物馆根据可行性报告建立授权决策组织如授权委员会，讨论文化授权的政策。决定发展文化授权后，整合或设立授权窗口尤为关键。授权窗口作为馆内具体负责授权业务的部门，是被授权者与博物馆沟通的唯一窗口。

操作层面是博物馆文化授权的具体操作的各环节。操作层面包括对授权标的物权利状况的盘点、制订文化授权规划、授权双方的谈判、授权合同的签订、授

权合同内容的执行与监督五个环节。不同博物馆实际操作中的各环节的具体做法可能不尽相同。

1. 盘点授权标的物的权利状况

博物馆开展文化授权的前提是对授权对象盘点的基础上厘清其权利类型、归属与状态。借由盘点，检视各类授权对象特别是藏品数字化成果拥有何种权利，尤其是博物馆是否拥有以及拥有何种知识产权。盘点流程如表5-1所示。

表5-1 博物馆艺术授权对象盘点流程

盘点步骤	主要内容
填写盘点项目资料	填写授权标的物的名称及其受知识产权保护的素材，建立项目编号
明确素材使用限制	明确素材是否受到法律或合同限制，是否需经一定程序才能被接触
判断标的物所属权利	判断标的物受到哪一种权利保护，是何种知识产权或其他权利
标的物权利登记与有效期	确认标的物的权利是否依法登记，有时间限制的是否仍在保护期
厘清盘点标的物的权利主体	标的物的知识产权归属何方，博物馆是否为权利人；若非权利人，是否取得必要的使用权；若要对外授权，怎样取得使用权
确认盘点标的物权利利用状态	标的物权利的对外利用状态，如是否已经授权或转让，授权的方式
确认权利争议或相关诉讼状态	围绕标的物权利是否与他人有过争议；如在诉讼，所处的诉讼状态

2. 制订文化授权规划

根据标的物的权利盘点状况，将授权标的物的权利现状分为两种：一是博物馆同时拥有授权标的物的所有权与知识产权；二是博物馆仅享有授权标的物的所有权但未拥有满足授权之需的知识产权。对于前者，博物馆可依据拥有的权利直接授权；针对后者，博物馆可在取得权利人的让与或授权后再对外授权。在确定拥有或取得可以授权的权利后，博物馆开始制订授权规划。授权规划的制订，按照授权条件及被授权人取得资料的分辨率、完整程度、像素大小、提供格式等，由高到低分成不对外开放层级、组织内部使用层级、商业性加值利用授权层级和公共使用授权层级①。然后根据每个层级的授权对象和范围做出规划。以商业授权层级为例，由博物馆授权窗口对授权金标准、授权模式、授权范围和收费用途分别做出规划。

3. 博物馆与被授权者的谈判

被授权者主动与博物馆接触并表达希望取得授权的诉求是授权谈判的必要条件。博物馆在核实对方资格和取得授权的目的后开启谈判。谈判中，由被授权者以书面形式提出希望取得的授权标的物、对授权标的物的利用方案及相关市场的分析。据此，博物馆审核被授权者递交的文件，结合授权规划提出可采用的授权类型等指导意见。双方可就此深入讨论。

4. 文化授权合同的签订

双方就授权意向达成一致的基础上，可以通过合同的形式将授权内容固定下来。合同内容分为一般性授权条款和特殊性授权条款。一般性授权条款包括授权标的物的性质和内容、交付方式、授权方式与范围、授权期间与地域、是否可以再授权、授权金的回馈方式、授权标的物的利用方式、授权商品的市场定位、违约责任与合同中止等常规内容。特殊性授权条款包括产品品质管控、合同期满的续签说明、授权单位名称或商标的标记义务、产品的衍生设计权归属等。经过充分协商，在对条款内容无异议的基础上双方签订授权合同。

5. 授权合同内容的执行与监督

授权合同生效后，文化授权流程进入合同执行与监督阶段。博物馆对被授权者履行合同的情况予以监督并根据具体情形作进一步处理。是否按期支付权利金、给付权利金的稽核、授权期满后授权产品的处理都在监督之列。此外，如果被授权者出现违约情形，是否采取维权措施以及怎样处理也属于博物馆对授权合同内容监督的范围。

二、中国台湾地区博物馆文化授权机制

1. 授权标的物的知识产权管理机制

博物馆对授权标的物进行定期盘点，明确其所拥有的知识产权类型与权利归

---

① 谢铭洋，赵义龙，陈晓慧. 数位典藏·授权·Licensing Handbook [M]. 台北：台湾大学法律学院出版社，2010：11.

属，据此进行有效管理和授权利用。将此项工作固定下来，形成博物馆授权标的物的知识产权管理机制。2002年，由台湾地方当局推动的第一期"数字典藏'国家'型科技计划"（以下简称"数字典藏科技计划"）启动。"数字典藏科技计划"先期与台湾省文献委员会、台北故宫博物院、历史博物馆等中国台湾九大文化典藏机构合作，精选具有代表性的文化遗产分批进行数字化，建立数据库，并制定数字化的标准。2007年继续实施第二期"数字典藏科技计划"，希望借此达到"呈现台湾文化与自然多样性，促成典藏内容与技术融入教育、研究、产业与社会发展，推动典藏成果国际化、建立国际合作网络"[①]的目标。据此，制订了"数字典藏与学习之学术与社会应用推广分项计划"，并在此分项计划下推出"授权平台规范机制推动子计划"，通过对数字典藏内容授权机制的研究，"让数字典藏机构之数字化成果，得以有效、简单地授权予加值厂商更进一步之利用，以带动数字典藏与数字内容产业的发展"[②]。第一期"数字典藏科技计划"积累了丰富的数字化成果，但并没有厘清这些成果的知识产权，制约了博物馆的对外授权。第二期"数字典藏科技计划"启动了"数字典藏盘点计划"。在该计划指导下，设计出盘点表格，举办盘点工作培训会，使博物馆具备检视数字典藏成果权利的能力并完成盘点工作。在此基础上，筛选出可以授权的素材，对不宜授权的素材加以保护。随着文化授权的开展，逐步形成了授权标的物的知识产权管理机制。

2. 资金来源与收益回馈机制

资金来源与收益分配是关乎博物馆文化授权产业持续健康发展的关键。为此，中国台湾地区博物馆建立了明确的资金来源与收益回馈机制作为文化授权的保障。博物馆发展文化授权之初的启动资金主要来自"数字典藏科技计划""衍生加值应用计划"等计划的支持。此外，部分博物馆设立的专项基金也是博物馆发展文化授权的资金基础，如台北故宫博物院的文化艺术发展基金固定用于文创产品开发，并且收益的反馈成为文化授权的流动资金来源。

随着文化授权的发展，博物馆授权收益的增加容易引起社会关注。为防止文

---

① 黎致君. 数位典藏授权加值产业之发展现况与趋势分析 [D]. 台湾大学硕士学位论文，2008：16.
② 谢铭洋，赵义龙，陈晓慧. 数位典藏·授权·Best Practice [M]. 台北：台湾大学法律学院出版社，2009：31.

化授权收益处置不当带来的风险,中国台湾地区博物馆对授权收益做出明确规定:由馆内专项基金支持的部分,授权收益全部回馈到基金中;由各类计划支持的授权,其收益按比例部分回馈给计划的组织单位,部分进入馆内专项基金。以中国台北故宫博物院为例,由"数字典藏科技计划"支持的文化授权产生的收益,一半回馈给中国台北故宫文化艺术发展基金,另一半回馈给"中国台湾地方当局"的科学技术发展基金。①

3. 授权过程与信息的公开机制

中国台湾地区博物馆文化授权的相关信息,如资金来源、发展计划、招投标信息、合作企业、授权成果与收益分配都会通过网站向社会公开,并将其作为一项保障文化授权持续运行的长效机制看待。作为一项机制,博物馆会根据文化授权产业的发展状况,及时更新授权信息,并根据反馈对信息进行调整。例如,2011 年,台北故宫博物院在其网站的"智慧故宫"模块中公开了 2010 年度文化授权业务的成果:合作开发厂商 79 家、申请图像授权 38 家、品牌授权厂商 19 家,并附详细名单于后;产值方面,图像授权金收入 11669090 元,品牌授权金收入 20543519 元。②

---

① 李乘. 博物馆艺术授权策略研究——以台北故宫博物院为例 [D]. 中央美术学院硕士学位论文,2014:40.
② 台北故宫博物院. 2010 智慧故宫——文创产业计划 [EB/OL]. http://www.npm.gov.tw/digital/index3_6_10_ch.html.

第六章　博物馆文化授权的发展模式与价值链

博物馆文化授权的发展模式是博物馆在文化授权实践中根据自身内部优势和外部条件所采取的发展路径和结构方式。博物馆文化授权的发展模式决定了这种模式下的价值连接方式和增值方式，即文化授权的发展模式决定了其价值链的形成过程和最终形态。本章在对博物馆核心竞争力分析的基础上，首先提出了博物馆文化授权的三种结构模式：直接授权模式、委托授权模式和综合授权模式；其次揭示了不同文化授权模式下的价值链形态；最后分别结合大英博物馆、法国卢浮宫博物馆、美国大都会艺术博物馆的文化授权模式，对上述三种文化授权模式进行了深入剖析，对不同模式下的价值链的构成进行了探讨。

第一节　博物馆文化授权模式与价值链形态概述

一、博物馆核心竞争力分析

核心竞争力是由美国学者普拉哈拉德（C. K. Prahalad）和哈默尔（G. Hamel）于1990年从企业管理的角度提出的企业战略管理的理论。他们认为，核心竞争力是企业为客户带来特殊利益的一种独有技能，是相对于竞争对手所具备的竞争优势与核心能力差异。① 因此，核心竞争力又被称为核心竞争优势。普拉哈拉德和哈默对核心竞争力的认识主要是基于企业经营管理的需要，以企业为主要描述对象。随着人们对核心竞争力认识的深入，核心竞争力的研究对象已不再局限于企业，而扩展到更大范围内的组织和个人。核心竞争力的内涵也逐渐得到深化，开始更多地指涉组织的积累性学识，这种积累性学识是其他组织短时间内所不具备的。作为一个非营利组织和知识与信息的生产性结构，博物馆也具有自身的核心竞争力。受多种因素的影响，不同博物馆的核心竞争力可能不尽相同。清楚地认识博物馆所具备的核心竞争力，有助于博物馆文化授权模式的选择。

核心竞争力主要由外部优势与内部优势组成。外部优势是组织良好的外部环境为组织发展带来的竞争优势，如政府对组织发展的扶持政策、与组织相关产业的繁荣发展等。内部优势是组织内在的结构、能力、文化、品质上的优势，如组织较强的品牌影响力和文化塑造力、合理的组织结构、完善的组织制度等。组织的外部优势常常是一种相对的、临时性的优势，具有一定的阶段性和政策性色彩。与之相比，内部优势则是一种内生性的优势，具有长久性和相对稳定性的特点。通常，内在优势是组织核心竞争力的主要来源，也是组织保持核心竞争力的关键。因此，组织要以获取或者提升内在优势为重点，有效地整合外部性优势，从而形成某种合体。②

博物馆外部优势体现为国家对博物馆事业的重视和支持、公众文化素养的提高及对文化服务需求的增加、文化创意产业的发展和繁荣。内部优势表现在博物馆丰富的文化资源积淀及以此为基础的无形资产优势、博物馆运行中形成的文化品牌、博物馆所积累的良好形象、博物馆健全的组织架构等。显然，内部优势作为内生性优势，是博物馆最主要的竞争优势。尤其是丰富的文化资源储藏，一方面外在地表现为文化机构的优势，另一方面内含了显著的无形资产优势。迈克尔·波特认为，基于文化的优势，是最根本的、难以替代和模仿的、最持久的核心竞争优势。③ 博物馆的内部优势正是这样一种基于文化的优势，是其他机构所难以替代的，因此成为博物馆核心竞争力的主要来源。由于博物馆外部优势在一

---

① C. K. Prahalad, G. Hamel. The Core Competence of the Corporation [J]. Harvard Business Review, 1990 (5): 79–93.
② 陈少峰，张立波. 文化产业商业模式 [M]. 北京：北京大学出版社，2011：85.
③ 迈克尔·波特. 国家竞争优势 [M]. 李明轩，邱如美，译. 北京：中信出版社，2007：76.

定时期是相对固定的，对于一定区域范围内的博物馆而言，外部优势对不同博物馆是同样的，因此在这种情况下博物馆的核心竞争力主要取决于其内部优势。

博物馆文化创意产业的发展，应该充分发掘、利用这种内在优势，并有效整合外部优势，形成核心竞争力的合力。但长期以来，博物馆缺乏内在性转换和整合的能力与品格，在运行中明显存在技术与规模的非效率。特别是当博物馆更关注保存而不是关注游客或外部目标时，更是如此。① 技术与规模的非效率表现为经济意义上投入和产出的比率较低，实际值与最优值之间差别较大。这使博物馆不能充分利用其资源丰富、文化价值突出的内部优势，无形资产的价值得不到最大程度的转化和利用，从而核心竞争力不能有效发挥。

充分发挥博物馆的核心竞争力，需要博物馆认识其所拥有的内部优势，并提升内在性转换和整合的能力。以博物馆文化资源、文化服务为依托而形成的无形文化资产是博物馆最大的内部优势。发掘、利用博物馆的内部优势，并结合外部优势形成博物馆总体的核心竞争力，并在运行中不断提升核心竞争力，才能最终实现博物馆整体价值的最大化。不同地区、规模、类型的博物馆，其核心竞争力的大小、强弱和分布会有所不同。这就需要博物馆结合自身实际，对组成其核心竞争力的内部优势和外部优势进行分析，进而评判采取何种方式发展文化创意产业。博物馆文化授权模式的选择同样需要博物馆根据自身核心竞争力的分布状态和大小强弱等现实状况做出符合实际的选择。

二、博物馆文化授权的结构模式

国内学者李凤亮以生产要素市场作为划分原则，将艺术产业的市场结构描述为由三级市场组成的金字塔结构。在该结构中，一级市场是内容创意知识产权市场，处于金字塔的顶端，通过搭建产权交易平台，提供创意成果的授权和使用。二级市场指艺术产业要素交换的中介市场，处于金字塔的中间层，为艺术产业链的形成提供内容制作、技术集成、产品运营等资源，依靠这些市场，实现各种资源的组合。三级市场是直接面向消费者的实物或服务形态的销售市场② （见图6-1）。

---

① 杨永忠. 文化经济学——理论前沿与中国实践 [M]. 北京：经济管理出版社，2015：132.
② 李凤亮. 艺术原创与价值转换 [M]. 深圳：海天出版社，2014：111-113.

第六章 博物馆文化授权的发展模式与价值链

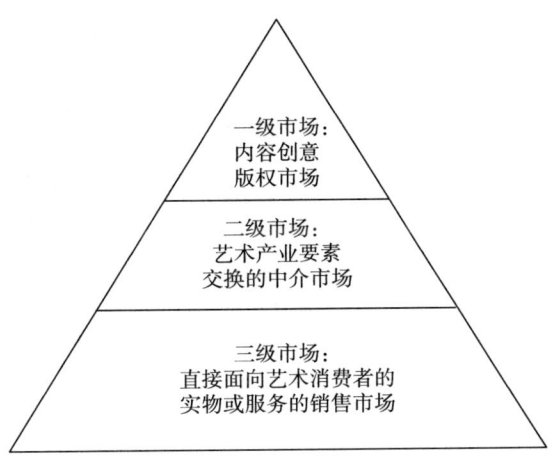

图 6-1 三级金字塔结构形态的艺术产业市场①

实际上，艺术产业的三级市场结构完全适用于对一般意义上的文化产业的市场结构的描述和分析。三级市场在金字塔结构中呈现出既并列又递进的逻辑关系，体现了市场内部的独立性和不同市场间的内部关联性。文化授权作为文化创意产业的一种结构模式，同时兼具三个层级市场的要素，因此有效连接了三个不同层级的市场，打通了不同市场间的价值流通环节，增强了不同市场间的关联度。在结构模式上，将由上而下的三级市场组成的纵向的金字塔结构转变为横向的关节式结构（见图 6-2）。

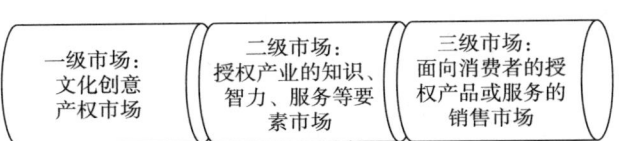

图 6-2 文化授权贯通的关节式三级市场结构

在文化授权模式下，不同层级的市场间形成一个相对流畅的价值通道，从而便于价值的流通和增值。同时，各产业要素及要素间的组合也将实现从垂直发育

---

① 李凤亮. 艺术原创与价值转换［M］. 深圳：海天出版社，2014：112.

或平行生长结构向以具有知识产权的符号资本为核心的衍生辐射式结构转变。因此，文化授权的结构模式可以描述为以具有符号意义和价值的文化资源为源头，以文化资源所承载的知识产权为核心，通过授权实现的产权交易、资源整合、生产销售的融贯性和扩展性的结构体系。文化授权的结构模式建立在资源集聚和无形资产积累的基础上，并以此为基础吸纳、整合外部资源要素，形成价值辐射、联动的协同圈层。

对博物馆而言，文化授权的结构模式是博物馆文化创意产业发展模式逐步外向化的必然结果。表现为由完全统包统揽模式下文化创意产品的设计、生产、销售①；到采取外包模式下的代工生产（OEM）和代工设计（ODM），将以衍生性纪念品和仿复制品为主的博物馆文化创意产品的生产或设计外包给具有比较优势的馆外企业，实现博物馆与企业的订单式合作；再到以知识产权的形成、保护、生产、流通和利用为核心的文化授权模式。这正是一个逐渐融入社会生产的、外向化的模式转变过程。因此，博物馆文化授权可以看作文化创意产业发展的公共参与模式。文化授权的结构模式有效连接了博物馆、社会公众、馆外企业、其他非营利组织，扩大了博物馆文化创意产业的发展空间，突破了线性化的发展模式。

在文化授权的结构模式中，各参与方以不同角色发挥着各自的作用。其中，博物馆一般作为授权主体，履行授权职能②。被授权方由从事生产、销售、传播等市场行为的经营实体或从事教育、公益事业的非营利性机构充当。随着市场化程度的提高，授权经纪成为连接授权方与被授权方的重要角色。授权经纪往往由作为市场主体的授权商、授权中介机构、各类授权平台、知识产权集体管理组织等组成。上述各主体按照一定的逻辑结构在特定的运行机制中，形成了文化授权的结构模式。

博物馆文化授权的结构模式通常分为三种。第一种是博物馆直接授权的结构

---

① 虽然一些博物馆采取"拿来主义"，直接从旅游景点或相关产品的生产企业拿来旅游纪念品并贴上博物馆标签进行销售，产品的设计、生产属于外部行为，但博物馆仍具有完全的决定权，因此这种方式仍归为博物馆统包统揽的发展模式。

② 在部分情形下，博物馆也作为被授权方。如艺术家将作品捐赠给博物馆，由于博物馆只享有作品的所有权，并不拥有作品的著作权，博物馆若以该作品作为授权对象进行文化授权，首先需要取得艺术家的授权，然后才能进行授权相关的操作。在此过程中，博物馆就作为被授权方存在。

模式。即博物馆作为授权方直接将本馆拥有或通过授权取得的知识产权的授权标的物授权给被授权方，被授权方按照合同规定使用授权标的物，并向博物馆反馈权利金或其他相应报酬的模式。第二种是博物馆委托授权的模式。在该模式下，博物馆不直接作为授权方，而是委托授权经纪代表博物馆作为授权方，将博物馆拥有知识产权的标的物直接或进行一定的创意设计后，授权于被授权方；被授权方按照合同规定使用授权标的物并向授权经纪支付授权金；授权经纪按照一定比例将权利金反馈给博物馆。第三种类型是博物馆综合采用直接授权和委托授权的模式。根据实际需要，博物馆可选择对部分授权标的物向被授权方直接授权，同时可以委托授权经纪代表博物馆将其他标的物授权于被授权方或者直接向消费者和社会公众提供服务。被授权方可直接向博物馆反馈权利金或相应报酬，同时代表博物馆作为授权方的授权经纪将对应的被授权方反馈的权利金或其他报酬按比例回馈给博物馆。三种授权模式的适用性不同，在实际运用中也各有利弊，不同博物馆可根据本馆实际，尤其是自身的核心竞争力，选择相应的授权模式。

三、博物馆文化授权的价值链形态

博物馆文化授权始于对博物馆文化资源的发掘和整理，授权的流程形成一个环环相扣的产业链，在产业链的末端是呈现于消费者面前的授权产品。由最初以文化资源形式存在的文化价值到转化为符号资本后文化价值与潜在经济价值的并存，再到转化为授权产品并被消费者使用或消费后的价值实现与释放。特里·史密斯（Terry Smith）在描述价值形成过程时指出，价值形成的模式是"先产生，后汇集，再之后形成价值通道、价值线，有时形成价值链"[①]。随着文化授权各环节的推进，产业链得以延伸。在此过程中，价值不断生成、汇集与延展，最终形成一个链式的价值通道。因此，价值链的形成与延伸反映了产业链中价值的创造、流通和增值过程。博物馆文化授权的价值链主要是由文化授权流程中的价值生成与增值环节按照价值形成机制，有序组合在一起形成的。博物馆文化授权价值链的形态与价值链中的价值形成机制以及价值生成、增值环节的分布与组合有关。因此，首先需要清楚博物馆文化授权价值链的价值形成机制和各价值环节的

---

① 戴维·思罗斯比. 经济学与文化［M］. 王志标，张峥嵘，译. 北京：中国人民大学出版社，2011：30.

价值生成与增值过程。

根据价值链理论,文化生产可以分解为若干为了实现生产目的而开展的多项文化活动。每一项文化活动都是设计、生产、营销以及对文化产品或服务起辅助作用的各种活动的集合,这些活动被称为价值活动。① 各项价值活动由一定的连接点衔接在一起,这些连接点往往就是价值生成的重要结点。厉无畏(2006)提出创意产业的价值链由内容创意、生产制造、营销推广、传播渠道和消费者消费五个环节的价值活动组成②(见图6-3)。

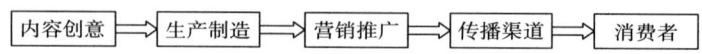

图6-3 创意产业价值链示意图

每个环节中的价值活动连接在一起,构成价值的创造、流通和增值过程。在此基础上,结合博物馆的实际,我们认为博物馆文化授权的价值链应该由文化资源、符号转化、产权授权、内容创意、生产制造、营销推广、价值消费七个价值活动环节构成(见图6-4)。各价值活动环节按照博物馆文化授权的流程依次递进,随着产业链的延伸而形成价值链。

图6-4 博物馆文化授权的价值链

文化资源的发掘与整合环节是对文化价值的发现与梳理,使文化价值在杂乱无章的文化资源中得以凸显。符号转化环节中,原本有形或无形的文化资源统一转化为文化符号的形式,文化资源的文化价值凝聚于这一特殊的文化资产中,载体更加固定,表现形式更加明确,文化价值明显提升。同时,文化符号作为一种创作作品,形成了知识产权价值,具备了作为特殊资本的形态,所以符号转化环

---

① 李思屈,李涛. 文化产业概论(第二版)[M]. 杭州:浙江大学出版社,2010:344.
② 厉无畏. 创意产业导论[M]. 上海:学林出版社,2006:23.

节促使了文化资源经济价值的生成。产权授权环节实现了知识产权的载体转移，在此价值活动中，随着产权的转移，文化价值得到传播，经济价值得以增值。内容创意环节通过对文化符号注入创意，使其成为文化创意内容，具备向其他产品渗透、融合的潜质，是博物馆文化授权价值链的附加价值形成和整体价值增值的关键环节。生产制造和营销推广环节是价值生产和流通的环节，随着内容创意应用于不同的产品中，价值将固定于不同的产品中，并随着产品的营销推广而实现传播和增值。消费者的消费活动最终实现了文化价值和经济价值向市场价值的转化，从而实现了人们内在需求的满足。可以看出，博物馆文化授权的价值链是一个系统的链式延伸组合结构，保证了各价值活动环节的相互衔接和整体价值的最优化。

在博物馆文化授权的价值链结构中，价值的形成、流通和增值始终伴随着凝结着文化价值和经济价值的文化符号的创造、流动和利用。文化符号作为软资产具有可传播性强、易复制、易流通的特点。因此，以文化符号为载体，价值得以复制、倍增和传播。隐藏在文化符号背后的知识产权是博物馆文化授权的价值链得以延伸、扩展的根本动力。知识产权经过产权交易、包装提升而具备了价值融贯和扩张的能力，从而使博物馆文化授权的价值链能够不断延伸。价值链的延伸又进一步推动了文化授权的产业链向更广阔的市场空间拓展。两者相辅相成，最终形成以文化符号生产并在不同产品间流通为外在表现形式，以知识产权的形成、保护、转移和利用为内在推动的价值增值网络。在该网络中，博物馆文化资源作为价值原点，经过整合梳理后的文化资源呈现为若干价值生发点。每一个价值生发点通过文化资源的数字化形成特定的文化符号或符号组合，价值得到集聚。通过授权、设计、生产、营销等环节，价值得以流通和扩散。授权对象与授权客体并非单一的映射关系，而是一个多向度的关联映射，通过这种映射关系，授权对象与社会化的生产网络联系起来。价值最终通过社会化生产网络形成辐射状的价值流通网。因此，博物馆文化授权的价值链形态可以看作若干由"点—线—面"组成的伞状结构的价值网络（见图6-5）。

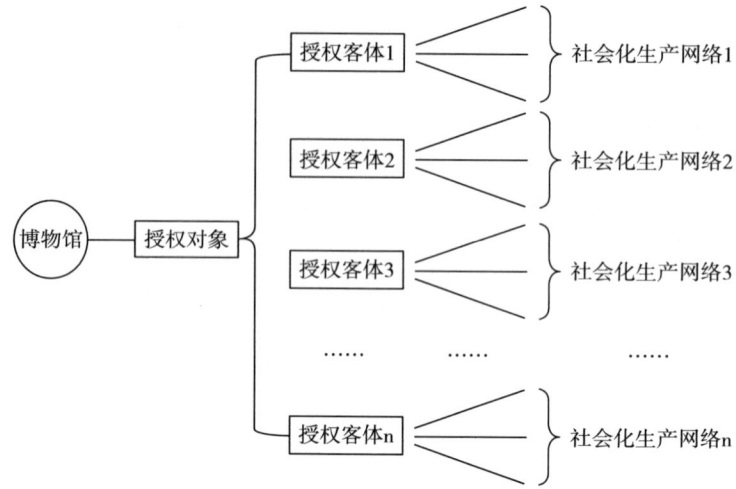

图 6-5 博物馆文化授权的价值链形态

第二节 博物馆直接授权的模式及价值链分析

一、博物馆直接授权的模式

博物馆直接授权,顾名思义是以博物馆为授权主体的授权行为。因此,博物馆直接授权的模式可以描述为:博物馆作为授权方直接将本馆拥有或通过授权取得的知识产权的授权标的物授权给被授权方,被授权方按照双方订立的合同规定在限定的时间和区域范围内将授权标的物应用于经营性活动或非营利性活动中,并向博物馆反馈权利金或其他相应报酬的模式(见图6-6)。在直接授权模式中,博物馆作为授权主体,以固定的授权窗口,直接负责授权的接洽、谈判、签约和授权后的指导、监督、管理等各项工作。被授权方直接与博物馆的授权窗口联系授权事务,经协商谈判取得合适的授权标的物,并按照合同规定向博物馆交付授权金或反馈权利金。在该模式中,被授权方可以根据实际需要同时选择不同类型的多个授权标的物,并按照博物馆对不同授权标的物权利金反馈的规定向博物馆反馈权利金。在非专属授权①的情况下，被授权方只要不属于同一产品或服务的生产、销售领域，那么同一授权标的物的授权客体可以有多个，即博物馆可以同时将同一授权标的物授权给多个被授权方。

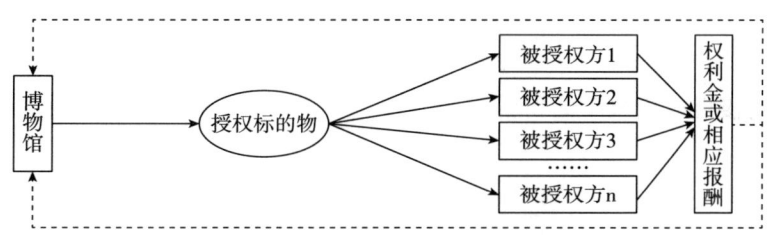

图6-6　博物馆直接授权模式

直接授权模式的优点在于博物馆能够掌握授权过程和授权管理的主动权，对授权流程的各个环节和授权工作的进展程度能够有效掌控，能够从博物馆的利益出发，最大限度地维护博物馆的权利，尤其是对授权过程中出现的不利于博物馆的情形及时纠正。此外，博物馆直接授权模式的优势还体现在博物馆对本馆藏品资源、博物馆文化特点更为熟悉，与博物馆藏品管理、科学研究和展览部门的沟通协调更加便捷，可以更好地发挥其在文化授权过程中的主导作用。因此，直接授权模式往往成为博物馆文化授权的首选模式，国内博物馆如台北故宫博物院、浙江省博物馆在开展文化授权时主要选择直接授权的模式，国外部分博物馆如大英博物馆、大都会艺术博物馆也多采取直接授权的模式。博物馆采取直接授权的模式也存在一定的劣势，具体体现在以下两个方面：一方面，博物馆作为非营利组织，长期游离于市场之外，对市场需求缺乏敏感性，对消费文化认知不足，导致在选择授权标的物时更多地考虑其遗产价值和研究价值，而忽视了作为产品所潜在的市场价值，从而影响了文化授权产品的价值实现。另一方面，博物馆作为非营利机构，直接授权过程中需要与不同的被授权方接洽、谈判、拟定授权合同并监督合同的执行。这对于缺少市场交易和法律监督经验的博物馆来说将是一项庞大而复杂的工作，尤其是博物馆对授权合同的监督效力明显不足，在合同执行

---

① 专属授权是被授权方取得授权方对特定授权标的物的唯一授权，被授权方对该标的物享有独家使用的权利，在合同规定的时间范围内，包括授权方在内的任何其他组织和个人不得使用该标的物。

中出现的违约情形往往处于被动的境地。例如,浙江省博物馆2011年在对《富春山居图》(《剩山图》)进行授权时,因授权管理的监督经验和效力有限,出现了台湾法蓝瓷等个别被授权方违反合同规定使用授权标的物的情形,对此博物馆则显得较为被动和无奈。授权后的监督、管理困难成为博物馆直接授权模式的最大制约因素。

二、直接授权模式下的价值链

博物馆直接授权模式主要涉及博物馆与被授权方两者间的关系,授权流程和授权环节相对固定,权利主体间的产权交易关系相对简明,授权中的价值流向较为清晰。因此,直接授权模式下的价值链形式相对简单直观,属于一般意义下的博物馆文化授权的价值链形态。直接授权模式下的价值链由以下几部分相衔接构成:博物馆通过文化资源的发掘、整理和数字化,实现文化价值的集聚和提升,并使数字化产生的文化符号形成潜在的经济价值;对文化符号进行整理、筛选,形成承载特定知识产权的授权标的物,从而完全具备了经济价值;授权标的物经过授权环节和创意设计环节,随着知识产权的转移和增值,授权标的物本身所具有的文化价值和经济价值得到提升,随着价值流向的多向度扩展,价值通道中的价值得以倍增;在生产制造环节和营销推广环节,授权标的物的价值融入授权产品中,随着授权产品的营销推广,标的物所具有的文化附加价值得以凸显,并经过消费者的接受和消费最终转化为市场认可的经济价值。可以看出,直接授权模式下的价值链在授权环节开始前呈现为单向式的价值生成与延伸形态,随着授权环节的开始,博物馆可能面对不同的被授权方,授权意愿达成后各项环节的价值链形态呈现出复合式的价值提升与增值路径。因此,直接授权模式的价值链由单向式和复合式两种价值链路径衔接而成,符合典型的博物馆文化授权的伞状价值链形态。

三、大英博物馆直接授权模式分析

大英博物馆的文化授权模式主要是博物馆直接授权。所有授权业务均由成立于1973年的大英博物馆股份有限公司负责。作为授权窗口的大英博物馆股份有限公司所有股份由博物馆理事会持有,性质上属于非营利机构类型,宗旨在于提升博物馆的教育功能。由于大英博物馆的文化授权类型以影像授权为主,所以大英博物馆股份有限公司成立专门的大英博物馆影像网站[①]（The British Museum Images），经营管理博物馆的藏品影像资料，并通过该网站提供藏品影像的搜寻、购买、授权与下载服务。网站上的藏品影像涵盖博物馆所藏陶瓷、绘画、雕刻、金属等多种类型。所有影像的著作权归博物馆理事会所有，每张影像都配有相应藏品的作者、年代、来源、大小尺寸等信息以及关于著作权归属的文字声明。作为授权标的物的影像档案，其解析度必须达到 300dpi 以上，即保障授权标的物为高清图档影像。

使用者可以通过网站申请授权使用相关影像，如果在该网站上找不到所需要藏品影像，可以直接向博物馆提出申请。由于通过网站申请授权的过程都需要通过大英博物馆影像网站进行，因此对授权环节做出了一定的规范。例如，使用者在申请时需要对所申请授权的影像的用途、影像所应用的媒介载体、应用的地域范围、申请数量等具体事项做出选择，以便明确影像的授权费。如果出现不在网上预先设定的授权金计算标准体系内的特殊情形，网站不能给出大概的授权金数额时，申请者需要通过线下渠道与博物馆直接沟通，以确定具体授权金。通过网站完成影像的选择后，需要逐一阅览并最后确认博物馆拟定的授权合同，然后下载影像档案，完成授权环节。对于网站上没有的藏品影像，申请者申请授权使用前，需要向博物馆提交书面申请和确认函件，并与大英博物馆签订授权合同。无论是通过网站授权还是通过线下向博物馆提出授权，作为被授权方的影像档案申请者被要求必须承认影像受法律保护，影像的著作权归授权方大英博物馆股份有限公司所有。

大英博物馆文化授权的直接授权模式主要是借助博物馆影像网站通过网络渠道完成博物馆藏品影像档案的授权环节，并同时收取授权金，在此过程中以授权合同的形式对授权的各项细节做出约束。因此，大英博物馆的直接授权模式是一种相对高效的授权模式，尤其是将授权环节置于博物馆的影像网站上，在博物馆对网站的后台监督下完成授权，既减少了总的交易成本、节约了人力资源，提高了授权环节的效率，同时确保了授权金能够随着影像的授权及时得到给付。但由于博物馆影像网站上的藏品影像仅是博物馆众多藏品的一小部分，更多的影像并没有被置于网站上。因此，被授权方仍然需要通过线下方式与大英博物馆联系，

---

① 资料来源：大英博物馆影像网站，http://www.bmimages.com/aboutus.asp。

取得所需要的影像图档。博物馆需要设有专门部门或人员负责与申请者的线下沟通，这与公司并非一个机构，从而造成博物馆文化授权线上与线下的授权窗口并不统一，申请者申请授权的方式亦不尽一致，从某种程度上不利于文化授权的开展。

第三节　博物馆文化授权的委托授权模式及其价值链

一、博物馆文化授权的委托授权模式

博物馆文化授权的委托授权是指博物馆委托他者开展的授权行为活动。在该模式下，博物馆不直接作为授权方，而是委托授权经纪代表博物馆作为授权方，将博物馆拥有知识产权的标的物直接或进行一定的创意设计后，授权于被授权方。被授权方按照合同规定使用授权标的物并向授权经纪支付授权金或在授权活动中不断回馈权利金。最后由授权经纪按照博物馆的约定，将一定比例的权利金反馈给博物馆（见图6-7）。

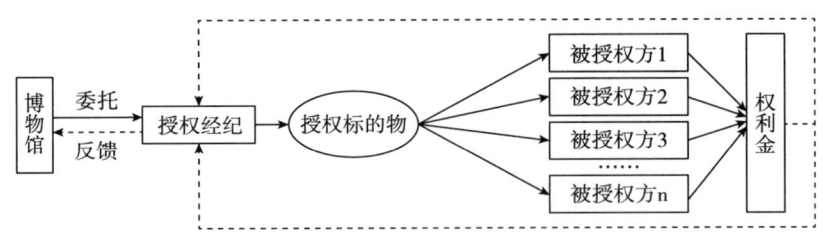

图6-7　博物馆委托授权模式

市场化程度的提高有效配置了人力资源，从而提高了劳动生产率，进一步推动了社会分工的深度演进。随着文化产业的发展和专业化程度的提高，文化经纪

作为一类独立的角色从文化产业中分工出来。① 授权经纪属于文化经纪的一种类型，正是随着授权产业的深入发展而出现的。它在授权过程中逐渐成为连接授权方与被授权方的重要角色。博物馆文化授权中，授权经纪发挥着沟通博物馆、被授权方与社会公众的作用，形成博物馆委托授权模式出现的背景和支撑力量。授权经纪的加入是对博物馆文化授权的结构模式的创新甚至重构。一方面体现为授权经纪缓解了博物馆与被授权方之间存在的信息不对称问题，使双方的信息供求关系更加透明，从而使文化授权的结构更加完善、运行更加顺畅。另一方面授权经纪为博物馆文化授权向更广阔的市场空间拓展，在更广泛的领域寻找授权合作方提供了一个突破行业壁垒、建构多元市场、扩大授权规模的捷径。因此，授权经纪的存在往往被视为一种市场缺陷的代偿。在博物馆文化授权的委托模式中，授权经纪所扮演的不单是交易中介的角色，还具有文化意义传播和授权营销的功能，因此还承担着市场策划人、形象包装者的角色。② 因此，授权经纪与作为委托方的博物馆构成了一种利益共存、风险共担的利益共同体关系。博物馆文化授权的委托授权模式正是建立在这种利益共同体基础之上的。失去两者间利益共存的基础，委托授权的模式将难以运行。

在现实中，授权经纪往往由作为市场主体的授权代理商、授权中介、授权平台和知识产权集体管理组织充当。因此，根据授权经纪的不同类型及其在授权过程中所发挥的作用，可以将博物馆委托授权模式分为代理授权模式、中介授权模式、平台授权模式和著作权集体管理授权模式。

代理授权模式是指博物馆指定一位授权代理商代表博物馆就其授权标的物与被授权者协商、沟通并完成授权环节的模式。代理商代表博物馆与被授权方洽谈授权的前提是与作为委托者的博物馆签订委托代理合同，明确代理商的职责和权利，以确保博物馆通过授权取得有利的地位或利益。例如，授权代理商 360ep 在代表博物馆开展授权时，其权责包括：替博物馆完善授权策略并计算出可能潜在的收益、代表博物馆与每个潜在的目标客户沟通协商并订立备忘录、针对授权合约与博物馆的法律部门进行讨论等。③ 代理授权模式下，授权代理商往往以博物

---

① 徐海龙. 文化经纪人概论 [M]. 北京：北京大学出版社，2010：30.
② 李思屈，李涛. 文化产业概论（第二版）[M]. 杭州：浙江大学出版社，2010：274.
③ 资料来源：360ep, http://www.360ep.com/selling licenses.html.

馆的名义与被授权方沟通、谈判、签订授权合同，授权合同的内容一般需由博物馆核实并同意。如果授权代理商是一个具有一定知名度并拥有众多潜在被授权客户的授权商，通过其广阔的商业网络可以帮助博物馆迅速拓展授权市场、扩大授权规模、提升知名度。例如，古根海姆博物馆自 2005 年起，以 360ep 公司作为其授权代理商代理博物馆的品牌授权业务；台湾博物馆授权代理商七项创意公司作为法国国家博物馆联合会（RMN）指定的授权代理商，代理包括卢浮宫博物馆、凡尔赛宫博物馆、蓬皮杜国家文化艺术中心、毕加索博物馆在内的十多家博物馆在大中华区的藏品图像授权业务。因此，代理授权模式的优点体现在，合适的授权代理商更加了解市场需求，并有能力引入或联系更多的被授权方参与到博物馆文化授权中，从而将博物馆文化授权推向广阔的市场空间；并且具有一定知名度的授权代理商往往具备一定的市场营销能力和管理监督能力，能够有效地保障博物馆文化授权的顺利进行。古根海姆博物馆授权负责人 Maria Pallante – Hyun 直言委托授权代理商的优点在于，代理商由于其专业性能够更好地了解市场、知道该与哪些潜在客户洽谈并清楚该如何去做。① 但同时也应看到代理授权也存在一些不足之处：代理授权模式虽然可以使博物馆降低一定的交易成本，但博物馆仍然需要耗费部分人力、时间成本用于授权合同的审阅和确认，因此并不能完全消除交易成本。此外，授权代理商吸引被授权方与之合作多半是建立在授权代理商代理大量授权标的物或者代理多个不同博物馆商标、影像资源的基础上的。因此，代理授权模式会受到授权商的知名度和代理规模的影响。如果代理商代理授权的规模较小、知名度低，那么将不利于代理授权模式的运行。

中介授权模式是指博物馆委托以代理授权为主业的授权中介代表自己向被授权者进行授权，并完成授权金的转移回馈的模式。在具体的授权过程和环节上，中介授权模式与代理授权模式具有很大的相似性。与代理授权模式不同的是，中介授权模式下的授权中介往往拥有自己的数据库，包括图像、商标和专利数据库，并以此吸引潜在的被授权者。潜在的被授权者若要获得授权，可直接进入授权中介的数据库网站，按要求操作并给付授权金后直接取得授权。这一点不同于代理授权模式下每个授权项目皆需与代理商协商，在签订授权合同时需由博物馆

---

① 萧涵匀. 艺术授权机制与数位影像在著作权法上的地位之研究 [D]. 台湾大学硕士学位论文，2009：29.

确认的情况。因此，授权中介在授权环节通常以取得博物馆认可的定型化的授权合同文本出示给被授权者，以被授权者确认同意合同文本为授权合同签订的标志，而无须再请示博物馆审核。具有代表性的博物馆授权中介商如意大利的 Scala Archive 公司、美国的 Corbis 公司、Art Resource 公司等。以著名博物馆授权中介商 Scala Archive 为例。作为全球规模最大的影像授权代理商之一，Scala Archive 拥有世界多个国家 7000 多所博物馆的数字影像资源，其中不乏像埃及国家博物馆、法国奥赛美术馆、梵蒂冈博物馆、雅典国家博物馆、俄罗斯艾米塔什博物馆、纽约当代艺术博物馆等世界知名博物馆的影像。① 2002 年，Scala Archive 被意大利原文化部指定为境内博物馆授权中介商，统一管理全国超过 600 多所博物馆与考古遗址的影像作品。Scala Archive 作为授权中介，拥有庞大的影像资料库，并以此为基础代表这些博物馆对外进行影像资源的授权。授权过程如下：Scala Archive 与博物馆联系，与博物馆签订委托授权协议，与博物馆协商制定定向型合同或以拟好的定向型合同取得博物馆的确认；然后取得博物馆的藏品影像并将影像档案置于其网站上，在对影像资源的知识产权进行统一管理的基础上，向被授权方提供高解析度（1000dpi）的影像档案的下载服务并授权其使用；被授权方根据影像档案的用途、应用方式和使用的区域范围向 Scala Archive 支付授权金；Scala Archive 根据与博物馆签订的委托授权协议，将被授权方支付的授权金按比例反馈给博物馆。

平台授权模式是博物馆将授权标的物授权于固定的授权平台，再由授权平台代表博物馆进行授权。由于授权过程经历两次授权，因此该模式又被称为再受权模式。授权平台由经营性质的企业或非营利组织组建，往往包括平台运行机构和平台网站两部分。平台授权的运行模式又表现为两种路径。一种是授权平台在与博物馆接洽的基础上取得博物馆的委托授权权限，将博物馆委托的授权标的物一般图片及其相关信息和权利归属情形清楚地登载于其平台网站上，并针对授权标的物发布对外授权信息。潜在的被授权方可据此与授权平台取得联系，进行授权沟通谈判和签订授权合同。授权平台将被授权方的授权请求反馈给相应的博物馆。由博物馆将解析度高且符合授权条件的影像资源先授权给授权平台，再由后者授权于被授权方。授权金则依循逆向顺序按合同依次反馈。具有代表性的授权

---

① http：//www.scalarchives.com/web/musei.asp？slcountry.

平台如台湾创意设计中心建立的"创意媒合王",作为专注于台湾数字典藏素材的推广和产业运用的平台,"创意媒合王"积极与台湾各博物馆接洽,希望成为博物馆数字典藏资源的设计、授权和产业加值平台。目前,已与世界宗教博物馆、陶瓷博物馆、科学工艺馆、淡水古迹博物馆等建立了合作关系,作为上述博物馆的授权平台而发挥着媒合授权的作用。另一种路径是授权平台首先取得博物馆的授权许可,获得博物馆授权标的物的影像档案并统一建置处理,如置于其网站或数据库,或交由作为专业代理商的第三方处理,提供统一的授权窗口。被授权方可向授权平台提出授权申请,在获得授权后按规定向授权平台交付授权金,授权平台再向博物馆按比例反馈授权金。在这种路径下比较典型的授权平台如法国的法国国家博物馆联合会(RMN),接受法国32所国有博物馆委托的藏品影像授权管理业务,在与各博物馆签订影像管理委托合同后,统一负责这些博物馆的影像处理及使用管理工作。RMN将影像档案交由专业影像代理商photo agency去处理,并设有专门网站处理授权事务。申请者通过photo agency的影像网站取得影像的使用权,并交付影像使用费,而非授权金(详见第六章第三节内容分析)。平台授权模式的优点在于博物馆不需要再耗费人力、时间等交易成本于授权环节的审核与管理,被授权方只需要与授权平台接洽协商授权事宜。同时,授权平台具有程序固定、集中管理的特点,保障了授权的稳定性和持续性。目前,国外博物馆较早以集中授权平台为博物馆文化授权的主体。平台授权的缺点在于针对具体授权事项,博物馆无法加入特定的条件进而实现自身有针对性的诉求。

著作权集体管理授权模式是博物馆将本馆授权标的物及其著作权统一委托相关的著作权集体管理组织管理,并由其负责标的物授权管理的模式。著作权集体管理授权模式建立在著作权集体管理制度的基础上。该授权模式的具体过程体现为:博物馆将本馆藏品的数字化图像、商标、影音及其承载的著作权授权于相关著作权集体管理组织,后者对各博物馆的授权标的物及其著作权进行统一管理,代表博物馆进行营销并按照合理的授权条件进行对外授权。在收到被授权方给付的授权金后,著作权集体管理组织将权利金按比例反馈给博物馆或分配给不同的博物馆。例如,法国视觉艺术创作人协会(ADAGP)通过授权就取得法国大部分博物馆的图像档案的著作权。其他社会机构或个人如果想将相关图像应用于商业经营,就需要向该协会提出申请,由协会按照固定的授权合同进行授权。被授权者需要按照协会制定的权利金收取标准向协会支付一定的权利金,后者再将权利金按比例及时反馈给博物馆。著作权集体管理授权模式在形式上类似于再受权的模式，但与之不同的是，著作权集体管理授权模式下，著作权集体管理组织还具有协调各成员利益关系和不同生产要素的合理利用与分配的功能，因此不完全是一种复合式的再受权模式。著作权集体管理授权模式的优点在于：著作权集体管理组织对同一类授权标的物所收取的权利金一致，博物馆可以省去与每个被授权者分别签订合同的麻烦，甚至无须就具体授权事项进行过问，从而节省了交易成本。此外，如果著作权集体管理组织成员较多，体量较大，相对于博物馆单独授权，其授权过程中的话语权会更重，与被授权方协商、谈判时将更占据优势地位，同时对授权后的监督管理更有保障，尤其是对发生的侵权行为能够有组织地发现并制止①。

二、委托授权模式的价值链分析

相较于直接授权模式，委托授权模式加入了授权经纪的角色和环节，权利关系扩展为博物馆、授权经纪和被授权者三者间的关系。由于授权经纪可以由授权代理商、授权中介、授权平台等多个主体担当，从而形成委托授权的不同模式，授权过程和产权交易关系明显变得复杂。所以，委托授权模式下的价值流向不再单一，价值链形态也更为复杂。无论何种具体的授权模式，授权经纪参与下的委托授权模式的实质是一种知识产权中介的商业模式，即著作权、商标权、专利权等知识产权通过授权经纪这一中介环节最终与市场或产业要素连为一体②。从知识产权的价值形成与增值过程来看，授权经纪本质上就是知识产权中介。授权经纪的存在使授权标的物的知识产权的价值在一个特定的平台上先被集聚，后经过授权环节而实现价值扩散和增值。权利金的反馈是授权过程中对知识产权价值实现的补偿。在授权合同的约束下，权利金按一定比例逐次逆向反馈，最终反馈到博物馆，从而实现了博物馆知识产权价值的补偿。

基于对授权经纪在知识产权价值生成与传导中的认识，委托授权模式的价值链构成如下：博物馆在委托授权经纪环节前对文化资源的发掘、整理、评估和数

---

① 姜毅然，张婉茹，王海澜. 以市场为导向的日本书化创意产业 [M]. 北京：人民出版社，2009：162.

② 陈少峰，张立波. 文化产业商业模式 [M]. 北京：北京大学出版社，2011：162.

字化工作形成授权标的物及其知识产权的过程与直接授权模式相同，价值形成路径也基本一致。将授权标的物委托给授权经纪后，授权经纪通过网站或借助其他方式对标的物的营销宣传，使授权标的物的认知度提高，价值也随即得到提升。在代理授权模式中，授权代理商还会对授权标的物进行创意设计，从而提高了标的物的附加价值，使其经济价值和文化价值得到同步提高。授权经纪对授权标的物的授权环节是一个扩大价值流通管道的过程，在此过程中价值被迅速扩散并实现了增值，因此价值流开始形成。被授权方对授权标的物的利用方式和使用范围不同，价值增值的实现方式也不尽一致，但随着授权标的物的知识产权价值转化为实际应用价值，价值逆向补偿随同权利金的反馈也同步开始。

三、法国卢浮宫博物馆的授权经纪模式分析

卢浮宫博物馆采取委托授权的模式，委托法国国家博物馆联合会（RMN）代为处理文化授权事务。RMN 成立于 1895 年，以募集藏品收藏与管理的资金为早期宗旨。从最初仅代理卢浮宫、凡尔赛宫、卢森堡博物馆和国家文物博物馆四座博物馆的业务，到目前已代理 32 个博物馆和 2 个展览场馆，成为法国国有博物馆的唯一授权业务窗口。1990 年，RMN 从仅具有募资功能的非营利性机构转型为具有商业性质的国有企业单位，除原有业务外，还拓展至展览规划、典藏品商业推广等商业领域，整体运营受法国文化传播部下属的博物馆司监督。RMN 设立专门的影像图书馆，集中管理法国国有博物馆的藏品影像。在文化授权方面，RMN 将授权业务交由专业影像代理商 photo agency 经营。photo agency 负责为博物馆制作影像档案，并对其统筹管理。通过其运行的法国博物馆典藏品影像网站展出所管理的多达 60 万件博物馆影像档案资料，并向公众开放申请使用。网站上的所有影像档案都配有相应藏品的文字资料介绍，包括藏品的作者、年代、来源、实际规格大小、历史背景及其著作权说明。被授权方在申请授权使用时，需要通过网站提出申请对象的用途、使用的区域范围、使用数量、应用的媒介载体、所需的图像的规格等详细信息。将上述信息提交给影像代理商 photo agency，由后者进行审核、回复并确定影像使用费的数额。被授权方的申请被审核、确认后可以通过指定方式支付影像档案的文件使用费。完成使用费支付后，photo agency 将向被授权方提供影像档案。卢浮宫博物馆内仍受著作权保护的藏品或者未取得著作权的藏品，其著作权一般由著作权集体管理组织法国视觉艺

创作人协会管理和授权。因此,被授权方在授权期间取得仅是影像档案的使用权,并非著作权;向 photo agency 支付的也只是文件使用费,并非著作权费。如果被授权方申请仍受著作权保护的影像档案的商业利用,需要向获得著作权人或博物馆著作权授权的视觉艺术创作人协会提出申请并缴纳权利金,然后才能使用该类影像档案。从这里可以看出,卢浮宫博物馆在委托授权时同时采用了平台授权和著作权集体管理授权的模式,分别由 RMN 及其影像代理商 photo agency 和法国视觉艺术创作人协会作为授权经纪负责藏品影像的使用权和著作权的授权,以 RMN 为主,法国视觉艺术创作人协会为辅。由 RMN 及其影像代理商 photo agency 收取的影像档案使用费可以直接返回到国家财政,回馈发展数字典藏的资金投入。由法国视觉艺术创作人协会对著作权授权一方面能够使被授权方通过合法渠道获得影像档案著作权的使用,另一方面所收取的权利金能够分配给作为创作人的博物馆。因此,卢浮宫博物馆的文化授权属于藏品影像著作权与使用权授权的分离模式。该模式符合法国国有博物馆发展授权业务的实际。博物馆并未直接参与到授权过程中,通过委托授权一方面使社会公众能够有效利用博物馆的藏品影像;另一方面保障了影像档案使用费和授权权利金回馈的独立并行,在发展文化授权时并未影响国有博物馆的非营利属性。

第四节 博物馆文化授权的综合授权模式及价值链形态

一、综合授权模式及其复合型价值形态

文化授权的综合授权模式是博物馆综合采用直接授权和委托授权进行的授权的行为模式。根据博物馆的现实条件和实际需要,博物馆授权模式选择时可同时进行直接授权和委托授权。即博物馆可选择一类或部分授权标的物向被授权方直接授权,同时可以委托授权经纪代表博物馆将其他类型的标的物对外授权。在综合授权模式下,通过直接授权方式授权的被授权方直接向博物馆反馈权利金或相应报酬,通过委托授权方式开展授权的被授权方向授权经纪支付授权金或相应报

酬后，由授权经纪按合同约定反馈给博物馆（见图6-8）。

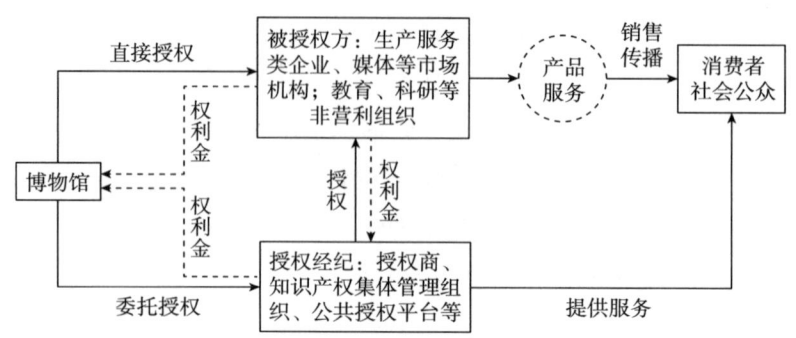

图6-8 博物馆综合授权模式

综合授权模式是一种直接授权与委托授权并行的复合式授权模式。该模式是博物馆结合自身实际和不同授权标的物的类型做出的多元化、区别性的授权策略。因此，需要根据博物馆的实际情况，如博物馆品牌知名度和社会影响力、博物馆藏品规模、博物馆组织机构和人员配备等因素和授权标的物的类型决定是否采用综合授权模式。如果博物馆具有一定的品牌知名度、藏品影像的数量庞大、藏品的社会认知度较高、授权标的物类型多样，完全可以采取直接授权和委托授权相结合的综合授权模式。综合授权模式汲取了直接授权与委托授权的部分优点，使博物馆能够结合本馆实际对授权标的物的授权模式做出选择，从而实现了不同标的物授权模式的优化和价值创造的最大化。其不足之处在于，综合授权模式的复合性与复杂性，可能会增加授权过程的交易成本，在一定程度上会占用博物馆较多的资源。因此，博物馆需要充分考虑本馆实际，在此基础上判断是否适合采取综合授权模式。

综合授权模式的复合性决定了该模式下的价值生成与增值是一种双向的路径。直接授权和委托授权虽然是两种相对独立的授权模式，但由于处于一个博物馆的文化授权框架内，所以即便两者的授权过程是相互独立的，但因其授权对象，即博物馆授权标的物之间的关联性以及前期授权环节的共时性，从而使两者的价值链呈现出部分的重合交叠。随着文化授权的进行，两者的影响力会相互渗透，进而无形中增强了对方的价值提升能力和价值溢出效果，每种授权模式下的价值流量将会变大。因此，博物馆综合授权模式下的价值链表现为一种复合型、交叉式、互促式的价值形态。

二、美国大都会艺术博物馆的综合授权模式分析

大都会艺术博物馆根据本馆实际，在文化授权方面采取直接授权与委托授权并行的方式，属于典型的综合授权模式。其中，直接授权模式主要针对博物馆的品牌授权，委托授权的类型主要是博物馆藏品影像授权。

由于大都会艺术博物馆在世界范围内拥有较高的品牌知名度，品牌价值突出。因此，博物馆不需要委托授权商或授权中介代其营销宣传和授权管理，而是直接管理博物馆的品牌授权业务。在授权环节，大都会艺术博物馆在其网站上明确列出针对博物馆品牌的国际授权计划（International Licensing Program），以生产商和零售商为主的潜在被授权者若要使用大都会艺术博物馆的品牌，可通过电话或电子邮件直接与博物馆授权部门联系授权事务。大都会艺术博物馆通过对授权申请及潜在被授权者的背景进行审核后作出答复，若同意被授权者使用博物馆的品牌，则被授权者在缴纳授权金后取得品牌的授权，然后进入品牌授权产品的设计生产或销售环节。

在委托授权方面，大都会艺术博物馆主要采取中介授权和平台授权相结合的模式。自2007年起，大都会艺术博物馆委托 Art Resource 公司作为其授权代理商，代理其藏品影像在北美地区的授权业务。Art Resource 公司成立于1968年，为专业影像授权代理机构，在北美地区拥有大量的授权业务和市场，同时与欧洲一些授权代理商，如 Scala Archive 建立了广泛的合作关系。① 在授权过程中，Art Resource 公司通过其网上数据库展示代理的大都会艺术博物馆的影像档案，并对相关授权内容和授权条件做出说明。被授权方在与 Art Resource 达成授权意愿并支付授权金后，可通过该网上数据库取得授权。因此，大都会艺术博物馆与 Art Resource 公司的授权合作属于委托授权模式中的中介授权模式。

大都会艺术博物馆的影像授权业务在北美以外的地区主要采用委托授权中的平台授权模式进行。例如，在欧洲地区主要与法国国家博物馆联合会（RMN）合作，大都会艺术博物馆委托后者代理其在欧洲的影像授权业务。大都会艺术博

---

① 资料来源：Art Resource 网站，http：//www.artres.com/c/htm/Home.aspx。

物馆与 RMN 每年共同选择一定数量的藏品影像，由大都会艺术博物馆授权于 RMN 影像中心。被授权者可以登录 RMN 影像中心的网站浏览，根据需要可以以关键词搜索所需图档，然后按照相应的授权条件说明提交授权申请，获得许可后通过付费下载影像档案。被授权者对特定影像有特殊性的需求，可以向 RMN 提出，然后由 RMN 及时向大都会艺术博物馆询问并协商取得授权，再向被授权者提供这一影像的授权服务。RMN 会将博物馆的影像档案的授权分为学术和商业应用，不同的用途对授权金的收取不同，RMN 与大都会艺术博物馆对权利金的分配也有所不同。以商业应用授权为例，RMN 与大都会艺术博物馆按照 1∶1 的比例分配被授权者支付的权利金。

第七章　博物馆文化授权的影响因素分析

现实中，博物馆文化授权的运行处在一个多元复杂的社会环境和社会关系中。文化授权的成功运行常常受到诸多因素的影响和制约，这些因素构成了博物馆文化授权这个多目标函数的变量。按照从宏观到微观、从社会环境到博物馆自身的逻辑顺序，影响博物馆文化授权的因素包括：当前文化消费的发展态势与特点、公众文化消费的心理与偏好、公众对博物馆文化资源的认同程度、博物馆的知名度与影响力、博物馆展览的品牌与影响、授权标的物的知名度与美誉度、博物馆文化授权产品的内涵与价值、博物馆文化授权的营销效果等。这些因素具有明显的主观色彩，且多处于变动不居的状态，难以进行客观的统计和测度。因此，本章运用深度描述法对影响博物馆文化授权的因素逐一进行讨论。对于文化消费环境的变化和公众的文化消费心理与偏好，博物馆在开展文化授权时需要主动适应。对于公众对博物馆资源的认同程度以及与博物馆自身密切相关的影响因素，需要博物馆在文化授权中充分发挥主观能动性，克服上述因素带来的不利影响，积累正向动能推动博物馆文化授权的持续发展。

文化授权——博物馆文化创意产品开发的理论与实践

第一节 文化消费的增长与公众的文化消费偏好

一、文化消费的发展态势和特点

随着物质生产的极大丰富和人们需求结构的改变,人类社会已经进入一个由消费主导的消费型社会。法国社会学家让·鲍德里亚（Jean Baudrillard）在《消费社会》一书中直言消费型社会正逐渐取代生产型社会,"生产的主人公到处让位于消费的主人公"①。在消费型社会,公众的消费观念正在从物质消费的享受转向精神消费的满足。消费结构呈现出深层次的变革：从物质生活消费逐渐转向精神文化的消费,从对单纯的物的消费逐渐转向对意义、品质和情感的消费,从相对单一、低层次更多地转向多元化、高层次的消费结构。对此,后福特主义（Post-Fordism）学派认为,消费比例中越来越多的部分不再是为了满足衣食住行等基本的物质需求,而是为了满足非物质的需求。为了满足这些非物质的需求,非物质服务的消费和物质商品的消费同样重要。② 在消费结构的变革中,文化消费的地位逐渐凸显,成为消费结构转型升级的主要方向。以我国为例,我国近年来的文化消费持续增长,2011~2014年我国城乡居民人均文化娱乐消费支出平均增长12%以上。2015年全国居民文化教育娱乐人均消费1723元,占全年人均消费总支出的11%。③ 文化消费支出的增加,使人们对各类文化产品的消费迅速扩大,部分文化创意产品的消费甚至呈"井喷式"的增长。

一方面,随着人们可支配收入和休闲时间的增加,超越性需求不断被发掘,精神文化消费的潜力不断被释放,文化消费将继续保持高速增长的势头。另一方面,当前文化消费的需求与生产之间的有效传导机制尚未形成,有效供给和有效

---

① 让·鲍德里亚. 消费社会 [M]. 刘成富译. 南京：南京大学出版社,2008：69.
② 尼古拉斯·加海姆. 从文化产业到创意产业——解读"创意产业"在英国艺术及媒介政策制定中的含义 [G] //郑涵,张莹. 文化创意产业读本 [M]. 上海：上海交通大学出版社,2013：193.
③ 国家统计局. 2015年国民经济和社会发展统计公报 [EB/OL]. http://www.stats.gov.cn/tjsj/zxfb/201602/t20160229_1323991.html.

· 152 ·

需求仍然处于一种非关联受控状态①。因此，文化创意产品有效供给与文化消费需求之间的矛盾将越来越突出，文化创意产品消费的缺口将持续扩大。据《中国文化消费指数（2013）》显示，2013年底，我国文化消费潜在规模为4.7万亿元，而实际消费仅为1万亿元左右，缺口近3.7万亿元。可以预见，文化创意产品消费的结构性缺口将随着人们文化消费潜力的释放和消费能力的增长进一步增大。此外，精神文化的消费呈现出个性化、审美化的趋势，人们消费过程的重心正在从产品的功能和特色转移到意义的彰显和情感的满足方面。因此，随着文化消费的持续增长，人们对个性化、原创性和具有审美意义的文化创意产品的需求将日益增强。博物馆文化授权是对博物馆文化的创造性生产和传播性输出，文化授权产品因加入了博物馆文化的特性和创意的元素而具备了文化创意产品的个性化和原创性特征。因此，属于人们文化消费的对象，受到文化消费规律的约束和影响。

文化消费的过程，是消费者对蕴含于文化产品中的精神文化的重新认识和建构过程。是建立在对文化内容理解基础上的精神文化的重新认识和建构，在本质上是一种文化的再生产，甚至可以理解为人自身的再生产与人的精神世界和社会精神秩序的再生产③。因此，文化消费在内在机理上表现出文化的建构性与生产性。文化消费这一特性能够直接反作用于促成文化消费实现的文化生产，进而影响文化的生产。文化消费的过程最终成为文化生产的重要引导力量。文化授权的本质是文化的生产与再生产，生产对象——文化授权产品将直接面向大众的评阅和消费，因此文化授权也会受到文化消费变化的影响。

文化消费的对象是承载文化价值和经济价值的文化内容产品。因此，文化消费的过程明显表现为以文化价值为主体的消费特征。文化消费的价值消费特征要求文化生产过程中努力创造、生产文化价值，以满足人们对文化价值消费的诉求，并力求一定文化投入的价值最大化。文化消费的这一特征在本质上属于文化生产的文化授权具有显而易见的影响。文化授权的过程是价值创造、增长、流通和输出的过程。这一过程能否满足人们的文化价值消费需求，能否契合人们的精

---

① 胡惠林. 文化经济学（第2版）[M]. 北京：清华大学出版社，2014：123.
② 郑海鸥. 2014年我国人均文化消费增16.4%[N]. 人民日报，2015-12-10（12）.
③ 胡惠林. 文化经济学（第2版）[M]. 北京：清华大学出版社，2014：120.

神文化消费类型,对文化授权的成效具有实质性的影响。

文化消费具有明显的象征性和符号性特点。文化消费的这一特征是由文化消费的对象,即文化产品的象征意义和外在的符号特性决定的。以具有文化内涵的文化内容为依托的文化产品在生产过程中必然会融入一定的文化象征意义,并通过不同的文化符号表现出来。这成为文化产品不同于同类一般产品的原因。人们对文化产品消费时更多的是对产品的象征意义的消费,消费的过程中这种象征意义在一定程度上转化为消费者精神面貌的一种符号。同时,在对文化产品及其象征意义消费的过程中,人们沟通的载体和话语交际的新空间得以形成。由此,文化产品的价值和意义在更大范围内得到传播和扩散。文化消费的象征性和符号性特点要求博物馆文化授权必须将文化资源转化为具有象征意义、能成为人们精神面貌和交际话语的一部分的符号性产品,才能为人们所接受和消费。

二、公众文化消费的心理与偏好

公众的文化消费过程表现为人们对消费对象内在价值的认同与自身外在行为的自觉行动。而这种来自个人价值认同和自觉行为更多的是出自一种个人主观的判断和选择,其合理性和正确性常常难以被有效评估和衡量。对此,英国学者戈尔汉(Garnham)认为,公众对文化商品的消费具有高度的不稳定性与不可预测性,他们借此来表明自己的独树一帜[①]。公众文化消费过程中的价值判断和消费行为选择主要受到其文化消费心理的支配以及文化消费偏好的影响。不同个体间的文化消费心理不尽相同,即便是同一人在不同时期的文化消费心理也可能存在差异。因此,公众文化消费心理也整体表现出一种相对主观的非理性状态。尽管如此,文化消费心理仍然受不同地域文化心理、人们在不同时期的精神文化需求等因素的影响。特定的地域文化心理从根本上奠定了人们的文化消费心理形成的基础,一定时期的精神文化需求直接促成或改变了这一时期的文化消费心理。

因此,对文化商品的消费能在多大程度上满足人们当前的精神文化需求,进而满足因这种精神文化需求所带来的心理渴望,决定着文化商品市场价值的实现以及文化商品生产和销售的可持续性。博物馆文化授权的顺利运行也与公众的文化消费心理密切相关,文化授权产品最终要直接面对公众的评判和消费,产品是

---

① 大卫·赫斯蒙德夫. 文化产业[M]. 张菲娜译. 北京:中国人民大学出版社,2007:20-21.

否符合公众的消费心理,在很大程度上决定了能否唤起他们的消费欲望、激发他们的消费行为。一定时期内不同人的文化消费心理又存在一定的共通性,因此个体消费行为可能会引发群体性的文化消费行为,在更多公众中形成基于这种文化消费行为的文化消费心理,进而产生广泛的社会连锁效应。在这种效应下,文化授权产品的价值实现程度将会趋于最大化。

文化消费偏好直接影响着人们对文化产品的需求。思罗斯比认为,需求来自消费者的品位和偏好,偏好的变化会使需求函数发生移动[1]。文化消费偏好是人们在文化消费过程中形成的对某一文化产品的偏侧性喜好,并随着文化消费的进行而逐渐植入人们的消费意识中,成为指导人们做出消费行为判断与选择的重要因素。出于一定的文化消费偏好,人们往往会倾向于发生以此偏好为基础的消费行为或据此增加某类文化产品的消费,从而促进了文化产品的生产和整个产业的运行。

文化消费偏好的形成来自人们对消费对象以及与消费对象相关的知识的积累和欣赏能力的提升。马克思和恩格斯在论述艺术起源时,认为艺术的历史起源必然源自劳动分工的发展以及"由劳动分工产生的人们所受教育的条件"[2]。教育所形成的知识和技能是人们认识和理解文化艺术的基础,对文化艺术的理解越透彻越深入,越容易形成偏好,随着偏好的积累,对这种文化产品的消费意愿和行为也会逐渐增多,从而偏好会越发强烈。对此,阿尔弗雷德·马歇尔在《经济学原理》中早就有过描述"一个人欣赏美妙音乐越多,他对美妙音乐的偏好就可能越强烈"。詹姆斯·海尔布伦在论述公众对艺术作品偏好时,认为艺术是一种"逐渐养成的嗜好,必须首先接触它才会喜欢它"[3]。对文化艺术的喜好往往会促成对文化产品的消费,消费过程同时也是文化消费偏好加深的过程。

---

[1] 戴维·思罗斯比. 经济学与文化 [M]. 王志标,张峥嵘,译. 北京:中国人民大学出版社,2011:23.
[2] 阿兰·斯威伍德. 文化理论与现代性问题 [M]. 黄世权,桂琳,译. 北京:中国人民大学出版社,2013:4.
[3] 詹姆斯·海尔布伦. 艺术文化经济学 [M]. 詹正茂,等,译. 北京:中国人民大学出版社,2007:75.

文化授权——博物馆文化创意产品开发的理论与实践

第二节 公众对博物馆文化资源的认同

一、博物馆文化资源认同

公众对博物馆文化授权产品接受并消费的前提是认同产品中所嵌入的文化元素和文化符号。对文化元素和文化符号的认同又源于对其背后的文化资源的认同。因此,人们对博物馆文化资源的认同程度直接影响以该文化资源为依托的博物馆文化授权产品被认可和接受的程度,从而进一步影响博物馆文化授权的发展。所以,需要首先对博物馆文化资源认同以及影响博物馆文化资源认同的因素进行分析。

"认同"本是心理学和社会学领域的词汇,后来被广泛应用于其他领域的研究中。对"认同"概念的理解,不同学者立足心理学、社会学等不同学科的角度做过诸多不同的论述。例如,弗洛伊德认为"认同"是个人与其他人或群体在情感和心理上的趋同过程①;美国学者乔治·斯奥多森(George A. Theodroson)等从社会学的角度认为,"认同"是一种将他人或群体的价值取向、行为准则和社会角色内化为个人的价值观念和行为主张的社会心理过程②。概括起来,可以将"认同"理解为个人之间或个人与群体之间的一种特定关系,在这种关系下,个人对特定事物或现象的承认和接受,并将其内化于自己行为中,使其成为自己行为的一部分的过程。③ 以此为基础,文化认同是人们通过发挥主观能动性后的认识和理解,将某一文化意识、文化观念、文化内容内化为自己价值观念和精神文化结构的一部分的过程,外在地表现为人们对某一文化事物或文化现象的认可与接受,并在自己的行为主张中将其体现出来。文化认同是一个相对漫长的过

---

① 王亚鹏. 少数民族认同研究的现状 [J]. 心理科学进展, 2002: 1 (102).
② Theodorson, George A., Theodorson, Achilles G A Modern Dictionary of Sociology [M]. New York: Crowell, 1969: 217.
③ 林明华, 杨永忠. 创意产品开发模式——以文化创意助推中国创造 [M]. 北京: 经济管理出版社, 2014: 57.

程，它需要借助于特定的物质性和非物质性载体来体现。只有那些载体已经成为一种重要的基因而成为人们心理结构与内容的一个重要的构造时，它才具有这种文化的认同性。① 这些载体主要表现为文化资源或者以文化资源为依托的文化活动和文化产品。因此，文化认同既是文化资源认同的基础，同时也需要借助于对文化资源的认同来实现。文化资源认同是个人或群体从情感、心理和效用角度出发表现出的对特定文化资源的认可和接受。如果人们对某一文化资源的认同度较低，那么对以此为基础开发的文化产品的认同感将不会太高，文化产品的价值也将会大打折扣。对博物馆文化资源的认同也符合上述规律。

文化资源是客观存在的文化事物或文化现象，认同的过程主要是主观性的思维活动和心理活动。因此，人们对文化资源的认同与其他实践活动一样，是一种主观见之于客观的活动。故而，影响文化资源认同的因素分为人们的主观因素和文化资源本身的因素两部分。人们的主观因素又包括人们的文化背景、知识积累、文化偏好以及其他人的评价。其中文化背景、知识积累和文化偏好是人们做出认知和判断的主观出发点，因此是人们对某一文化资源认同与否的基础。其他人的评价，尤其是知名或权威人士的评价是影响人们在文化资源认同时进行选择判断的重要外界因素。例如，当权威人士对某文化资源做出较高评价时，个体越倾向认同该文化资源；反之亦然。② 文化资源本身的因素涵盖了文化资源的知名度、影响力、美誉度以及文化资源与公众的文化距离。一般而言，文化资源的知名度和美誉度越高、社会影响力越大，文化资源的显示度越高并且正面形象越突出，也就越能被人们认可和传播，从而文化资源的认同程度会越高。文化资源一般形成于特定地域、民族或群体间，是一定地域的人们精神文化活动的产物，因此往往被打上特定民族、地域的烙印。文化资源中的文化元素或文化符号也常常体现出特定民族和地域的民族文化特征或属地特征。对于非本民族、本地区的民众，在认识或者消费这一文化资源时就会产生一定的文化距离。文化距离必然会影响他们对文化资源价值的判断，进而影响对文化资源的认同。博物馆的文化资源一般还具有超时空性的特征，往往是在特定历史时期和空间范围内形成的，其产生的背景早已远离了我们今天的现实生活。如果公众的文化背景和知识积累等

---

① 胡惠林. 文化经济学（第2版）[M]. 北京：清华大学出版社，2014：267.
② 杨永忠，林明华. 文化经济学——理论前沿与中国实践[M]. 北京：经济管理出版社，2015：16.

主观因素达不到足以弥合这一文化距离的时候,公众对博物馆文化资源的认同程度将会大大降低。

二、文化资源认同对博物馆文化授权的影响

博物馆文化授权始于博物馆文化资源的发掘与整合;作为文化授权标的物的文化符号是一类特殊的文化资产,直接源自博物馆的文化资源。因此,文化资源构成了博物馆文化授权的资源基础和内容来源。对文化资源的认同程度将直接影响博物馆文化授权的效果。当公众了解博物馆文化资源所反映的某一文化的背景、内涵时,就自然会增强对以该文化为载体的文化资源或文化符号的理解,文化资源的认同程度就会提高,融入这种文化资源的博物馆文化授权产品也将会得到公众的认可。公众对文化授权产品的认可和接受将直接影响其文化价值的溢出和增加。

另外,公众对博物馆文化资源的认同,将提高博物馆文化授权标的物的知名度,从而有助于增加潜在的被授权对象的数量,扩大博物馆文化授权时对授权客体的选择范围,并提高博物馆在授权中的协商谈判环节的议价能力,掌握文化授权的主动权,从而增加博物馆文化授权的效益和成功的概率。例如,通过媒体对分别收藏于台北故宫博物院与浙江省博物馆的《富春山居图》部分图卷合璧的报道,人们对其认同度增加。在此基础上,台北故宫博物院与浙江省博物馆对《富春山居图》的授权取得了较好的效益。据悉,台北故宫博物院仅授权艺奇文创集团开发的文创产品就多达数十种,并且授权产品出现了供不应求的现象①。浙江省博物馆就《富春山居图》与尚元书屋、浙江民泰商业银行、中金国礼文化金投资管理有限公司、台湾法蓝瓷、香港文汇报等多家机构进行了授权合作。

---

① 苏雪燕.《富春山居图》艺术授权产品掀抢购热潮[EB/OL]. 新华网,http://news.xinhuanet.com/fortune/2011-05/18/c_121431401.htm.

第三节 授权主体及对象的知名度与影响力

一、博物馆的知名度与影响力

博物馆文化授权的运行明显受到博物馆知名度与影响力的影响。文化授权的效益与博物馆的知名度和影响力呈现出正相关关系,即博物馆知名度越大、影响力越突出,越有助于博物馆文化授权的开展,博物馆文化授权的效益也越显著。博物馆的知名度与影响力往往具有同步性,知名度越高,影响力也会越突出,并且两者共同影响着博物馆的文化授权。博物馆的知名度与影响力对博物馆文化授权的影响主要体现在以下三个方面:

其一,博物馆所具有的品牌知名度和影响力是博物馆开展品牌授权的前提和基础。博物馆品牌的知名度是博物馆知名度和影响力的集中体现。较高的品牌知名度本身就反映出博物馆在社会上的知名度和在公众中的影响力。品牌授权是博物馆文化授权的重要类型,较高的品牌知名度和较大的品牌影响力有助于博物馆品牌授权的开展。只有具备较高知名度和影响力的品牌,授权标的物才有授权价值,通过授权才能为被授权方带来产品附加价值的提升。例如,大都会艺术博物馆的品牌授权主要得益于大都会博物馆在经营过程中形成的强大品牌号召力和影响力。又如,台北故宫博物院在品牌授权中采取双品牌的方式与被授权方合作,并对合作品牌作出明确要求,相对于其他授权类型对被授权方提出较高的权利金反馈要求。之所以能这样做,正是因为台北故宫博物院依赖其较高的品牌知名度和影响力。通过品牌授权,博物馆较高的品牌知名度和影响力能够转化为文化授权产品的市场竞争力,从而能使产品在激烈的市场竞争中占据有利的地位。

其二,博物馆较高的知名度和影响力能通过为博物馆带来一定规模的参观人数而提高参观者对博物馆文化资源的了解和认同,进而增强对博物馆文化授权产品的接受程度。博物馆的知名度和影响力是吸引人们走进博物馆的重要原因,也是博物馆对外产生吸引力的主要方面。如果博物馆不吸引人,即使免费入场并花费大量的广告费用，也无法获得和保持其吸引力。①大英博物馆、卢浮宫博物馆、故宫博物院正是凭借其在世界范围内较高的知名度和强大的影响力，才为其带来源源不断的参观流量。博物馆庞大的参观人数所形成的参观流量，一方面，使更多的参观者能够接触到博物馆的展览和藏品，从而增加了对藏品以及以之为载体的文化资源的认识和感知，有助于形成或增强对博物馆文化资源的认同感。另一方面，博物馆持续不断的参观流量能够增强博物馆的正外部性。外部效应的凸显在为博物馆带来直接或间接经济效益的同时，也是对博物馆品牌的消费和传播，从而强化了其已有的知名度和影响力。

其三，博物馆的知名度和影响力能够无形中影响其展览和藏品的知名度。具有较高知名度和影响力的博物馆往往会产生光环效应，从而其知名度和影响力会波及博物馆的展览和藏品。教育心理学的奠基者爱德华·李·桑戴克（Edward Lee Thorndike）在20世纪20年代最早提出"光环效应"这一概念，被用来描述"评价主体对所评价对象某一属性的评价会影响他对这一评价对象其他属性的评价"②。博物馆的高知名度和影响力反映到公众的意识中，从而使社会公众形成一种定向的评估和认同思维。根据光环效应理论，公众对博物馆的认同会直接影响对博物馆展览和藏品的正面评价和认同程度（见图7-1）。公众对博物馆整体认同的叠加和提升，最终将有助于增强对博物馆文化授权产品的接受程度。

二、博物馆展览的品牌与影响

陈列展览是博物馆的一项重要职能和向社会提供公共文化服务的主要形式。当前，陈列展览仍然是博物馆向社会公众阐释藏品内涵、传播博物馆文化、沟通博物馆与社会的主要渠道。对博物馆展览的意义，思罗斯比认为："不管是馆藏品还是引进展品的展览，都给博物馆提供了一个随着时间的推移不断实现艺术品文化价值的方式，通过展出的方式可以向人们传递信号和信息、解释作品意蕴、

---

① 帕尔·莫克. 市场营销［A］//帕特克里·博伊兰. 经营博物馆［M］. 国际博协中国国家委员会，中国博物馆学会，译. 南京：译林出版社，2010：239.

② 林明华，杨永忠. 创意产品开发模式——以文化创意助推中国创造［M］. 北京：经济管理出版社，2014：65.

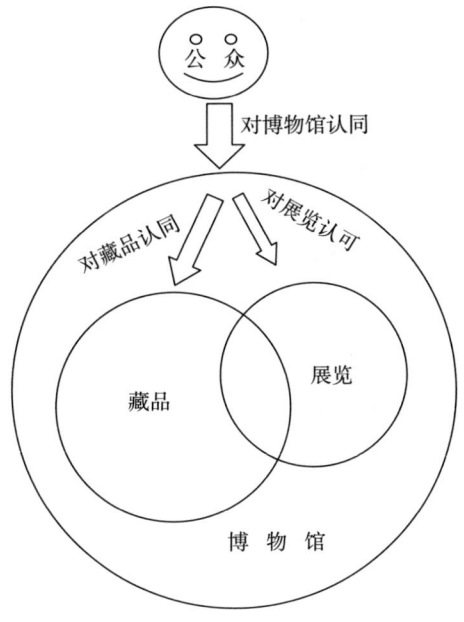

图 7-1 公众对博物馆认同带来的光环效应示意图

提供深刻的见解和启迪思想"①。从博物馆价值阐发与实现的角度,打造品牌化、有影响力的展览是诠释博物馆整体价值并实现价值输出与传播的有效途径。提升博物馆展览的品牌化和影响力,对博物馆文化授权的开展和运行同样具有重要影响。

博物馆的陈列展览是在研究、策划的基础上,通过现代展示形式和方法向公众呈现博物馆藏品内涵和博物馆文化的行为过程。通过多元化的展示技术和传播手段的运用,使博物馆藏品内涵被最大限度地解读。因此,对参观者而言,陈列展览可以被理解为对藏品信息的解码过程。对藏品内涵的展示性解读,有助于增加人们对博物馆藏品及其所体现的博物馆文化资源的理解和认同,从而有利于博物馆文化授权的开展。具有一定影响力的展览,往往在展示内容和形式上具有吸引力,能够对展示对象进行充分的解读和演绎,使人们最大可能地了解展示对象的相关信息、理解展示对象的意义或原理,进而增强人们的认同感。例如,2015

---

① 戴维·思罗斯比. 经济学与文化 [M]. 王志标,张峥嵘,译. 北京:中国人民大学出版社,2011:42.

文化授权——博物馆文化创意产品开发的理论与实践

年9月,故宫博物院推出作为建院90周年庆祝活动之一的"石渠宝笈特展"。配合展览,故宫博物院向参观者提供展览图录、《紫禁城》杂志"石渠宝笈"专刊、《清明上河图的故事》等书籍;同时,故宫博物院运营的"微故宫"微信公众号及时发布针对展览的介绍、本书解读和参观建议等内容,并在网站上推出特展的网上展览。

具有一定品牌化和影响力的展览是博物馆文化授权营销的重要支撑。博物馆展览活动是文化授权营销最重要的平台和契机。通过陈列展览,尤其是具有影响力和品牌化的展览活动,能够增加博物馆的参观人数,进一步提升展览品牌的知名度。如上述"石渠宝笈特展"期间,每天保持数万人的参观量;2013年山东省博物馆展出"达芬奇"自画像,每天亦有上万人次的参观量。庞大的参观数量可以转化为博物馆的服务流量。有利于扩大博物馆宣传的覆盖范围,增强博物馆营销的针对性,使依托于展览的藏品和以藏品为基础的授权标的物能够被更多的公众认知和关注。从而对博物馆文化授权的开展起到前期宣传营销的作用。特别是经过精心策划和包装的巡回展览,随着展览的巡回展出与媒体的宣传报道,能够"引起观众更频繁地参观博物馆,吸引许多之前没去过博物馆的人"①,因此更容易形成展览的品牌影响力。例如,秦始皇陵及兵马俑博物馆自2002年开始、历时3年的"秦兵马俑全国巡回展",在全国20多个省会城市及重点城市展出。又如,绍兴博物馆推出的"兰亭的故事"全国巡回展,从2014年在浙江省地级市博物馆巡回展出,再到2015年、2016年的全国巡回展览,对博物馆、展览和展品都实现了广泛的宣传和营销。博物馆文化授权能够借助具有品牌化和影响力的展览所带来的社会反响,乘势进行文化授权的营销和宣传,提升文化授权的效果。

当前,国内外博物馆每年都会举办数量众多的展览,包括基本陈列、临时展览、特展和巡展等多种形式。以我国为例,2012年全国博物馆举办文化展览数量多达11885个,引进国外展览或出境展览的数量也已突破100个②。但真正具有品牌知名度和影响力的展览不多,更多的展览是基于藏品研究或展览策划人员

---

① 玛格丽特·霍尔.展览论——博物馆展览的21个问题[M].环球启达翻译咨询有限公司,译.北京:燕山出版社,2007:4.
② 邢致远,李晨.浅议博物馆文化创意产业的模式与产品[A]//中国博物馆协会文创产品专业委员会.2015中国博物馆文化产业研究[M].武汉:湖北人民出版社,2015:445.

的兴趣和博物馆的藏品实际等内部因素推出的。临时展览中,例行式的馆际交流展占据了91%的比重,基于精品意识的展览主题策划和包装的缺位导致展览的形式和内容缺乏足够的吸引力。加之陈列展览中,藏品与其产生环境的时空分割、与其原生"语境"的分离,文物的孤立性、线性的展示方法容易导致其历史感的消亡①。展览本身吸引力和影响力的缺乏,容易使博物馆文化授权失去一个有相关性、有价值的"产品"②作为依托。即便博物馆对展览进行推广和宣传,也难以吸引大量的参观群体,这显然不利于博物馆文化授权的前期营销和文化授权的整体运行。

三、授权标的物的知名度与美誉度

博物馆文化授权是以博物馆授权标的物的转移和标的物所承载的知识产权的让渡为主要标志的活动。授权标的物既是博物馆文化授权的对象,也是连接博物馆与被授权者之间的纽带,是博物馆文化授权的关键要素。授权标的物的文化内涵与价值直接决定了授权后的授权产品的文化价值的大小,并影响着其经济价值的实现。人们对文化授权产品的使用和消费多是由于文化授权产品具有原创性的文化内涵和文化意义。因此,授权标的物的知名度和美誉度直接影响着博物馆文化授权的成效。授权标的物的知名度和美誉度越高,其社会影响力越大,人们对它的认知度和正面评价越高,那么融入该标的物的文化授权产品越能得到社会的认可,也就越可能被人们消费。因此,人们对文化授权产品的使用和消费与授权标的物的知名度与美誉度呈正相关的关系。

博物馆文化授权标的物以藏品经过数字化形成的文化符号为主,其载体仍然为博物馆的藏品以及藏品所体现的博物馆文化资源。因此,文化授权标的物的知名度与美誉度主要源于博物馆藏品的知名度和美誉度。而藏品的知名度和美誉度是指藏品在社会上的认可程度与正面评价,是基于社会公众的评判形成的标准。现实中,国内不少博物馆从博物馆自身的价值评判标准出发,立足博物馆藏品的遗产价值,将本馆历史、艺术或科学价值较高的"镇馆之宝"作为授权标的物

---

① 姚伟钧等. 从文化资源到文化产业——历史文化资源的保护与开发 [M]. 武汉:华中师范大学出版社,2012:99-100.
② 帕尔·莫克. 市场营销 [A] //帕特克里·博伊兰. 经营博物馆 [M]. 国际博协中国国家委员会,中国博物馆学会,译. 南京:译林出版社,2010:238.

的载体。这种做法主观地将博物馆藏品的知名度混淆于其遗产价值，忽视了公众对藏品的认知和评判，从而其知名度仅是一种局限于博物馆或专业学术群体内的知名度，藏品的美誉度更是由于公众评价的缺位难以得到彰显。博物馆藏品的知名度和美誉度不能得到公众的认可和传播，将从整体上影响公众对博物馆的需求函数。因此，建立在博物馆藏品等文化事项基础之上的博物馆文化授权也将明显受到影响。

授权标的物的知名度与美誉度还会在授权环节通过影响授权方与被授权方的关系而最终影响博物馆文化授权的效果。如果授权标的物具有较高的知名度与美誉度，在社会上具有明显的影响力，授权后可能为被授权方带来较高的附加价值，因此可能会存在较多的潜在被授权者。在这种情况下，博物馆在授权环节的谈判协商中会占据优势地位，可以根据授权标的物的适用性和被授权者的实际状况做出灵活选择。并有可能因授权标的物的较高知名度和美誉度而获得丰厚的权利金回馈，从而实现文化授权收益的最大化。反之，如果授权标的物没有明显的知名度和美誉度，其潜在的被授权者可能非常有限，可供博物馆选择的授权客体的范围较小，博物馆在授权环节的谈判中未必占据优势。

第四节　文化授权产品的内涵与价值

文化授权产品作为博物馆文化授权的产物，进入流通领域后直接面向公众的评判和选择，通过公众的使用或消费而最终实现其价值。由于直接与市场端和消费端相连接，博物馆文化授权产品的内涵与价值直接影响到其能否为公众所接受和消费。公众对博物馆文化授权产品的接受、使用和消费是博物馆文化授权的目的之一，也是博物馆文化授权价值最终实现的主要标志。因此，文化授权产品的内涵与价值通过公众的反馈进而影响博物馆文化授权的运行。

文化授权产品的内涵主要表现为产品的文化内涵和承载的文化意义。文化授权产品与一般产品相比，因蕴含着特定的文化意义而表现出鲜明的文化属性。文化属性内在地体现为因文化内容的融入而产生的文化效用，外在的表现为文化的符号特点和象征意义。因此，文化授权产品是一种实用产品和象征产品的统一。

布迪厄认为，文化产品的竞争品质依赖于它们在某种程度上作为个人装饰品、社会炫耀方式、娱乐消遣形式或者信息和自我意识的来源发挥作用，对消费者来说，它是符号价值与实用目的密切相关的人工制品。① 对公众而言，相对于其实用属性，文化授权产品的效用更加取决于其精神文化属性。公众的精神文化需求能否得到满足，在很大程度上成为衡量文化授权产品文化效用的主要尺度。而文化授权产品的文化效用主要源于其文化内涵和价值。从而，文化授权产品的文化内涵和价值成为间接影响博物馆文化授权的因素。

文化授权产品在价值实现方面与一般产品一样，依赖于市场的需求，而市场需求很大程度上是消费者的需求。奥地利经济学派的卡尔·门格尔和弗雷德里希·冯·维泽尔（Carl Menger & Friedrich Von Wieser）最早在其边际效用价值说中认为："商品价值取决于独立的消费者需求的满足度。"② 只有消费者的精神文化需求得到满足，文化授权产品的价值才能最终实现。这一点对博物馆文化授权产品同样适用。因此，博物馆文化授权产品的开发、生产需要反映当前人们的精神文化需求，并围绕不断变化的文化需求进行创新，博物馆的文化授权才具有可持续性。莱斯特大学博物馆学研究所的荣誉退休教授艾琳·胡珀·格林希尔（Eilean Hooper Greenhill）认为那些无法满足游客需求、不能定期完成更新发展与变化的博物馆最终会逐渐走向消亡③。

第五节　博物馆文化授权营销的影响

文化信息的快速传播和文化产品的多元化与多层次性使文化经济表现出强烈的空间模式色彩和短时性逻辑。这一特征在当前外在地表现为各类文化现象的纷繁复杂，并且呈现出时尚化、浪潮化的运行方式，新颖性、短时性和强烈的空间

---

①　艾伦·J. 斯科特. 城市文化经济学［M］. 董树宝，张宁，译. 北京：中国人民大学出版社，2010：4.
②　格尔哈德·帕普克. 知识、自由与秩序［M］. 黄冰源，赵莹，冯兴元，等，译. 北京：中国社会科学出版社，2001：6.
③　Hooper Greenhill E. Museums and Their Visitors［M］. London：Routledge，1994：58.

视觉特征空前凸显①。因此,并不是所有的文化现象都能受到人们的关注,也并非所有的文化事物都能产生应有的价值,进而带来财富的增加。只有能够引起人们普遍关注并能带来现实性意义的文化事物和文化现象,才能形成并实现其价值。若要引起人们对该文化事物或文化现象的普遍关注,就需要通过适当的宣传和营销加以引导。此外,由于信息不对称广泛存在于市场交易活动中,从而影响了资源配置的效率,不利于具有产权交易属性的文化授权完全按市场供需机制进行资源配置。博物馆文化授权作为一类兼有文化属性和经济属性的文化活动,文化授权标的物和文化授权产品作为特殊的文化事务,只有在受到人们广泛关注的前提下,授权对象才具有一定的潜在被授权者,授权产品才具有稳定的受众群体和市场空间,授权活动才能够持续良性运作。因此,文化授权的顺利开展和良好运行需要借助一定的营销手段,增加人们对博物馆文化授权标的物和文化授权产品的关注,提升其价值转化和实现的概率,降低市场信息不对称带来的影响。由此,文化授权的营销在博物馆文化授权中发挥着举足轻重的作用,在很大程度上保障了文化授权的成功。

博物馆文化授权的营销包括授权前对授权标的物的营销和授权环节完成后对文化授权产品的营销两部分。这两部分虽然并不衔接,但却存在内在的逻辑结构,从授权前文化授权标的物的营销到授权后文化授权产品的营销是一个从吸引受众注意力到开发消费者购买力的过程②。

文化创意产业的发展首先需要建立一定的传播渠道,其次才可能顺利进行营销推广。博物馆文化授权标的物的营销发生在博物馆文化授权的授权环节前,对授权标的物营销是建立博物馆文化授权传播渠道的开始,直接影响授权环节的进展和文化授权产品的营销。如果没有针对博物馆文化以及文化授权标的物的畅通的传播渠道,文化授权产品的营销通道也将非常狭窄,市场将难以打开。因此,博物馆文化授权标的物的营销对博物馆文化授权的顺利进行至关重要。

博物馆文化授权标的物的营销实质上是对包括授权对象的形象、意义、价值在内的相关内容的宣传推广。通过对授权对象的宣传推广,使授权标的物蕴含的各类信息能够有效释放,并被人们接受和获取。斯图亚特·霍尔认为,只有当一

---

① 王佳元. 文化创意服务业:发展与选择 [M]. 太原:山西经济出版社,2012:12.
② 陈少峰,张立波. 文化产业商业模式 [M]. 北京:北京大学出版社,2011:107.

第七章　博物馆文化授权的影响因素分析

个信息能够被人们识别和评价的时候，它才能被后者接受①。所以，只有让公众充分了解、认识到授权标的物的相关信息，他们才可能接受、使用或消费融入授权标的物的文化授权产品。反之，当公众不了解授权标的物的相关背景或者对授权标的物不能认同和接受时，很少愿意为相关文化授权产品付费。对授权标的物的了解和认知直接源于对博物馆藏品、商标、建筑和其他文化事项的理解和认识，尤其是对作为授权标的物主要来源的博物馆藏品的了解程度。只有当人们对藏品有足够确切和深刻的了解后，才能领悟到它所代表的文化的真谛②，才能欣赏和接受反映藏品文化的授权标的物。因此，博物馆对授权标的物的营销很大程度上是对博物馆藏品的营销宣传，借此达到提升藏品知名度、提高人们认知度的目的。甚至通过一定的宣传营销策略，对藏品进行明星化包装，将藏品打造成明星式藏品，提高其社会关注度，吸引更多的注意力，从而为文化授权产品积累潜在的市场效应。例如，大都会艺术博物馆在对文化授权标的物的宣传营销中，请来NBA球星卡梅罗·安东尼等担任推广大使，在社交网络上"晒"出明星们最喜爱的藏品③，调动起更多人对相关藏品的兴趣，提高了这些藏品的知名度和影响力，进而推动了以此为授权标的物的文化授权的开展。此外，潜在的被授权者往往会根据公众的需求变化以及自身对文化授权标的物的了解程度和授权标的物的文化价值做出整体价值判断，最终决定是否作为被授权方加入博物馆文化授权的行列中。

文化授权产品的营销发生在被授权方通过创意设计和生产制作环节生产出文化授权产品后，将文化授权产品推向市场时。虽然文化授权产品营销的主体是被授权方，但由于受到博物馆对授权标的物营销效果的影响，同时文化授权产品的营销效果将直接决定着产品价值的实现程度。只有文化授权产品的价值得到认可和实现，博物馆文化授权的流程才算最终完成，文化授权的价值链才算一个完整的价值链条。因此，无论对于博物馆文化授权产品的直接价值实现，还是对于博

---

① 斯图亚特·霍尔．编码，解码[A]//单世联．文化产业研究读本（西方卷）[M]．上海：上海交通大学出版社，2011：318．
② 本杰明·艾维斯·吉尔曼．博物馆目标与手段的完善[A]//南希·艾因瑞恩胡弗．美国艺术博物馆[M]．金眉，译．长沙：湖南美术出版社，2007：98．
③ 李娜．从博物馆建设看文化产业发展的新思维[A]//中国博物馆协会文创产品专业委员会．2015中国博物馆文化产业研究[M]．武汉：湖北人民出版社，2015：214．

物馆文化授权的整体价值循环,对博物馆文化授权产品的营销都具有十分重要的意义。

博物馆文化授权产品的营销方式和力度直接影响着其市场价值的实现程度。通过合适的方式和渠道对文化授权产品进行营销,能够促进社会公众对授权产品的认知和接受,从而最终将公众的注意力转化为对授权产品的购买力。例如,河南博物院通过线上、线下多种渠道和方式对以其藏品鸮尊为载体开发的系列文创产品的营销①,受到了公众的普遍欢迎。因此,对文化授权产品营销的过程是博物馆文化授权产品价值得到实现的过程。现代市场营销理论认为,现代意义下的营销不再只是促使消费者购买产品的过程,同时也是在营销过程中通过沟通和研究来找出消费者的需求,并以此为契机改进产品的生产。因此,博物馆文化授权产品的营销又是对文化授权的文化生产关系的调整,使博物馆文化授权的内容能够及时调整和完善,从而满足不断变化的公众和市场的需求。

博物馆文化授权产品的营销在推动授权产品价值实现的同时,也是对博物馆文化授权价值链的延伸和强化。对文化授权产品的营销使授权产品的价值得以通过市场端实现,并在流通环节带来了价值的增值。通过权利金的反馈,博物馆最终实现了价值的补偿。因此,文化授权产品的营销促成了博物馆文化授权价值链的闭合与强化,促进了博物馆整体价值的提升和输出。

---

① 王昕. 河南博物院妇好·鸮尊系列衍生品开发及营销策略[A]//中国博物馆协会文创产品专业委员会. 2015 中国博物馆文化产业研究[M]. 武汉:湖北人民出版社,2015:390.

第八章 研究结论与未来展望

在前七章对博物馆发展文化创意产业的背景和现状、博物馆文化授权的内涵与意义、博物馆文化授权的法理依据与基础理论、博物馆文化授权的流程与机制、博物馆文化授权的模式与价值链以及影响博物馆文化授权的内外因素进行深入探讨和分析的基础上,本章首先对全书的研究结论进行梳理和总结,其次针对博物馆文化授权方面需要进一步讨论的问题进行启发性探讨,并对未来的研究进行展望。

第一节 主要研究结论

本书秉持理论联系实际、整体分析与具体阐述相结合的原则,运用规范研究与实证分析相结合的方法,按照从宏观到微观、从理论分析到实践应用的逻辑,对文化创意产业视域下博物馆文化授权的相关问题进行了探讨,形成了以下研究结论:

(1)结合文化经济兴起背景下文化产业的发展以及向文化创意产业的嬗变,对当前博物馆的功能和价值演变趋向作了深入分析,特别是从博物馆身份、场域和范式的转变上对博物馆价值理念和功能定位的转变进行了深入分析,认为发展文化创意产业符合当前博物馆功能定位与价值理念转变的需要和趋势,并认为这是博物馆文化授权之所以成为可能的历史与现实因素。长期以来,博物馆的核心价值围绕着文物藏品,在特定的时间、固定的空间内反映、解决着与之相关的问题，更多地体现为一种物化的思维范式和行为准则。20 世纪 70 年代，新博物馆学思潮的兴起和传播，给现代博物馆核心价值的形塑带来了重大改变，博物馆的核心价值和理念发生了前所未有的转变。这种转变体现为博物馆功能的社会化和多样性，博物馆核心价值呈现出由内而外的延伸，逐渐突破了传统的物化的思维范式和行为准则，实践着由"物"向"人"的转变。本书认为，新博物馆学思潮的形成与传播与当代意义上的文化产业在世界范围内的兴起与发展呈现出一定的同轨性和同步性，因此博物馆在功能与价值的转变中必然会受到文化产业发展和变化的影响。

文化创意产业是文化产业的更高发展阶段，知识创新和文化创意在文化创意产业结构中的重要性不断凸显。随着文化创意产业对文化内容的深层次需求和产业形态的渗透式拓展，博物馆逐渐成为文化创意产业的一个重要门类。由此，博物馆逐渐打破原有的自循环体系下的模式化思维，以公众需求为导向的思维范式逐渐建立。文化创意产业影响下的博物馆思维范式及行为方式的转变，既是当前博物馆价值导向转变的结果，也是对传统思维范式的不断反思与摒弃。本书认为，在文化产业结构升级换挡、提质增效，逐步向文化创意产业转换的背景下，博物馆应主动适应文化创意产业的发展规律和产业特点，转变自身定位，进而在核心价值的导向下更好地发挥好各项功能，实现总体价值的提升。

（2）揭示了文化授权的内涵、本质和特点，并在此基础上详细阐述了博物馆文化授权的构成要素、范畴、类型以及博物馆文化授权的意义。结合文化授权的实践，本书将文化授权界定为：授权者将所拥有或代理的文化创作或生产的产品以及与产品相关标的物的权利，以合同的形式授权给被授权者使用，被授权者根据合同规定将授权物在特定地理区域和时间范围内应用于其他产品的生产、销售和非营利性活动中，以此提高经营活动的附加值，并按约定向授权者支付权利金或其他报酬的活动。文化授权属于法律和经济双重框架下的概念，从知识产权法的意义上，文化授权可理解为以保护、开发和运用知识产权为核心的文化创意活动。经济学视角下文化授权的实质是市场经济条件下，文化作为生产要素参与并推动的产业融合过程。从文化生产的角度考察，文化授权在本质上是一种文化的生产与再生产行为。从产业结构优化的角度审视，文化授权的本质是资源要素的优化和产业价值的开启。文化授权表现出价值实现路径的多元化、产品表现形态的特殊性和知识产权的绝对依赖性特征。

博物馆文化授权是以具有博物馆文化内涵和特质的授权标的物的知识产权为对象的授权体系。通过与外界产业体系的频繁互动和交换，进而实现价值的生产与输出，因此博物馆文化授权应是一个整体性的价值生产与再生产系统。博物馆的文化授权在运行中呈现出一种由不同要素织就的生产关系网络。各项要素构成了网络的连接点，并通过网络中的关系与其他要素连在一起。博物馆文化授权的构成要素包括文化授权的主体、客体、对象和介质。授权主体一般由博物馆、授权经纪组织或个人以及集中性的授权平台担任；授权客体即被授权方，可以分为生产经营性质的市场机构和具有公益性质的非营利组织两类；授权对象是博物馆拥有知识产权的各类授权标的物以及以标的物为载体的知识产权；文化授权的介质指文化授权的媒合与交易平台。博物馆文化授权应当是立足博物馆原位文化，对能代表其原位文化的标的物进行的授权，而不是以博物馆认为有遗产价值的文物藏品作为标的物的载体进行的授权。博物馆文化授权通常包括与博物馆相关的艺术授权、图像授权、品牌授权、专利授权和传统技艺授权、出版授权、影音授权等类型。本书认为，在文化授权与艺术授权的区别上，博物馆文化授权涵盖了艺术授权，艺术授权作为博物馆文化授权的一个类型，并不能替代博物馆文化授权的概念。尤其是对强调文化序列、重视文化传播意义的我国博物馆而言，文化授权的概念更加具有适用性。博物馆文化授权的意义体现在：通过博物馆文化授权，可以从根本上实现博物馆文化资源存量向文化创意产业增量的转化，进而实现博物馆文化价值的输出；博物馆文化授权是博物馆文化创意产业发展模式的创新，有利于博物馆文化创意产业的空间拓展和价值延伸；博物馆文化授权将有助于提高博物馆的文化供给能力以及对市场的供给弹性。

（3）在对文化授权的理论基础进行梳理、分析的基础上，搭建了博物馆文化授权的理论框架，并从博物馆文化授权的法理依据方面揭示了博物馆文化授权的合理性与可行性。由产业融合理论、效用理论、价值链理论、交易成本理论、符号产品理论和微笑曲线理论共同构成了文化授权的理论基础。以这些理论为支撑，文化授权才具有了理论层面的意义。博物馆文化授权的理论框架由文化产业的生产复制理论、文化经济的"网络定律"和文化嵌入理论构筑，它们成为博物馆文化授权理论的直接来源。

从经济学角度审视，博物馆是一个具有复杂而多元的目标函数的非营利组织。要使目标函数最大化，需要投入一定数量的生产要素，使其充分参与到博物馆运营中,从而实现产出的最大化。博物馆文化授权的机制恰恰满足了以有限生产要素的投入,实现博物馆多元产出函数最大化的诉求。从政策导向和法规依据方面看,博物馆文化授权符合各个国家发展文化（创意）产业地政策,因此受到政策的支持和鼓励。我国逐渐将发展博物馆文化创意产业上升为国家层面的政策,并出台专项法规,在为博物馆文化授权提供了宽阔的政策空间的同时,使博物馆文化授权具有了地位上的合法性。博物馆基本的公共文化产品和服务需要由政府通过公共财政的投入来提供,这部分产品和服务具有公共产品的性质。超出这一范围的、体现公众的消费偏好的文化产品需要借助产业化和市场的力量,并通过消费者的支付实现,具有一定的私人产品的性质。因此,博物馆文化创意产品是公共文化经济与非公共文化经济交互下的产物,在产品属性上具有混合产品的特点。博物馆文化授权产品符合这一特点,即同时具有公共产品、私人产品的混合性质以及作为优效产品的优效性。博物馆文化创意产业的发展过程也是充分开发、利用、经营博物馆知识产权的动态过程。因此,从知识产权保护与利用的角度,博物馆文化授权正是知识产权有效保护与充分利用的需要。

（4）完整地分析了博物馆文化授权的流程并提出了保障博物馆文化授权顺利进行的机制。本书认为,博物馆文化授权是一个系统的过程体系,并非单纯的授权环节,也并不是单纯依靠创意设计或宣传营销某一环节就能获得成功,因此需要博物馆各部门的有机配合以及各环节的有效衔接。博物馆文化授权的完整流程包括：文化授权理念和意识的培养,博物馆文化资源的整合、评估与数字化,文化授权窗口的组建与规划的制定,文化授权内容的知识产权管理,授权标的物的宣传和营销,授权环节的协商、谈判与合同的签订,授权标的物的产品转化与生产流通,授权后的监督管理与权利金的反馈。授权内容的知识产权管理机制、明确的资金来源与收益回馈机制、授权过程中的协同联动机制和文化授权信息的公开化机制共同构成了博物馆文化授权的保障机制。博物馆文化授权的各项机制在保障博物馆文化授权各环节顺利运行的同时,也是对博物馆非营利属性的维护。因此,博物馆文化授权过程中不能仅注重流程性操作,在把握文化授权整体流程的同时,需要激活各项机制,充分发挥各项机制在博物馆文化授权中的作用。

（5）在对博物馆核心竞争力分析的基础上,提出了博物馆文化授权的三种结构模式——直接授权、委托授权和综合授权,并揭示了不同文化授权模式下的价值链形态。本书认为，博物馆文化创意产业的发展，应该充分发掘、利用博物馆的内在优势，并有效整合其外部优势，形成核心竞争力的合力，并在运行中不断提升核心竞争力。博物馆需要根据自身核心竞争力的分布状态和大小强弱等现实状况选择符合实际的文化授权模式。

文化授权模式是以具有符号意义和价值的文化资源为源头，以文化资源所承载的知识产权为核心，通过授权实现的产权交易、资源整合、生产销售的融贯性和扩展性的结构体系。文化授权的结构模式建立在资源集聚和无形资产积累的基础上，并以此为基础吸纳、整合外部资源要素，形成价值辐射、联动的协同圈层。对博物馆而言，文化授权模式是博物馆文化创意产业发展模式逐步外向化的必然结果。博物馆文化授权模式有效连接了博物馆、社会公众、馆外企业、其他非营利组织，扩大了博物馆文化创意产业的发展空间，突破了线性化的发展模式。根据博物馆的核心竞争力和各参与方在文化授权模式中的角色，可将博物馆文化授权模式分为博物馆直接授权的模式、博物馆委托授权的模式以及博物馆综合采用直接授权和委托授权的模式三种。博物馆文化授权的价值链是一个系统的链式延伸组合结构，从而保证了各价值活动环节的相互衔接和整体价值的最优化。博物馆文化授权中的授权对象与授权客体并非单一的映射关系，而是一个多向度的关联映射，通过这种映射关系，授权对象与社会化的生产网络联系起来。价值最终通过社会化生产网络形成辐射状的价值流通网。因此，博物馆文化授权的价值链形态可以看作若干由"点—线—面"组成的伞状结构的价值网络。

（6）揭示了影响博物馆文化授权的内外因素：当前文化消费的发展态势与特点、公众文化消费的心理与偏好、公众对博物馆文化资源的认同程度、博物馆的知名度与影响力、博物馆展览的品牌与影响、授权标的物的知名度与美誉度、博物馆文化授权产品的内涵与价值、博物馆文化授权的营销效果等。文化消费的发展态势和特点从宏观上影响着作为文化生产系统的博物馆文化授权。公众的文化消费心理和偏好直接消费行为的发生，并通过影响文化授权产品的消费进而影响到文化授权的运行。公众对博物馆文化资源的认同程度直接影响以该文化资源为依托的博物馆文化授权产品被认可和接受的程度，从而进一步影响博物馆文化授权的发展。博物馆的知名度和影响力与博物馆文化授权的效益呈现正相关的关系，博物馆知名度越大、影响力越突出，越有助于博物馆文化授权的开展，博物馆文化授权的效益也越显著。具有一定品牌化和影响力的展览是博物馆文化授权营销的重要支撑。博物馆展览活动是文化授权营销最重要的平台和契机。通过展览对展示对象的解读和演绎，可以使人们最大可能地了解展示对象的相关信息、理解展示对象的意义或原理，进而增强人们的认同感。授权标的物的知名度和美誉度直接影响着博物馆文化授权的成效。授权标的物的知名度和美誉度越高，其社会影响力越大，人们对它的认知度和正面评价越高，那么融入该标的物的文化授权产品越能得到社会的认可，也就越可能被人们消费。授权标的物的知名度与美誉度还会在授权环节通过影响授权方与被授权方的关系而最终影响博物馆文化授权的效果。博物馆文化授权产品的内涵与价值直接影响其能否为公众所接受和消费，并通过公众的反馈进而影响博物馆文化授权的运行。博物馆文化授权的营销能够增加人们对博物馆文化授权标的物和文化授权产品的关注，提升其价值转化和实现的概率，降低市场信息不对称带来的影响。因此，文化授权的营销在博物馆文化授权中发挥着举足轻重的作用，在很大程度上保障了文化授权的成功。

本书认为，博物馆在开展文化授权时，需要主动适应文化消费环境的变化和公众的文化消费心理与偏好，并充分发挥主观能动性，克服自身因素带来的不利影响，积累正向动能进而推动博物馆文化授权的持续发展。

第二节 研究展望

本书立足文化创意产业发展的背景和博物馆的实际，运用多学科的理论和知识对博物馆文化授权进行了多向度的探索。虽然形成了初步的研究框架和研究结论，但整体仍处于蜗行摸索的阶段，研究结论尚需其他学科理论和博物馆实践的双重检验，研究的深度和广度仍有待进一步开拓。博物馆文化授权作为一个新兴事物，在实践中仍存在一些不成熟之处，其规律尚未完全显现。因此，当前对博物馆文化授权的认识仍然比较局限，有些问题需要进一步探讨：

（1）博物馆文化授权流程的现实性问题的讨论。本书对博物馆文化授权流程的讨论仍然是一个相对理想化、线性化的描述。现实中，博物馆文化授权面临

第八章　研究结论与未来展望

的情形可能会更复杂，如如何协调其他部门的配合，实现藏品研究、展览策划、宣传营销与博物馆授权的紧密衔接，并在文化授权的运行中始终保持这种协同合作关系并不是一件很容易的事。倘若即便在博物馆管理者的统一协调下实现，但涉及文化授权后权利金的收益分配问题，对各部门间的合作也将是一种考验。博物馆文化授权的重心在于如何进行授权管理，难点在于授权后怎样进行有效的监督管理，而知识产权保护力度的不足、博物馆监督的乏力容易导致授权中被授权方违反合同的情形出现。例如，2011年浙江省博物馆在对《富春山居图》（《剩山图》）进行授权时，作为被授权方的浙江民泰商业银行在取得授权后，只支付了固定的授权金，没有按照合同约定将收益按比例回馈给浙博；法蓝瓷公司取得浙江省博物馆授权后，在经营过程中明显违反授权合同，在授权金确定的情形下私自将其产品价格由8800元提高到88000元。由于涉及市场监督和法律适用问题，实际情况可能会更为复杂，因此需要进行专题性、深入性研究和探讨。

（2）博物馆文化授权模式对不同博物馆的适用性问题的探讨。虽然文化授权模式作为博物馆发展文化创意产业的模式，被证明是一种创新性和有效性的模式，有助于博物馆文化创意产业的持续健康发展。但由于不同博物馆在大小、规模、类型、组织结构、内部管理方面可能存在较大差别，因此博物馆文化授权模式的适用性会有所不同。同一种文化授权模式对哪些博物馆更加适用，一个博物馆最适合哪种模式，不同文化授权模式与博物馆之间的具体适用条件仍然需要通过实际调研和比较分析进行深入探讨和论证。

（3）通过对影响博物馆文化授权因素分析进而探讨如何构建博物馆文化授权的模型问题。影响博物馆文化授权的因素具有明显的主观性色彩，较难进行客观统计和测度。因此，往往难以形成相对客观的约束指标。但这也使博物馆文化授权的影响因素处于一种相对离散的状态，博物馆在实际操作中不易把握。因此，在后续研究中需要在对影响因素系统分析的基础上，设置不同的构念，取不同构念作为自变量，博物馆文化授权的成效作为因变量。根据不同自变量与因变量的关系以及各自变量之间的关系构建文化授权的模型框架。这有待于逻辑性的推理和实证性的检验相结合，才能不断完善。

（4）从整合营销的角度对博物馆文化授权营销的研究仍有待深化。博物馆文化授权的成功并非博物馆授权部门一己之力所能实现的，需要博物馆多部门的配合。在此基础上，博物馆需要从整体营销的角度，将文化授权置于博物馆运营的整个价值链条中，对博物馆文化授权进行营销，如从展览宣传、教育推广、公共关系等角度进行整合营销，在对博物馆展览、藏品甚至博物馆整体宣传营销时突出博物馆文化授权的营销。如何进行切合实际的整合营销，将文化授权整合到博物馆的整体运营发展中，还需要结合博物馆的实际进行专门性的探讨。

结 语

党的十八大以来，弘扬社会主义核心价值观、增强民族文化自信成为新时代文化建设与发展的主旋律。在这一背景下，依托馆藏文化资源、开发文化创意产品作为讲好中国故事，传承优秀文化，激发文化自信，满足人民群众日益增长的物质和精神文化需求的重要抓手，现实意义不断凸显。从2015年3月《博物馆条例》的实施到2019年5月《博物馆馆藏资源著作权、商标权和品牌授权操作指引》的出台，短短数年内以文化创意产品开发为切入点推动文物博物馆事业高质量发展的政策密集出台（具体见附录二）。在相关政策的引导和鼓励下，各地博物馆文化创意产品开发的热情高涨，随着网红文创产品的不断涌现，博物馆文创产品成为公众重要的讨论话题，博物馆和馆藏文物的关注度随之提升，短时间内博物馆文化创意产品开发俨然已成为"现象级"的文化事件。

国家相关部门从顶层设计层面确定了推动文博单位文化创意产品开发的具体措施。明确将"依托馆藏资源，采取合作、授权、独立开发等方式开发文化创意产品""国有文化文物单位要积极探索合理的收益分配机制，吸引社会力量参与文化创意产品研发、生产和经营"[①]作为重要举措。这有效弥补了针对博物馆文化授权的政策缺位，必将激励更多国内博物馆通过文化授权模式开发文化创意产品。各地博物馆对包括文化授权在内的文化创意产品开发模式的积极探索和实践必将推动博物馆价值的整体发挥以及我国博物馆事业的高质量发展，这也是我们

---

① 专家解读推动文化文物单位文化创意产品开发的措施［EB/OL］. 新华网. http://news.xinhuanet.com/politics/2016-04/27/c_1118755196.htm?from=timeline&isappinstalled=0.

所期待的愿景。

　　希望本书粗浅的研究能够起到抛砖引玉的作用，今后有更多学者从不同视角关注博物馆文化创意产品的开发，为博物馆文化创意产品开发的实践提供智力支持。

参考文献

(一) 英文文献

[1] Allan, Douglas A. The Museum and Its Functions [A] //The Organization of Museums: Practice Advice [C]. Pairs: United Nations Educational, Scientific and Cultural Organization, 1967.

[2] ARMM International. History of Licensing in USA. [EB/OL]. http://www.artlicensing 03 - eng. Htm.

[3] Art Resource. [EB/OL]. http://www.artres.com/c/htm/Home.aspx.

[4] Awoniyi Stephen. The Contemporary Museum and Leisure: Recreation as a Museum Function [J]. Museum Management and Curatorship, 2001, 19 (3).

[5] Battersby Gregory J. and Grimes, Charles W. Licensing Desk Book [M]. New York: Aspen Law& Business, 1999.

[6] Bennett Tony. The Birth of the Museum: History, Theory, Politics [M]. London: Routledge, 1995.

[7] Bilton Chris. Management and Creativity: From Creative Industries to Creative Management [M]. Oxford: Wiley - Blackwell, 2007.

[8] Black Craig. The Case for Research [N]. Museum News, 1980 - 6 - 5.

[9] Bourdieu Pierre. The Field of Cultural Production: Essays on Arts and Literature, ed. [M]. Randal Johnson, Cambrigde: Polity Press, 1993.

[10] Bourdieu Pierre. The Form of Capital [A] //J. Richardson(ed.), Handbook of Theory and Research for the Sociology of Education [M]. Westport, CT:

Greenwood Press, 1986.

[11] Carmeron, Duncan. The Museum, a Temple or the Forum [A] //Gail Anderson, ed. Reinventing the Museum: Historical and Contemporary Perspectives on the Paradigm Shift [C]. Walnut Creek, CA: AltaMira Press, 2004.

[12] C. K. Prahalad, G. Hamel. The Core Competence of the Corporation [J]. Harvard Business Review, 1990 (5).

[13] Donald Preziosi. Collecting Museums [A] //Robert S. Nelson and Richard Shiffed. Critical Terms for Art History [C]. University of Chicago, 2003.

[14] Edwards White P. Licensing, a strategy for profits [M]. Chapel Hill, N. C. : KEW Licensing Press, 1990.

[15] Elisa Webb Hill. Differentiation in the Maretplace through Licensings [A]// The Marketing Forum [C]. 2004.

[16] Emily Hudson and Andrew T. Kenyon, Digital Access: The Impact of Copyright on Digitisation Practices in Australian Museums, Galleries, Libraries and Archives [J]. UNSW Law Journal, 2007, 30 (1).

[17] G. Ellis Burcaw. Introduction to Museum Work [M]. Altamira Press, 1997.

[18] Gilmore, A and Rentschler, R. Change in Museum Management: A Custodial or Maketing Emphasis [J]. Journal of management Development, 2002, 21 (10).

[19] Harrison JD. Ideas of Museums in the 1990's [J]. Museum Management and Curatorship, 1993, 13 (2).

[20] Harris, Neil. Cultural Excursions: Marketing Appetites and Cultural Tastes in Modern America [M]. Chicago: University of Chicago Press, 1990.

[21] Hooper Greenhill E. Museums and Their Visitors [M]. London: Routledge, 1994.

[22] Hudson, Kenneth. Social History of Museums: What the Visitor Thought [M]. Atlantic Highlands, NJ: Humanities Press, 1975.

[23] International Licensing Industry Merchandisers' Association. Licensing Industry Survey [R]. 2004.

[24] Lima. Global Licensing 2008 Annual Report [EB/OL]. http://www. li-

censemag. com/licensemag/Article Standard/Article /Detail/558852

[25] International Licensing and Wholesale. The Metropolitan Museum of Art [EB/OL]. http: //www. metmuseum. Org/store/st - licensing. ap/FromPage/catLicensing.

[26] Jack Revoyr, A Primer on Licensing[M]. Stamford: Kent Press, 1995.

[27] Karen Raugust, The Licensing Business Handbook [M]. 5th edition. New York: EPM Communications, Inc. , 2004.

[28] Kolter, N. Kolte, P. Can Museum be All Things to All People ?: Mission, Goals, and Maketing's Role [J]. Museum Management and Curatorship, 2000, 18 (3).

[29] Lash, Scott and John Urry: Economies of Signs and Space [M]. London: Sage, 1994.

[30] Lima. Gobal Licensing 2014 AnnualReport [EB/OL]. http: //www. licensemag. com/licensemag/Article Standard/ Article/ Detail/558852.

[31] Lisa Fondo. Art Licensing Show Steady Growth: Licensors Continue to Focus on art for It Longevity in the Marketplace and Its Growth Popularity - Special Report? [N]. Art Business News, 2003.

[32] Margot A. Wallace. Museum Branding: How to Create and Maintain Image, Loyalty and Support [M]. Alta Mira Press, 2006.

[33] McLean Fiona. A Marketing Revolution in Museums [J]. Journal of Marketing Management, 1995.

[34] McLean Fiona. Marketing the Museum [M]. London& New York: Routledge, 1997.

[35] Musgrave R. A. : The Theory of Public Finance [M]. New York: Mc Graw - Hill Book Company, 1959.

[36] Preston, Douglas J. Dinosaurs in the Attic: An Excursion into the American Museum of Natural History [M]. New York: St. Martin's, 1986.

[37] Prieto - Rodriguez, J. And Fernandez - Blanco, V. . Optimal Pricing and Policies for Museums [J]. Journal of Cultural Economics, 2006, 30 (3).

[38] Rina Elster Pantalony. WIPO Guide on Managing Intellectual Property for

Museum [Z]. WIPO, 2007.

[39] Robert Goidscheider. License to Manufacture, Reproduce, and Distribute Copyrighted Literary Property [J]. ECKLICNFO, 2008, 8 (4).

[40] Ruth Towse. Copyright in the Cultural Industries [C]. Published by Edward Elgar Publishing, Inc. Northampton, 2002.

[41] Sandra Mottner, James P. Johnson. Motivations and Risks in International Licensing: A Review and Implication for Licensing to Transitional and Emerging Economies [J]. Journal of World Business, 2000: 35 (2).

[42] SCAL Archives. http://www.scalarchives.com/web/musei.asp? slcountry.

[43] The British Museum Images. http://www.bmimages.com/aboutus.asp.

[44] Theodorson, George A., Theodorson, Achilles G. Amodern Dictionary of Sociology [M]. New York: Crowell, 1969.

[45] Throsby, David. Economics and Culture [M]. Cambridge: Cambridge University Press, 2001.

[46] Trescott, Jacqueline. Indian Museum Director Stepping Down [N]. in Washington Post, October 27, 2006.

[47] UNESCO. Cultural Industry Question [EB/OL]. http://www.unesco.org/culture/industries/trade/html_eng/question.shtml.

[48] Ver Eecke W. Public Goods: An Ideal Concept [J]. Journal of Socio-Economics, 1999 (2): 28.

[49] Weil, Stephen E. Making Museums Matter. Washington [M]. DC: Smithsonian Institution Press, 2002.

[50] WIPO. National Studies on Assessing the Economic Contribution of Copyright-Based Industries [R]. 2006.

[51] Wittlin, Alma. Museum: In search of a Usable Future [M]. Cambridge, MA: MIT Press, 1970.

[52] 360ep. http://www.360ep.com/selling licenses.html.

（二）中文文献

[1][英]阿兰·斯威伍德. 文化理论与现代性问题[M]. 黄世权，桂琳译. 北京：中国人民大学出版社，2013.

[2][美]阿诺德·P. 卢特斯科. 创意产业中的知识产权——数字时代的著作权和商标[M]. 王娟，译. 北京：人民邮电出版社，2009.

[3][英]艾伦·J. 斯科特. 城市文化经济学[M]. 董树宝，张宁，译. 北京：中国人民大学出版社，2010.

[4][美]艾伦·R. 安德里亚森，菲利普·科特勒. 战略营销——非营利组织的视角[M]. 王方华，周洁如，译. 北京：机械工业出版社，2010.

[5][美]爱德华·P. 亚历山大，玛丽·亚历山大. 博物馆变迁——博物馆历史与功能读本[M]. 陈双双，译. 南京：译林出版社，2014.

[6][英]贝拉·迪克斯著. 被展示的文化：当代"可参观性"的生产[M]. 冯悦，译. 北京：北京大学出版社，2012.

[7][美]本杰明·艾维斯·吉尔曼. 博物馆目标与手段的完善[A]//南希·艾因瑞恩胡弗. 美国艺术博物馆[M]. 金眉，译. 长沙：湖南美术出版社，2007.

[8]蔡春旺，李光明. 中国制造业升级路径的新视角：文化产业与制造业融合[J]. 商业经济与管理，2011（2）.

[9]蔡怡怡，曾坤地. 著作权在博物馆之应用[J]. 博物馆学季刊，2011（1）.

[10]曹静，黄玮. 世界文明的高处相逢[N]. 解放军日报，2008-03-19（5）.

[11][英]查尔斯·兰德利. 创意城市：如何打造都市创意生活圈[M]. 杨幼兰，译. 北京：清华大学出版社，2009.

[12]陈同乐. 后博物馆时代[J]. 东南文化，2009（6）.

[13]陈少峰，张立波. 文化产业商业模式[M]. 北京：北京大学出版社，2011.

[14]陈燮君. 博物馆——守望精神家园[N]. 人民政协报，2009-09-14（C4）.

[15] 陈野. 文化资源开发中的四种通病 [J]. 观察与思考, 2011 (11).

[16] 程伟. 授权产业：上海文化产业发展的新契机 [D]. 上海交通大学硕士学位论文, 2006.

[17] [美] 大卫·赫斯蒙德夫. 文化产业 [M]. 张菲娜, 译. 北京：中国人民大学出版社, 2007.

[18] [澳] 戴维·思罗斯比. 经济学与文化 [M]. 王志标, 张峥嵘, 译. 北京：中国人民大学出版社, 2011.

[19] 邓达. 创意产业的核心价值与知识产权 [J]. 管理世界, 2006 (8).

[20] 董雪梅. 文化产业知识产权 [M]. 福州：福建人民出版社, 2012.

[21] 窦立敏. 博物馆文化产业发展的顶层设计思考——以北京汽车博物馆为例 [A] //中国博物馆协会文创产品专业委员会. 2015 中国博物馆文化产业研究 [M]. 武汉：湖北人民出版社, 2015.

[22] 高书生. 让文化资源"活起来" [N]. 光明日报, 2014-05-29 (14).

[23] [德] 格尔哈德·帕普克. 知识、自由与秩序 [M]. 黄冰源, 赵莹, 冯兴元, 等, 译. 北京：中国社会科学出版社, 2001.

[24] 关战修. 浅谈遗址博物馆的原位文化与衍生品开发 [A] //中国博物馆协会文创产品专业委员会. 2015 中国博物馆文化产业研究 [M]. 武汉：湖北人民出版社, 2015.

[25] 顾江. 文化产业经济学 [M]. 南京：南京大学出版社, 2007.

[26] 国家统计局. 2015 年国民经济和社会发展统计公 [EB/OL]. http://www.stats.gov.cn/tjsj/zxfb/201602/t2016 0229_ 1323991.html.

[27] 国家统计局. 文化及相关产业分类（2012）[EB/OL]. http://www.stats.gov.cn/tjbz/t20120731_ 402823100.htm.

[28] 国家文物局博物馆与社会文物司. 新形势下博物馆工作实践与思考 [M]. 北京：文物出版社, 2010.

[29] 郭汝彦. 博物馆艺术授权及产业价值链——以台北故宫博物院为例 [D]. 世新大学硕士学位论文, 2007.

[30] 郭弈承. 国际艺术授权及其发展趋势 [A] //张晓明, 胡惠林, 章建刚. 2004 年：中国文化产业发展报告 [M]. 北京：社会科学文献出版社, 2004.

[31] 郭弈承. 艺术授权的商业模式和发展前景 [A] //张晓明,胡惠林,章建刚. 2007年:中国文化产业发展报告 [M]. 北京:社会科学文献出版社,2007.

[32] 郭弈承. 金融危机下的产业转机 [A]. 张晓明,胡惠林,章建刚. 2009年中国文化产业报告 [M]. 北京:社会科学文献出版社,2009.

[33] 郭镇武,徐孝德. 阁楼上的林布兰——漫谈知识经济时代之艺术授权 [J]. 故宫文物月刊,2007(289).

[34] 韩缨. 信息时代博物馆的知识产权保护和利用——WIPO《博物馆知识产权管理指南》简评 [J]. 江苏社会科学,2007(S1).

[35] 花建. 区域文化产业发展 [M]. 长沙:湖南文艺出版社,2008.

[36] 黄光男. 博物馆行销策略 [M]. 台北:艺术家出版社,1997.

[37] 黄光男. 博物馆企业 [M]. 北京:文化艺术出版社,2011.

[38] 皇甫晓涛. 版权经济论 [M]. 北京:科学出版社,2011.

[39] 胡汉辉,邢华. 产业融合理论以及对我国发展信息产业的启示 [J]. 中国工业经济,2003(2).

[40] 胡惠林. 国家文化治理:中国文化产业发展战略论 [M]. 上海:上海人民出版社,2012.

[41] 胡惠林. 文化经济学(第2版) [M]. 北京:清华大学出版社,2014.

[42] 姜毅然,张婉如,王海澜. 以市场为导向的日本书化创意产业 [M]. 北京:人民出版社,2009.

[43] 杰弗里·刘易斯. 博物馆的角色与职业道德准则 [A]. 帕特里克·博伊兰主编. 经营博物馆 [C]. 国际博协中国国家委员会,译. 南京:译林出版社,2010.

[44] 景涛. 基于体系化授权模型的营销系统授权与营销绩效关系研究 [D]. 吉林大学博士学位论文,2009.

[45] 克里斯·比尔顿. 创意与管理:从创意产业到创意管理 [M]. 向勇,译. 北京:新世界出版社,2010.

[46] 劳伦斯·莱斯格. 免费文化 [M]. 王师,译. 北京:中信出版社,2009.

[47] 雷蒙德·阿古斯特. 博物馆的法定定义 [J]. 周秀琴, 译. 中国博物馆, 1987 (1).

[48] 廖凰玎. 论博物馆数字典藏图像授权法律关系——以台北故宫博物院为例 [J]. 博物馆学季刊, 2010 (2).

[49] 李乘. 博物馆艺术授权策略研究——以台北故宫博物院为例 [D]. 中央美术学院硕士学位论文, 2014.

[50] 李凤亮. 艺术原创与价值转换 [M]. 深圳: 海天出版社, 2011.

[51] 李娜. 从博物馆建设看文化产业发展的新思维 [A] //中国博物馆协会文创产品专业委员会主编. 2015 中国博物馆文化产业研究 [M]. 武汉: 湖北人民出版社, 2015.

[52] 李思屈, 李涛. 文化产业概论 [M]. 杭州: 浙江大学出版社, 2010.

[53] 李志慧. 艺术授权, 点石成金——以艺奇集团为例 [A] //张晓明, 王家新, 章建刚. 中国文化产业报告 (2012—2013) [M]. 北京: 社会科学文献出版社, 2013.

[54] [美] 理查德·E.凯夫斯. 创意产业经济学: 艺术的商业之道 [M]. 孙绯, 等, 译. 北京: 新华出版社, 2004.

[55] 厉无畏, 王振. 中国产业发展前沿问题 [M]. 上海: 上海人民出版社, 2003.

[56] 厉无畏. 创意产业导论 [M]. 上海: 学林出版社, 2006.

[57] 林华. 艺术授权的中国意象 [J]. 中外文化交流, 2009 (7).

[58] 林明华, 杨永忠. 创意产品开发模式——以文化创意助推中国创造 [M]. 北京: 经济管理出版社, 2014.

[59] 林日葵. 艺术经济学史讲演录 [M]. 北京: 中国商业出版社, 2011.

[60] 刘江彬. 文化创意产业商品化模式之探讨——以艺术授权为例 [R]. 台北: 政治大学, 2007.

[61] 刘婧阳. 艺术授权产业链构建研究 [D]. 东华大学硕士学位论文, 2007.

[62] 刘延东: 积极推动博物馆事业的繁荣发展 [EB/OL]. http://www.sach.gov.cn/tabid/310/InfoID/27314/Default.aspx.

[63] 龙瑛. 博物馆创新经营研究: 以故宫与 Alessi 异业结盟为例 [D]. 台

湾师范大学博士学位论文，2007.

[64] 卢恩慈. 艺术授权产业之营销策略研究［D］. 台湾：政治大学博士学位论文，2005.

[65] 楼嘉军. 休闲文化结构及作用浅析［J］. 北京第二外国语学院学报，2002（1）.

[66] 罗诗颖. 三种图文艺术授权经纪模式之研究［J］. 文化事业与管理研究，2010（5）.

[67] 吕建昌. 博物馆与当代社会若干问题的研究［M］. 上海：上海辞书出版社，2005.

[68] 马骋，吴桥. 艺术品市场与集群发展——从民族文化资源到文化产业［M］. 上海：上海人民出版社，2013.

[69] 玛格丽特·霍尔. 展览论——博物馆展览的21个问题［M］. 环球启达翻译咨询有限公司，译. 北京：燕山出版社，2007.

[70] 中央编译局. 马克思恩格斯全集（第26卷）［M］. 北京：人民出版社，1974.

[71] 迈克尔·波特. 国家竞争优势［M］. 李明轩，邱如美，译. 北京：中信出版社，2007.

[72] 黎致君. 数位典藏授权加值产业之发展现况与趋势分析［D］. 台北：台湾大学硕士学位论文，2008.

[73] 尼尔·科特勒，菲利普·科特勒. 博物馆战略与市场营销［M］. 潘守勇，等，译. 北京：燕山出版社，2006.

[74] 尼古拉斯·加海姆. 从文化产业到创意产业——解读"创意产业"在英国艺术及媒介政策制定中的含义［A］//郑涵、张莹. 文化创意产业读本［M］. 上海：上海交通大学出版社，2013.

[75] 宁波博物馆协会，宁波博物馆. 21世纪博物馆核心价值与社会责任［M］. 北京：科学出版社，2010.

[76] 帕尔·莫克. 市场营销［A］//帕特里克·博伊兰. 经营博物馆［M］. 南京：译林出版社，2010.

[77] 潘柏廷. 艺术授权产业的跨领域合作与商品复制策略［D］. 台湾科技大学硕士学位论文，2011.

[78] 潘瑾,刘婧阳.艺术画作授权产业价值链分析[J].北京社会科学,2007(4).

[79] 潘志彪,李丹媛.当代文化产业的复制特征[J].学术界,2010(10).

[80] 乔治·埃里斯·博寇.新博物馆学手册[M].张云,等,译.重庆:重庆出版社,2011.

[81] 秦洁.重庆"艺术授权"经营如何起步?[A]//刘庆渝.2008年:重庆文化产业发展报告[M].重庆:重庆大学出版社,2008.

[82] 让·波德里亚.消费社会[M].刘成富,译.南京:南京大学出版社,2008.

[83] 人民政协网.国家文物局局长刘玉珠:让文物资源活起[EB/OL].http://www.rmzxb.com.cn/c/2016-03-23/744432.

[84] 单霁翔.关于新时期博物馆功能与职能的思考[J].中国博物馆,2010(4).

[85] 沈山.论文化创意产业与艺术授权经营[J].经济前沿,2004(12).

[86] 斯科特·拉什、约翰·厄里.符号经济与空间经济[M].王之光,商正,译.北京:商务印书馆,2006.

[87] 斯图亚特·霍尔.编码,解码[A]//单世联,胡惠林主编.文化产业研究读本(西方卷)[M].上海:上海交通大学出版社,2011.

[88] 苏欣怡.公立博物馆数位典藏授权相关议题研究[D].清华大学硕士学位论文,2009.

[89] 苏雪燕.《富春山居图》艺术授权产品掀抢购[EB/OL].http://news.xinhuanet.com/fortune/2011-05/18/c_121431401.htm.

[90] 苏怡和.两岸艺术授权产业企业营销传播应用研究[J].广告大观(理论版),2012(8).

[91] 台北故宫博物院.2010智慧故宫——文创产业计划[EB/OL].http://www.npm.gov.tw/digital/index3_6_10_ch.html.

[92] 唐锡光.论文化、创意、财富三者间的关系[J].东岳论丛,2006(3).

[93] [德] 瓦尔特·本雅明. 机械复制时代的艺术作品（摄影小史）[M]. 王才勇, 译. 南京：江苏人民出版社, 2006.

[94] 王晨, 章玳. 文化资源学 [M]. 南京：南京大学出版社, 2014.

[95] 王家新, 傅才武. 艺术经济学 [M]. 北京：高等教育出版社, 2013.

[96] 王佳元. 文化创意服务业：发展与选择 [M]. 太原：山西经济出版社, 2012.

[97] 王昕. 河南博物院妇好·鸮尊系列衍生品开发及营销策略 [A] //中国博物馆协会文创产品专业委员会. 2015 中国博物馆文化产业研究 [M]. 武汉：湖北人民出版社, 2015.

[98] 王文卿. 我国动漫产业品牌运营模式分析及其发展策略 [J]. 决策探索, 2011 (6).

[99] 王秀伟, 汤书昆. 文化授权：地方特色文化产业发展的模式选择——以中国宣纸集团宣纸文化产业为例 [J]. 同济大学学报（哲学社会科学版）, 2016 (1).

[100] 王亚鹏. 少数民族认同研究的现状 [J], 心理科学进展, 2002 (1).

[101] 王一萍. 文化创意产业中艺术授权的著作权保护研究 [D]. 中央民族大学硕士学位论文, 2013.

[102] 魏鹏举. 文化创意产业导论 [M]. 北京：中国人民大学出版社, 2010.

[103] 吴信华. 博物馆文创要注意的陷阱 [A] //中国博物馆协会文创产品专业委员会. 2015 中国博物馆文化产业研究 [M]. 武汉：湖北人民出版社, 2015.

[104] 吴忠泽. 科技创新：现代文化产业翱翔之翼 [J]. 中国软科学, 2006 (2).

[105] 萧涵匀. 艺术授权机制与数位影像在著作权法上的地位之研究 [D]. 台湾大学硕士学位论文, 2009.

[106] 肖惠平. 武汉市级博物馆文化创意产品开发的思考 [A] //中国博物馆协会文创产品专业委员会. 2015 中国博物馆文化产业研究 [M]. 武汉：湖北人民出版社, 2015.

[107] 向勇, 喻文益. 区域文化产业研究 [M]. 深圳：海天出版社,

2007.

[108] 向勇,刘静.文化产业应用理论[M].北京:金城出版社,2011.

[109] 谢海涛.消费语境下博物馆艺术的价值重构及其文化表征[J].学术界,2011(3).

[110] 谢铭洋,赵义龙,陈晓慧.数位典藏之保护与授权价值应用相关法律问题探讨[J].艺术教育研究,2008(16).

[111] 谢铭洋,赵义龙,陈晓慧等.数位典藏·授权·Best Practice[R].台北:台湾大学,数位典藏与学习之学术与社会应用推广计划,2009.

[112] 谢铭洋,赵义龙,陈晓慧等.数位典藏·授权·Licensing Handbook[R].台湾大学,数位典藏与学习之学术与社会应用推广计划,2010.

[113] 新华网.专家解读推动文化文物单位文化创意产品开发的措施[EB/OL].http://news.xinhuanet.com/politics/2016-04/27/c_1118755196.htm?from=timeline&isappinstalled=0.

[114] 新华网.2015年中国电影总票房跃升至440.69亿元[EB/OL].http://news.xinhuanet.com/newmedia/2015-12/31/c_1117643351.htm.

[115] 邢致远,李晨.浅议博物馆文化创意产业的模式与产品[A]//中国博物馆协会文创产品专业委员会主编.2015中国博物馆文化产业研究[C].武汉:湖北人民出版社,2015.

[116] 薛敏芝.品牌授权及其营销传播意义阐释[J].中国广告,2010(11).

[117] 徐江,彭雪妮.从艺术授权看艺术经营与知识产权法的关系[J].美术界,2010(8).

[118] 许斌,陈敏艳等.嵌入性对不同模式技术转移的影响研究[J].科技进步与对策,2010(24).

[119] 徐德明.产业概念在博物馆事业中的运用[J].中国博物馆,2003(2).

[120] 徐海龙.文化经纪人概论[M].北京:北京大学出版社,2010.

[121] 亚伯拉罕·马斯洛等.人的潜能和价值[M].林方,译.北京:华夏出版社,1987.

[122] 叶俊之.我国博物馆文化产业开发问题[J].中国博物馆,2003

(4).

[123] 尹立娜. 我国艺术授权产业提升策略 [D]. 山东大学硕士学位论文, 2014.

[124] 袁文华, 孙曰瑶. 流域生态补偿的品牌授权机制研究 [J]. 江淮论坛, 2013 (2).

[125] 袁文华, 孙曰瑶. 品牌授权机制分析——基于授权方的品牌信用度研究 [J]. 经济经纬, 2013 (3).

[126] 约翰·哈特利. 创意产业读本 [M]. 曹书乐, 包建女, 李慧, 译. 北京: 清华大学出版社, 2007.

[127] 约翰·哈特利. 创意产业 [A] //单世联、胡惠林主编: 文化产业研究读本 (西方卷) [M]. 上海: 上海交通大学出版社, 2011.

[128] 约翰·霍金斯. 创意经济——如何点石成金 [M]. 洪庆福, 等, 译. 上海: 上海三联书店, 2006.

[129] 昝胜峰, 郭春森. 创意产业: 文化、技术和商业模式 [M]. 福州: 福建人民出版社, 2013.

[130] 詹姆斯·海尔布伦, 查尔斯·M. 格雷. 艺术文化经济学 (第2版) [M]. 詹正茂, 译. 北京: 中国人民大学出版社, 2007.

[131] 张树伟, 潘国霖. 中国艺术类博物馆悄然变身 [N]. 中国教育报, 2008-06-30 (4).

[132] 张微. 新形势下博物馆文化产业发展的新思路——以伪满皇宫博物院为例 [A] //中国博物馆协会文创产品专业委员会. 2015 中国博物馆文化产业研究 [C]. 武汉: 湖北人民出版社, 2015.

[133] 张誉腾. 当代博物馆探索 [M]. 台北: 南天书局有限公司, 2000.

[134] 张誉腾. 博物馆作为一种企业: 利基的分析 [A] //台湾史前文化博物馆. 博物馆公办民营政策之理论与实务研讨会论文集 [M]. 台湾史前文化博物馆出版社, 2002.

[135] 张颖岚. 大英博物馆"秦始皇: 中国兵马俑"展览的启示和借鉴 [J]. 文博, 2008 (3).

[136] 张子康, 罗怡, 李海若. 文化造城: 当代博物馆与文化创意产业及城市发展 [M]. 桂林: 广西师范大学出版社, 2011.

[137] 章建刚. 文化遗产的真确性价值与遗产产业的的可持续发展 [A] // 徐嵩龄, 张晓明, 章建刚. 文化遗产的保护与经营——中国实践与理论进展 [M]. 北京: 社会科学文献出版社, 2003.

[138] 赵书波. 艺术授权在中国的困境及出路 [A] // 范周. 文化、技术、市场: 国家竞争与城市发展 [M]. 北京: 中国传媒大学出版社, 2011.

[139] 赵书波. 艺术授权在中国 [A] // 胡惠林. 中国文化产业评论(第15卷) [M]. 上海: 上海人民出版社, 2012.

[140] 赵月. 艺术授权在博物馆之应用——以台北故宫博物院为例 [D]. 长沙: 中南大学硕士学位论文, 2012.

[141] 郑海鸥. 2014年我国人均文化消费增16.4% [N]. 人民日报, 2015-12-10 (12).

[142] 郑涵, 张莹. 文化创意产业读本 [M]. 上海: 上海交通大学出版社, 2013.

[143] 郑自隆, 洪雅慧, 许安琪. 文化行销 [M]. 国立空中大学出版发行, 2005.

[144] 中国经济网. 我国授权产品零售额5年增90% [EB/OL]. http://www.ce.cn/culture/gd/201501/15/t20150115_4343263.shtml.

[145] 植草益. 信息通讯业的产业融合 [J]. 中国工业经济, 2001 (2).

[146] 钟梅. 对博物馆文创授权的几点认识与思考 [A] // 中国博物馆协会文创产品专业委员会: 2015中国博物馆文化产业研究 [M]. 武汉: 湖北人民出版社, 2015.

[147] 中国文化创意产业网. 文化授权搭上"自贸"快车 [EB/OL]. http://ccitimes.com/yejie/huodong/2014-11-14/116148116148.html.

[148] 中国政府网. 博物馆条例(国务院令第659号) [EB/OL]. http://www.gov.cn/zhengce/2015-03/02/content_2823823.htm.

[149] 中国政府网. 国务院关于推进文化创意和设计服务于相关产业融合发展的若干意见(国发〔2014〕10号) [EB/OL]. http://www.gov.cn/gongbao/content/2014/content_2644807.htm.

[150] 周斌峰. 文化嵌入对产业集群网络特征的作用机制研究 [D]. 浙江大学硕士学位论文, 2009.

[151] 周国敬. 数位典藏授权的探讨——以国史馆为例 [J]. 国史馆馆讯, 2010 (4).

[152] 周欣娴. 台湾文化创意产业智慧财产之法律保护与艺术授权——以国立故宫博物院为例 [D]. 台北政治大学硕士学位论文, 2006.

[153] 左惠. 文化产品供给论——文化产业发展的经济学分析 [M]. 北京: 经济科学出版社, 2009.

附　录

附录一　对浙江省博物馆发展文化授权的访谈记录

受访人：浙江省博物馆经营管理部主任
采访人：笔者
访谈时间：2015 年 11 月 16 日
访谈地点：浙江省博物馆（孤山馆）内

1. 问：浙江省博物馆（以下简称"浙博"）文化授权在国内起步是比较早的，当时是何种原因想到通过文化授权的模式发展博物馆文创的？

答：2011 年台北故宫博物院和浙江省博物馆馆藏《富春山居图》实现合璧，台北故宫围绕《富春山居图》通过文化授权开发了大量文创产品，取得了较好的社会效益和经济效益。在展览交流中，浙江省博物馆受到了启发，于是在 2011 年启动了文化授权工作，从《富春山居图》《剩山图》的授权开始，与多家企业合作进行了文化授权的合作。

2. 问：刚才提到浙博 2011 年启动文化授权时，曾与多家企业开展授权合作，能否详细说一下当初选择哪些合作企业？作为博物馆试水文化授权的开端，在授权合作方的选择上有哪些考量？

答：2011 年启动文化授权工作时，曾与多家企业开展合作，如 2011 年与尚元书屋、2011 年 9 月浙江民泰商业银行、2011 年与台湾企业法蓝瓷合作、台湾企业皇宿、2012年深圳中金国礼文化金投资管理有限公司、香港文汇报等几十家企业开展授权合作。

选择企业的主要考量因素：企业必须是实体企业（即有创意设计团队、有生产制作工厂）、在业界有一定的实力和规模影响力、资质齐全、有口碑、有经验。

3. 问：文博经营公司隶属于浙博，跟浙博经营部是什么关系？在文化授权操作中主要是由哪个部门作为浙博的主要对接窗口？

答：浙博文博经营公司属于浙博所属公司，全面负责经营，财务相对独立（与博物馆财务是分开的），经营收入公司自负盈亏、由经营管理部负责管理。公司经营收入自留，授权金收入全部上缴博物馆、上缴财政。授权对接窗口为文博经营公司，后期的授权管理全部由文博经营公司负责。

4. 问：据了解浙博文博经营公司将主要精力放在博物馆文创产品的创意设计、产品生产、后期销售等方面，是不是说这些工作都是由公司来负责完成的呢？在文化授权模式中，文博经营公司主要扮演了什么角色？

答：文化授权分为两种类型：品牌授权和图像授权。其中，品牌授权的过程是：博物馆将授权对象的高清数字图像配合博物馆Logo一起授权于企业，与企业一次签订三年合同，每年年初结算一次权利金。企业按照合同规定对授权标的物进行开发，所有产品都有固定编号。企业利用自有渠道销售（不在博物馆内销售，销售与博物馆无关），博物馆享有监督权利（如价格、数量的监督）。

图像授权的过程是：博物馆将高清数字图像授权于被授权企业，企业利用图像设计、生产文化授权产品，经博物馆方确认符合要求后，完全由博物馆通过博物馆的销售渠道（博物馆商店、各类博览会和文交会）销售，企业不得自行销售。产品没有博物馆Logo和编号。产品定价由生产企业和博物馆共同界定，以博物馆为主。文化授权产品的知识产权归属博物馆。该模式即通常所说的ODM + OEM模式。博物馆不提供设计（仅提供设计思路、风格表达）和资金，企业出资，风险由双方共同承担。

文博经营公司在授权中扮演了授权者的角色，负责授权的接洽和授权过程的管理，其业务又归经营管理部指导，由后者与馆内各部门共同协调。

5. 问：浙博文化授权的流程是怎样的？

答：博物馆文化授权的流程包括：前期规划—决定授权—发布文化授权的招

标公告（载明授权内容、授权流程、时间等事项）—接受被授权方报名—核实企业资格和资质—对各企业的创意设计水平进行考评和检验，筛选被授权企业（不公布名单）—保管部以一般像素的图档交给被授权企业，后者打样送审（包括修改）—签订授权合同，提供高清像素的图档—后期授权管理—收回权利金。流程如下图所示：

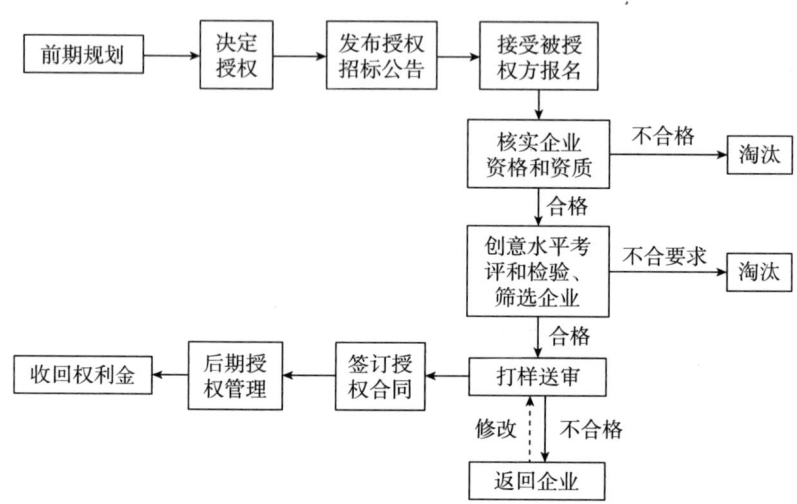

6. 问：文化授权资金的启动需要一定的资金，如藏品等文化资源的数字化、文化授权的运作都需要一定的投入；同时开展文化授权能够获得一定的权利金收益，有助于博物馆文创的进一步发展。能否了解一下，浙博文化授权的资金来源和授权所获得的权利金收益分配是怎样安排的？

答：在资金来源方面，浙博发展文化授权的启动资金来源主要是借助浙江省发展文化产业的专项资金，固定投入到博物馆一部分（或者说是博物馆争取到浙江省文化产业专项资金的支持）。并不动用博物馆事业经费，即便是临时借用，也会在权利金收回后及时还上。在权利金回馈方面，授权金全部通过博物馆返回到财政，如果借用了博物馆的经费需要及时偿还博物馆。

7. 问：从馆藏《富春山居图》在2011年尝试采取文化授权方式后，浙博在文化授权方面还进行哪些具有代表性的授权合作？

答：黄宾虹书画作品的授权是浙博近两年具有代表性的文化授权案例。2013年底授权于尚元书屋，开发系列木质创意产品。

8. 问：以浙博与尚元书屋共同开发黄宾虹诞生 150 周年展览的内容为例，浙博文化授权的具体模式是怎样的？

答：浙博所有授权都采取直接授权的模式，不经过授权商等授权经纪，并正在授权合同中明确规定不允许被授权方再次授权。之所以不采取委托授权模式是因为担心授权商等授权经纪多半不是实体企业，没有生产制作能力；此外经过授权商还可能会增加产品的成本。

9. 问：浙博在开展文化授权过程中遇到哪些困惑？是怎样克服的？

答：浙博在文化授权过程中的困惑主要是知识产权保护仍然比较困难，授权后的监督乏力，致使被授权企业违反授权合同的事件偶有出现。如台湾法蓝瓷违反授权合同，在授权金确定的情形下私下提高产品价格（将 8800 元提高到 88000 元）。浙江民泰商业银行在取得授权后，没有按照合同约定将收益按比例回馈给浙博，只交了权利金。

采取的应对措施：将该企业列入黑名单，以后杜绝与此类企业合作。部分企业（包括国企）罔顾知识产权的约束，不经博物馆授权直接使用，或者由领导个人或公权力关系介绍直接使用。

10. 问：您认为博物馆成功的文化授权会受到哪些方面或者哪些因素的影响？

答：授权内容的知名度（如展览的知名度）和影响力，社会影响力、展览（展品）的重要意义，藏品必须为自己馆藏，以便不引起争议。

11. 问：浙博在文化授权规划方面是怎样考虑的？在具体操作前是否进行过系统的专业的规划？

答：在文化授权规划上目前仍然相对缺乏，今后需要完善。

附录二 近年来与博物馆文化授权相关的政策汇总

序号	出台时间	文件名称	政策内容
1	2016 年 3 月	《国务院关于进一步加强文物工作的指导意见》	深入挖掘文物资源的价值内涵和文化元素，更加注重实用性，更多体现生活气息，延伸文博衍生产品链条，进一步拓展产业发展空间，进一步调动博物馆利用馆藏资源开发创意产品的积极性，扩大引导文化消费，培育新型文化业态。鼓励众创、众筹，以创新创意为动力，以文博单位和文化创意设计企业为主体，开发原创文化产品，打造文化创意品牌，为社会资本广泛参与研发经营活动提供指导和便利条件
2	2016 年 5 月	《关于推动文化文物单位文化创意产品开发的若干意见》	鼓励具备条件的文化文物单位在确保公益目标、保护好国家文物、做强主业的前提下，依托馆藏资源，结合自身情况，采取合作、授权、独立开发等方式开展文化创意产品开发
3	2016 年 10 月	《关于促进文物合理利用的若干意见》	支持文博单位依托文物资源，采取合作、授权、独立开发等方式进行文化创意产品开发，面向社会提供知识产权许可服务
4	2016 年 11 月	关于印发《"互联网+中华文明"三年行动计划》的通知	初步构建文物信息资源开放共享体系，基本形成授权经营、知识产权保护等规则规范。依法建立文物博物馆单位文物信息资源和品牌资源的授权机制并在部分地区先行先试，通过总体授权、单独授权、专项授权等，将资源优势转变为市场优势。严格区分社会公益服务与商业授权委托。探索建立基于文物信息资源、创意、产品、渠道和品牌的多层级授权经营体系。推动具备条件的文物博物馆单位依托本单位文物信息资源，结合自身实际情况，采取合作共建、授权委托、独立开发等方式开展文物信息资源的开发利用工作。鼓励有实力的社会机构参与品牌资源授权经营
5	2016 年 11 月	《关于公布全国博物馆文化创意产品开发试点单位名单的通知》	探索建立多元化的文化产品开发模式。鼓励具备条件的文化文物单位在确保公益目标、保护好国家文物、做强主业的前提下，依托馆藏资源，结合自身情况，采取合作、授权、独立开发等方式开展文化创意产品开发

续表

序号	出台时间	文件名称	政策内容
6	2017 年 2 月	《国家文物事业发展"十三五"规划》	促进文化创意产品开发。出台了《博物馆商业经营活动管理办法》,开展文物单位文化创意产品开发试点和经验推广。研究制定社会力量参与文物保护利用规范性文件。实施"互联网+中华文明"三年行动计划,支持各方力量利用文物资源开发文化创意产品,推出一批具有示范带动作用的文化创意产品开发项目和优秀企业
7	2018 年 10 月	《关于加强文物保护利用改革的若干意见》	坚持政府主导、多元投入,调动社会力量参与文物保护利用的积极性。加大文物资源基础信息开放力度,支持文物博物馆单位逐步开放共享文物资源信息
8	2019 年 5 月	《博物馆馆藏资源著作权、商标权和品牌授权操作指引(试行)》	博物馆开展馆藏资源著作权、商标权和品牌授权管理工作,应当充分利用市场规律和各项政策,推动文化事业和文化产业发展。博物馆馆藏资源著作权可体现在数字信息资源上。博物馆可以将数字信息资源的著作权对外授权,获得相关收益。博物馆综合评估自身馆藏资源、品牌价值、管理运营水平等实际情况,适当选择直接授权、委托授权等方式,进行馆藏资源著作权、商标权和品牌的授权,维护自身权益